· 在浙江医学院工作期间与同事合影（后排左一）

· 主持研发的井冈霉素成果1980年获上海市重大科技成果
一等奖（右四）

· 早年工作照

· 在福建武夷山区采集土壤样品

· 与日本农药学会理事长、上海白玉兰奖获得者、导师见里朝正先生在西湖游船上讨论工作

· 微生物法生产丙烯酰胺成果鉴定会

· 井冈霉素温室筛选实验（右为方仁萍）

· 山中采土

Shanghai Pesticide Research Institute
Wilmington, Delaware—December 1987

· 1987年，访问美国杜邦集团（前排左二）

· 1990年，参加在浙江嘉善举行的化工部井冈霉素国标液相色谱仪培训班（前排左四）

· 作学术报告

1992年，在北京香山科学会议（讨论生物化工发展）上发言

1992年，在内蒙古做7051兽药药效试验（右三）

1994年，参加黄山中日农药学会会议期间

· 1995年，在北京全国农药应用技术学术会议上作报告

· 1997年，当选中国工程院院士祝贺会暨学术讨论会

· 1997年，在当选中国工程院院士学术研讨会
上向上海市农药研究所老所长徐义宽献花

· 1997年，上海新当选院士授证（后排右五），前排左五为时任上
海市委副书记、市长徐匡迪

· 在上海农药研究所温室与国际会议专家交谈

· 在上海农药研究所实验室

在实验室工作

在企业调研

2010年，获2009年
度浙江省科学技术
奖重大贡献奖并代
表获奖者发言

· 与指导的博士生郑裕国院士合影

· 在浙江工业大学指导青年教师

· 参加浙江工业大学本科生论文答辩

与浙江工业大学本科生座谈

2016年，为浙江工业大学师生作学术报告

沈寅初与夫人方仁萍

沈院士夫妇与本书作者合影

沈寅初院士

学术年谱

谢觅之　钱国莲

著

化学工业出版社

· 北京 ·

内 容 简 介

本书为中国工程院沈寅初院士的学术年谱，立体、全面、系统地实录其从1938年至2018年80年间不平凡的人生轨迹及数十年科研历程，展现其对中国生物化工产业尤其生物农药产业发展的巨大贡献。

本书以平实却饱含崇敬的笔触，叙写了沈院士朴素的科学理想、深刻的科研精神、高尚的人格魅力、极具启示意义的人生故事，旨在挖掘其"激情求解"、平易大写的院士精神，呈现其奖掖后学、师心霁然的先生榜样，以科学偶像丰富时代偶像序列，以科学家精神点燃人们"探索未知"的信念灯塔，引领当下教育与科研工作者的精神追求。

图书在版编目（CIP）数据

沈寅初院士学术年谱 / 谢觅之，钱国莲著. —北京：
化学工业出版社，2023.7（2024.9 重印）
ISBN 978-7-122-43345-9

Ⅰ. ①沈… Ⅱ. ①谢… ②钱… Ⅲ. ①沈寅初 – 学术
研究 – 年谱 Ⅳ. ①K826.2

中国国家版本馆 CIP 数据核字（2023）第 074391 号

责任编辑：赵玉清　　　　　　　　　　　文字编辑：周　�
责任校对：李　爽　　　　　　　　　　　装帧设计：水长流文化

出版发行：化学工业出版社（北京市东城区青年湖南街 13 号　邮政编码 100011）
印　　装：北京新华印刷有限公司
880mm×1230mm　1/32　印张 11　彩插 8　字数 230 千字　2024 年 9 月北京第 1 版第 3 次印刷

购书咨询：010-64518888　　　　　　　售后服务：010-64518899
网　　址：http://www.cip.com.cn
凡购买本书，如有缺损质量问题，本社销售中心负责调换。

定　　价：68.00 元　　　　　　　　　　　　　　版权所有　违者必究

序

　　浙江工业大学钱国莲教授联系我，希望我为她和谢觅之老师的著作《沈寅初院士学术年谱》写序，我感到非常荣幸！也有些忐忑不安。荣幸的是，沈寅初院士是我尊敬的前辈，多年来他支持、帮助、提携我，对我有知遇之恩，我能为一直被我们大家尊称为"沈总"的沈院士学术年谱写序，无疑非常开心，深感荣幸；但另一方面，心中忐忑，我是学生辈，让我一个后生给先生的年谱写序，实在不敢当，自己何德何能，不禁暗自汗颜。当我一再与本家钱国莲教授确认得知，是沈总提议由我写序，心中就安了一些，这也是沈总对我的再次提携和锻炼，权当一次课题申报的训练，实在感谢沈总的信任和对我的高看，让我能从他的年谱中有更多的收益。

　　几十年来，无论中国工程院出面还是其他重要领导希望他写自传，或者安排人写他的传记，他都要么婉拒，要么躲避。我询问沈总为何此次答应了，沈总表示是被与他同校的钱教授与谢老师的严谨作风学风所感动。谢觅之老师才思俊逸，文采斐然；钱国莲教授写作非常认真，从沈总出生的经历查起并仔细核实，有些连沈总忘记的事，她都查到了，其中包括1987年由沈总起草的上海市农药研究所和杜邦合作开展创新农药研究合同的手稿，收集到了沈总读书时老师的评语等等。

回想起我最初与沈总认识，是在1992年，当时中美在医药、农药领域知识产权冲突严重，我国面临着能否恢复关贸总协定协约签署发起国（即后来的世界贸易组织成员）的地位，以及如何处理与美国的纠纷，农药的创新和创制成为制约国家发展的大事，所以众多单位转向了农药的创制开发，而那时我也就由染料化学转向了农药化学研究。因为参加当时的学术研讨和与上海市农药研究所的交往合作，作为一个后生，我认识了沈总，当时他是上海市农药研究所的总工程师。我那时刚回国，并因为国家急需而换到这一领域方向，真是两眼一抹黑，后来能有所进展，都得益于李正名院士、沈寅初院士等前辈的不弃和关心。

当时我知晓并崇拜沈总的有两方面，一是井冈霉素，二是生物化学工程。我国以前的农药基本是仿制国外的化学农药，当时仿制的生物农药或生物源农药很少，那就更谈不上创制品种了，而沈总的井冈霉素及其菌种，无论在原创性和药效应用性方面，都在全国首屈一指，并赢得了国内外的高度赞誉。后来，沈总及其合作者的相关研究心得，以综述评述的方式分别在2002年和2007年两次在"Chemical Reviews"发表。有关"之父"的称谓，就我后来所知，那是在1997年增补院士时，李正名院士向其他领域的专家们介绍，沈总是"中国生物农药之父"。

实际上，沈总不仅仅限于生物农药的创新研发，而是从事面向更宽广产业应用的生物化学工程研究开发。我本、硕、博士学位都在华东化工学院（即现在的华东理工大学）获得，后来也当过华东理工大学的校长助理（1995）、副校长（1996—2000）、校长（2004—2015）。可以说，华东化工学院是20世纪50年代中国的抗生素工学、后来的生物化学工程学科的发源地，全国第一个博士学位授权点，也是生物反应器工程国家重点实验室所在地，所以我自认为对生物化学工程学科的渊源还算比较了解。我在攻读精细化工博士时的1985年，就知道，中国化工学会生物化工专委会成立，该委员会每四年一届，沈总和华东理工大学俞俊棠先生等是第一届的四位轮值主席，而该专委会的第一挂靠和秘书处所在单位是上海市农药研究所，可见沈总和上海市农药研究所在生物化工方面的实力之强悍。

20世纪70年代末80年代初，生物技术逐渐成为国际科学研究的前沿领域，我国也开始越来越重视生物技术的研究与产业化。1983年11月，国务院批准成立了中国生物工程开发中心（现中国生物技术发展中心），主管全国生物工程技术的研发，当时国内外几乎没有像样的生物产业，国内人们甚至还没有多少生物技术、生物经济的概念。1985年，"求贤若渴"的化工部希望将生物技术应用于化工领域，在全国范围寻找确定合适的团队，最终选择了在国内外口碑度爆棚的沈总，化工部主动联系上海市政府和上海市农药研究所，三方共建化工部上海生物化学工程研究中心，沈总担任第一任主任。

1985年，沈总将此消息告知日本的农药权威、日本农药学会原会长、他先前的合作导师见里朝正，见里朝正先生提议沈寅初申报中日交流项目的人才资助计划，促成日方无偿资助上海生物化学工程研究中心总价4000万日元的仪器设备。沈总躬体力行，在生物化工行业的生物催化领域贡献卓著，开启了中国生物化工产业的"高光"历程：创建了微生物催化法生产丙烯酰胺的产业化技术，建立我国第一套利用生物技术生产大宗化工原料的工业化装置，产品被广泛应用于石油开采工业。为此，2021年11月举行的全国功能高分子行业委员会年会授予沈总"全国功能高分子行业发展突出贡献终身奖"。沈寅初自己也认为"万吨级微生物法丙烯酰胺生产技术"是他最为得意的一项科研成果。

当然，我对生物化工、生物工程的理解，还得益于麻省理工学院的Institute Professor（讲座教授，该校有十几个）、生物工程中心创始主任、世界公认的生物工程及生物化学工程的奠基之父、学界和业界的泰斗Daniel I. C. Wang（王义翘）。2005年我访问麻省理工时，王义翘的教诲及之后他和我的若干次交往以及对华东理工大学的访问，让我明白，对应于物理学的、面向产业的学科是电子工程、土木工程、机械工程；而对应于化学、生物学、材料学的、面向产业的学科是化学工程、生物工程、材料工程；而生物工程、材料工程是由化学工程延伸而来，先是由化学工程延伸出生物化学工程，然后拓展变为生物工程，当然今天我们可以说合成生物工程。如此的背景，使得我更为理解了沈总研究工作的重要意义，即其意义不仅仅在生物农药方面，还体现在生物化学工程方面，更重要的是在整个宽广的生物工程产业方面。

生物化学工程是生物工程的重要并主要的组成部分，在沈总的微生物法生产丙烯酰胺技术问世之前，我国生物工程、生物化学工程最主要的产业技术是生物发酵制药的青霉素等，那些技术早已于1928年在国外出现，以后逐步成熟并输入国内；但除此以外，我国其他产业化的生物工程技术几乎是空白，一直没有大的突破。也就是说，相当长的一段时间，生物工程只能在高附加值的医疗产业有应用，还无法对其他许多方面产生重要作用。而年产百万吨丙烯酰胺的微生物法生产技术的创立及大规模产业化，大大提高了我国的生物工程、生物化学工程研究开发及产业化水平，这也成为青霉素之后最早进入大规模生产的生物工程技术。所以，可以说，沈总不仅仅是"中国生物农药之父"，更是中国生物化学工程的开拓引领者，是中国生物工程技术产业的开拓者。

沈总对钱教授和我以及其他同事都表示，他不喜欢什么"之父"这种头衔，他认为他搞的是生物源农药，生物农药早有人搞病毒杀虫剂，比如金小蜂、苏云金杆菌之类，"父"之名应该早已有了，因为那些生物农药产量实在太小，所以不得不把井冈霉素等农用抗生素为代表的生物源农药收编其中。因此，无论如何，"之父"的名称，沈总说他不敢当，当然也不喜欢。因此，将书名定为《沈寅初院士学术年谱》，如果一定要加"头衔"，则冠以"中国生物化工产业的先行者"，他尚能接受。

这里，我得补充一个细节。1985年，科技部的中国生物技术发展中心第一次设立了"七五"（1986—1990年）国家攻关计划的生物技术在化工领域应用研究专项，其中四个项目分别由全国最强的四个单位承担，五年后，竟然只有沈总的丙烯腈水合酶项目是完成的。而这个项目是沈总科研历程中唯一的一项没有预试验成果而仅凭一个可行性报告立项的，当然沈总此前在井冈霉素等方面所取得的成果及影响力和信誉是拿到这个项目的重要保证。后来这个项目成果在全国产业化，且年产量超百万吨，高分子行业协会将至今为止唯一的一个终身成就奖授予沈总。"微生物法生产丙烯酰胺"被原化工部评为"九五"期间重点推广科技成果，并被推荐为1995年度国家十大优秀科技成果候选项目。

沈总早在1967年，在动荡的环境和简陋的条件下就自发开始生物源农药的探索和研究，结果后来大获成功，极具超强意识；沈总在1983年就开始了生物化学工程研究，后来开拓性地创立了微生物法生产丙烯酰胺的技术并大规模产业化。在1983年，知道生物化学工程这个领域的人都很少，人们那时还将新兴的刚萌芽的生物技术产业化和生物经济看成是远在天边的云上楼阁，和今天人们已经熟知生物工程、合成生物学等当代背景完全不一样。沈总对生物工程技术产业的贡献，不仅仅体现在农业生物工程技术，更体现在工业生物工程技术以及医药生物工程技术。他在医药生物工程技术方面的贡献主要是基于他在农业、工业领域的成功实践，指导并携手郑裕国院士等合作完成的一系列贡献卓著的生物合成医药产业化项目。

1997年，沈总成了中国工程院第一位生物化工领域的院士。1998年，60岁的沈总获得上海科技工作者的最高奖励——"上海市科技功臣"称号。2010年，72岁的沈总获浙江省科技工作者的最高奖励——2009年度"浙江省科学技术重大贡献奖"。

沈总为人始终谦虚、直率。他一贯精益求精，对项目申请书的表述表达，如实验、数据、论据等要求很严，这些我深有体会；他敢于对学术上的不正之风，予以直接批评。另外，他非常谦逊，从不提及自己的贡献，如果别人提及了，他也是尽量突出合作者的出彩之处。

日本的农药研究与开发在世界处于领先地位，20世纪60年代，农药杀螟松的发明及大规模产业化及出口，是日本成为发达工业国、外贸顺差国的重要标志之一。随后，拟除虫菊酯、吡虫啉等农药的发明，更奠定了日本农药研究在世界上独特而领先的地位。我1996年参加了在日本神户召开的第八届中日农药化学交流会，沈总因另有他事没有参加。当时我就非常感叹中国和日本农药界老一辈科学家非常密切而友好的学术合作与交流关系。在日本开完会后，我和当时的日本农药学会会长山口勇同行，乘坐从神户去东京的新干线高铁。当时我还抽烟，于是就和同是"烟枪"的山口勇选择坐到了吸烟车厢，一路上几个小时，我俩吞云吐雾，满车厢也是云雾缭绕，尽管座位上人满为患，但浓雾中几乎不见人影，只听见偶尔传来的咳嗽声。我和山口勇，一路聊一路抽烟，聊天中，偶然聊到了沈总，沈总从而成了聊天的主题。山口勇是沈总在日本期间的同事之一，他和我聊了很多研究和实验细节，对沈总的刻苦和聪慧赞誉有加，由此我知道了原来是沈总的研发成了启动中日双方密切合作的最重要而具体的关键因素，并知道了我从未见过面的、当时已经因车祸不幸过世的而我只能在传说中崇敬的、德高望重的日本农药学会原会长见里朝正先生，是沈总在日本理化研究所的合作导师。见里朝正先生是沈总的良师益友，两人关系十分密切。关于沈总在日本农药研究者心目中的地位，国内没有人告诉过我，沈总从未提及，别人只说过沈总学术好，与日本农药学界联系多，并没有具体提及沈总在中日交往中起着如何关键的桥梁作用。2012年，我以华东理工大学校长身份和沈总一起访问日本国立金泽大学，从而真实地感受到了金泽大学校长、副校长及其他日本学界的朋友们对他的高度尊敬和热情。

沈总在学术上具有敏锐性和前瞻性。今天人们已经熟悉的基因编辑、合成生物学、生物制药新理念，最初我都是从沈总这里获得。他对新的科研探索总是予以鼓励和支持，对可能涉及学术规范性、严谨性的表达，总是用开玩笑的方式予以提醒。2002年，我组织第188次北京香山科学会议，主题为"绿色农药"，沈总予以大力支持，并在会上就"生物源农药"作了重要大会报告，给予会议主题以学理上的支撑。2003年、2010年我两次出任"绿色化学农药""973"项目的首席科学家，他都鼓励、支持、指导浙江工业大学的教授积极参与并作出了重要贡献，还作为项目的顾问，对整个项目和我的研究与工作予以指导和支持。

沈总乐于提携后进和青年人。人们可以发现，沈总在学术、技术、产业各方面的贡献如此卓著，但与那些项目很多、获奖无数、光彩耀眼的明星科学家相比，似乎项目与获奖并不十分多。但当你仔细研究，你不得不佩服沈总的胸怀和气度。他总是将年轻人推上前台，让他们担当项目负责人、第一获奖人，他要么隐其名，要么把名字放在最不起眼的地方。只要有机会，他总是把机会给予年轻人。2000年，我辞去华东理工大学副校长，去大连理工大学担任"长江学者"特聘教授，沈总就十分赞成和支持。2002年，国家和上海需要沈总出面重组整合国家南方农药创制中心（上海基地），沈总就推荐我兼任。他劝说、支持并帮助我推动整合建立民营非企业的"上海南方农药中心"，这一工作对推动后来的北京香山科学会议和国家"973"计划项目的申请与承担，起到了支撑作用。沈总对年轻人的关心还表现在他对华东理工大学药学院的支持、帮助，以及他"以身试药"，当"会说话的小白鼠"，与李洪林教授等共同发现降血压、抗癌肿的食品分子，并与江中药业合作等事例上。

沈总，是我心目中卓越、高尚而纯粹的工程科学家！让我一生尊敬和崇拜。

是为序。

中国工程院院士
华东师范大学校长
华东理工大学原校长
2022年12月

目录

前言

  2022年10月21日，杭州秋日的窗外依旧绿郁葱然，交错延展出层层的光影。眼前这位逆光而坐的老人，周身低调、收敛着正气，眉梢却藏不住地飞扬，双目炯然，散发出不谙年龄的光芒，兼具犀利与慈悲。

  此刻，84岁高龄的他正在听取弟子郑裕国院士及其课题组成员关于年产13000吨高光学纯L-草铵膦生产线核心技术的汇报，该生产线将于几天后接受中国农药工业协会组织专家的现场考察和技术鉴定。他一手培养起来的团队早就出类拔萃、战绩斐然，但每当这样的重要时刻，团队成员们还是会围坐其旁，从他清晰的思路和一针见血的点评中汲取力量。他是他们的心之所向，也是他们的定海神针。

  近2小时的汇报时间很快过去，这是他几十年如一日再平常不过的日常。事实上，他的生命交织着中国的世纪沧桑，也见证着世纪成就。于他，仿佛人世间的一切繁华都是背景，只有那被某种精神颗粒洞穿的时光，一帧一帧，变得缓慢且没有尽头；又好像他的人生，是一个以科学研究为支点的同心圆，一圈一圈，力度叠加，触面无限，初心却永不会改变——探索无边无际的未知，在激情求解中逐渐构建起一种厚重夯实的生命结构，在高速的不间断的运转中散发出如宇宙星环般质朴却璀璨的华彩。于他，一切惊心动魄、一切伟大贡献，都只道是平常。

他是中国生物化工产业的先驱、"中国生物农药之父"、中国工程院院士沈寅初；他是浙江工业大学师生心中永远的大先生。

一、剡山初萌　旦复旦兮

沈寅初，1938年出生于浙江嵊县（今嵊州市）。乱世辗转，但家中依然重视教育。他就读的剡山私立小学校（今嵊州市剡山小学），前身为创建于清乾隆二十三年（1758年）的剡山书院，著名教育家蔡元培先生曾任书院院长，其所倡导的科学教学方法，开新学之先河，源远流长。

新中国成立当年的12月，时年11岁的沈寅初加入了少先队。70余年过去，他犹记入队宣誓、与同学共唱队歌的场景，队歌主题为"爱祖国、爱人民、爱劳动、爱科学、爱护公共财物"——这"五爱"，冥冥之中，似乎奠定了他这一生的使命和动线。

1951年，沈寅初进入嵊县中学（今嵊州中学）就读初中，对化学课表现出浓厚的兴趣，成绩尤其优异。初中毕业，因家道中落，兼之家庭成分的原因，故而选择读中专，到浙江省立杭州高级医事职业学校（后更名为杭州卫生学校）就读化验专业，开始接触到生物化学专业知识。当时学校的生物化学课、微生物课由浙江医学院微生物教研组的教授主讲，这样的际遇使得沈寅初获益良多。

之后，沈寅初以名列前茅的成绩毕业，被分配到浙江医学院生物化学教研组，成为一名实验员，主要承担教辅工作，同时参与教授们的课题研究工作。这些经历都对沈寅初的科学精神和实践能力产生了深远的影响，也使他更加坚定地走向生物化学领域。沈寅初因此确立了考大学攻读生物化学专业的目标，一边努力工作一边刻苦复习，于1957年参加全国高等学校统一招生考试，高考志愿书所填的9个志愿均为生物化学专业，最终被复旦大学生物化学专业录取。

在复旦大学求学期间，沈寅初过人的才智、心性，雷厉风行、矢志不渝的性格、精神，都极好地诠释了"日月光华，旦复旦兮"自强不息、教育强国的内涵。他表现出了极强的学习内驱力、思辨力和实践力，敢于不拘一格地规划学习，迎接各种挑战。譬如选修较之生物系难度更高、程度更深的化学系的化学课；在外语学习方面，有感于欧美国家在生物技术研究与开发中的强大实力，放下已有基础的俄语，选择英语攻坚，为之后的科研工作及跨国学术交流打下了扎实的语言基础。

他孜孜不倦地穿梭于教室、实验室、图书馆之间，听课、实验、自习，阅读学术期刊（尤其是外文期刊）、追踪接触生物学科前沿领域。在五年的积跬步、汇涓滴后，他将专业方向进一步聚焦于微生物遗传学。

国际著名遗传学家、中国现代遗传学奠基人之一的谈家桢先生，具有西南联大学脉渊源的中国科学院上海生物化学研究所沈善炯先生，都对他产生过深远的"灯塔"效应。

也是在这个阶段，沈寅初结识了同年考进复旦大学植物生理学专业的方仁萍同学，两人志同道合，发展出深厚的情谊。

1962年夏，沈寅初本科毕业。同年，恰逢研究生自1957年停招以来第一次恢复考试，在复旦大学盛祖嘉教授的知遇盛邀下，沈寅初考取复旦大学遗传研究所微生物生化遗传学专业研究生。而方仁萍则被分配到上海市化工局所属的农药厂研究室，之后又作为首批人员加入升级筹备中的上海市农药研究所，成为科研骨干。

世事难料，但抵不过情深缘真——研二时沈寅初因身体原因肄业，得到方仁萍不离不弃的悉心守护——命运的玩笑对他这样铮铮的人而言是不灵的，不过是转了个弯，然后去到一条重要的分岔路上，最终是殊途同归，又回到他钟爱的轨道上：当时，中国在经历三年自然灾害后，痛定思痛，决心发展农药工业。沈寅初作为复旦大学生物化学专业的高才生，受到上海市农药研究所筹备处负责人鲍自兴的力邀。之前一心想从事遗传物质基础研究的他，在经历饥饿与病痛的切肤之痛后，发出"民以食为天"的呼号，放弃留在复旦大学担任助教的机会，下决心要为中国农药工业的发展贡献力量。他进入上海市农药研究所，成为一名研究人员，在老所长徐义宽的领导下，克服重重困难，研发生物农药。多年后，他又打通生物农药、生物化工、生物医药等链条，将生物技术覆盖于农药产业、化工产业、医药产业、食品添加剂产业、材料产业，成为我国生物产业崛起的标志性人物，亦是水到渠成。想起《100个人生信条》作者松浦弥太郎曾说过的一句话："迷失的时候，选择更为艰辛的那条路。"沈寅初似乎从来都清醒着，永远保持着选择挑战的勇气和魄力。

同时，他与方仁萍的双向奔赴、伉俪情深，亦成就了科研界的一段佳话。他们志趣相投、事业相持、生活相濡，功勋章里有他的一半，也有她的一半——这位睿智大气、温暖知性的上海姑娘面朝大地、素手泥巴，低调实干、不计名利，她既是沈寅初研究团队的骨干成员，又是他家庭生活的坚强后盾，里外都是一把好手。其实，包括井冈霉素在内的沈寅初团队的几项重要科研成果中均有方仁萍做出的贡献，但每次申报奖项，她的名字都不在获奖人之列——"不能夫妻两个都享受研究成果带来的名利"是他与她达成的共识。人前，沈寅初和方仁萍是极好的科研伙伴；人后，他们是彼此的灵感催化剂，更是彼此的骄傲和自豪。

二、峥嵘岁月　中锋写就

中国人喜欢用书法形容人，因为中国书法的气韵和形态可以呈现人的心性、节奏和力度。譬如运笔中锋时，"令笔尖在点画中心运行"，笔毫要处于上提和下压的平衡中，墨顺笔尖流注而下，达于四面，如此才能写出那看似简单却很饱满的一笔。沈寅初大写的生命质地亦可用"中锋"比拟——中正、厚实、笃定，看似云淡风轻的背后实则有很多的作为和变化。

沈寅初是"快"的，这位散步速度都快于常人的科学家，心持信念，一旦找寻到正确的方向，就会全力以赴推进目标。他在自己科学研究领域上的不断突破，恰得益于他自己口中的"急性子"——起心纯粹、行动迅速，具有知行高度统一的高效性。但他又是"慢"的，他在"探索未知"的路上，对事物的发展有着"雄心的一半是耐心"的自觉，也拥有把一切交给时间的智慧——在他身上，我们能感受到科学研究是一种"得法"的过程，既需心志坚毅，也需体悟入微，时而要有分秒必争的效度和严谨，时而又要有不争朝夕的远见和豁达，不怕失败，不怕反复，让一切都在自然的节奏中真实地、扎实地长出来，必要时甚至要有敢为人先、不计得失、不言放弃的大胆魄，非大写之人不能为之。

（一）"把科研成果写在大地上"

在沈寅初看来，无法走出实验室的科研都不算好科研，"把科研成果写在大地上"是他的初心，是他的过程，也是他深切期待的结果。

20世纪60年代初沈寅初进入上海市农药研究所时，中国还没有解决温饱问题，粮食安全一直是国家的痛点和重点，作为粮食重要品种的水稻病害多，如三大病害纹枯病、稻瘟病、白叶枯病，有些发病周期还很长，是否能够实现水稻的稳产高产关乎国家命脉。沈寅初进入上海市农药研究所后参加的第一个重要项目"甲基砷酸锌的检测分析"就是为了解决当时动辄年发病面积上亿亩❶的水稻纹枯病肆虐的严峻问题。甲基砷酸锌即稻脚青，是一种以砒霜为原料合成的化合物，对水稻纹枯病的预防效果好；但它毒性强、易残留，对劳作者和食用者的健康都不是很友好，且操作不当还会产生稻谷空壳，导致水稻减产。

　　然而在那个年代，化学农药研究虽然有了一定的基础，但生物农药研究几乎是一片空白。沈寅初怀揣着"让全国人民吃上饱饭、吃上安全饭"的朴素理想，开始思考"生物源农药"的研究方向，试图寻找真正无毒无害的防治水稻纹枯病的特效农药。妻子方仁萍非常支持他的研究想法，他们集合几位志同道合的同事，在极其有限甚至恶劣的科研条件下，凭着敏锐的科学直觉和坚定的使命信念，自发地开始了生物源农药研究的艰难历程。这意味着，这个小小的科研团队要从全国各地的土壤中，去寻找到那一株有效的微生物。为此，他们翻山越岭，用双脚丈量大地，像地质勘探人员那样，跑遍了祖国的山山水水；他们曾遭遇原始森林的迷路，曾误闯造反派武斗的恐怖场面，曾身背水壶和几个干馒头在人迹罕至的原始森林中行走数十里；他们采集了3000多

---

❶ 1亩＝666.67平方米。

份土样，做了几万次实验，分离了28000余株菌种……在这场没有硝烟的战争中，沈寅初既是指挥员又当战斗员，倾注了自己所有的时间、情绪和心血。为此，他放弃了出国进修的机会；为此，他和妻子方仁萍艰难地做出将两个孩子全托寄养的决定。

凭信念、凭术业、凭汗水、凭鞋底磨穿，也凭了些许运气，1972年，沈寅初团队终于在取自福建邵武、江西吉安、杭州植物园等地的土样中找到了四支有效菌株。样品生产出来后，他们又经过海南、广东、上海、江西、浙江、江苏、安徽等多个省市的大面积大田试验，前后历时半年，终于研制出一种对水稻无毒无害、无污染、无耐药性，对人畜也安全的无公害新农药。沈寅初和同事们为它取了一个响亮的名字："井冈霉素"。

井冈霉素问世之后的7年时间里，沈寅初与农用抗生素研究小组成员一道继续呕心沥血、再接再厉，在菌种选育、发酵条件、提取技术及制剂加工诸方面做了大量的研究。他们辗转于全国各个农药厂之间，奋斗在实验车间、实验室里，研制出一整套发酵单位高、能耗低、工艺简单、不易染菌的生产工艺；将每小时每毫升井冈霉素的生产量提高了300倍，把每亩水稻的用药成本降低到0.5元以下，创造了抗生素行业中单位时间、单位设备容量生产水平的最高纪录，成为当时药效最高、价格最低、每个农民都用得起的生物农药，为进一步实现生物农药产业化奠定了坚实的基础。

得益于沈寅初团队的科研成果，浙江首先成为井冈霉素的重要生产基地，并在桐庐农药厂（现桐庐汇丰生物化工有限公司）、海宁农药厂（现钱江生物化学股份有限公司）实现规模化生产，产量约占全国总产量的80%。之后，沈寅初秉持科技报国的初心，无偿将井冈霉素推广到全国30余家农药生产厂家。至此，井冈霉素成为我国第一个大规模工业化生产的生物农药和民族品牌农药产品，我国因此成为世界上最大的井冈霉素生产国，经济效益高达五六亿元。井冈霉素是我国生物源农药发展史上的一座里程碑，沈寅初因此被人们尊称为"井冈霉素之父"。

沈寅初曾深情地回顾那段历程："从土壤中开始寻找产生井冈霉素的微生物到建立30余家生产厂的10多年里，我们走南闯北，从实验室到工厂到农村，我们和工人一起生产井冈霉素，我们和农民一起应用井冈霉素，在'四人帮'粉碎后，我们的研究成果获得了上海市首届重大科技成果一等奖和国家科技发明三等奖，我们这个研究集体被评为上海市劳动模范集体。以后的年代里，我们的研究组虽然还有几个科研成果获得大奖，但在回忆人生往事的时候，最最使我感到回味无穷而又不能忘却的还是那个井冈霉素。"

如同对这段历程的回响，半个世纪以来，井冈霉素的生产应用经久不衰，一直是我国防治水稻纹枯病的首选药物。它的年防治水稻面积达2亿多亩，每年可挽回稻谷几十亿公斤的损失，为我国水稻的稳产高产保驾护航，为人们提供上万个就业岗位。这位要"把科研成果写在大地上"的科学家，终于实现了自己的夙愿。正如他在一次采访中对记者所说的："我一生比较自豪的是，老百姓吃的每一粒米饭几乎都用过我们这个农药。……袁隆平用水稻种子研究高产稻种，我用微生物种子研究出高效安全的农药，两者是相通的。水稻要高产，需要各种措施来保证啊。"

之后，沈寅初以"探索未知，激情求解"的科研精神，在生物农药领域继续拓展深耕，继续在祖国大地上书写科研成果。他主持开发了生物农药产业骨干品种：杀虫抗生素阿维菌素（7051杀虫素）、杀螨抗生素浏阳霉素，攻克了一系列关键技术难题，开发成功了一整套产业化生产技术，填补了我国微生物农药工业中杀虫抗生素和杀螨抗生素产业化的空白，成功地为禁用剧毒农药提供了新的替代品种。

阿维菌素首先在海门制药厂实现产业化，为"浙江海正药业"的上市奠定了基础。之后又迅速在浙江升华拜克生物股份有限公司、钱江生物化学股份有限公司及全国多家企业推广。

时至今日，当年海门制药厂厂长白骅依然清晰记得1992年冬天那个蒙蒙清晨，自己用一辆桑塔纳轿车把沈寅初等人从上海接到建在台州渔村的简陋厂房的情景。那时的他尚未预见这一场相交会怎样改变自己和工厂的命运！在他的印象中，沈寅初平易近人、大气豪爽，格局和胸怀都很大，讨论学术、技术时完全没有架子，愿意帮助人，也会指点细节。当他提及自己和沈寅初团队合作研发的高纯度阿维菌素晶体在哈尔滨举行的全国医药展销会上大放异彩，以每公斤35000元的价格与阿根廷金武公司一次性签下50公斤订单的往事，眼睛依然闪闪发亮。那之后，订单纷沓而至，根本来不及生产，阿维菌素的价格也由每公斤35000元飙升到45000元。海门制药厂成为中国第一家生产合格的能够出口的阿维菌素的企业。1993年，海门制药厂的销售额达到1.1亿，工厂的每个员工都成了"万元户"。在此基础上，上海市农药研究所、中科院上海有机所再与海门制药厂合作，合成了双氢阿维菌素，也就是伊维菌素，每公斤价格为85000元，最高时达每公斤120000元。海门制药厂自此腾飞，1998年更名为浙江海正药业股份有限公司，并于2000年在上海证券交易所上市。白骅说："阿维菌素使我们站起来，伊维菌素使我们富起来，沈总就是我们的金手指。"这是沈寅初和多数合作企业之间关系的写照，他所合作过的企业家鲜有人叫他"沈院士"，而是亲切地称他为"沈总"。

很快，全国有关阿维菌素的生产企业达百余家，应用范围推广到蔬菜、果树、水稻虫害的防治，成为我国最主要的微生物源杀虫剂，是农药市场中最受欢迎的产品之一。1997年，"7051杀虫素"项目获化学工业部科技进步一等奖。1998年，上海农乐生物股份有限公司以浙江海正药业的阿维菌素原药生产制剂，应用于水稻杀虫，成为第一个取得7051杀虫素在水稻上应用药证的企业，在阿维菌素的生产及应用历程中迈出了重大的一步。随着阿维菌素生产的不断发展以及相关企业与上市公司阵容的扩大，阿维菌素产业链日趋完整；我国成为全球最大的阿维菌素生产基地，每年生产的阿维菌素可供5亿亩地使用；市场价格亦由过去一公斤几万元降至500元左右。

生物源农药井冈霉素、阿维菌素奠定了沈寅初在生物农药科学界的地位，而井冈霉素和阿维菌素产业化技术的应用和推广则奠定了沈寅初"产研一体"的社会地位。尽管他始终低调、深藏功荣，但感怀其巨大贡献的科学界与产业界则还是将对沈寅初的重要贡献从"井冈霉素之父"升级为"中国生物农药之父"。

值得一提的是，20世纪80年代初期，井冈霉素的成功研发及产业化引起了国际同行，尤其是日本同行的关注。在农用抗生素研究领域中处于全球领先地位的日本理化研究所，指定邀请井冈霉素的研发者前去进修，由世界上第一位农用抗生素（灭瘟素）的发明人、日本理化研究所研究员、日本农药学会理事长见里朝正担任导师。沈寅初以惊人的毅力和努力，克服日语关，以优异的成绩通过日语考试，顺利赴日进修。

沈寅初非常珍惜在日本理化研究所为期半年的研修时光，他充分利用研究所先进的设备、高效的科研服务系统，争分夺秒地进行科学研究。功夫不负有心人，他从日本理化研究所实验室的土样中发现了一种全新的抗真菌抗生素——磷氮霉素，这是全世界第一次发现可用于防治水果蔬菜灰霉病的磷氮霉素。在沈寅初结束研修回国后，日本理化研究所主动来华与国家科委和化工部商谈，签订了我国改革开放以来第一个实质性的国际科技合作协议。同时，沈寅初沉浸科研的治学态度和惊人的科研能力，得到了导师见里朝正的赏识，两人建立了深厚的师生情谊。见里朝正经常带他参加各种学术、产业会议，拓宽视野、增加见识、结识日本学者，并一力促成中日两国农药学会每年开展学术交流的机制和平台。1982年11月，中日两国农药学会第一次学术会议在杭州召开，此后这一学术交流会议每年举行，中日轮流主办；次年1月，中日双方在北京签订《关于开发热带、亚热带微生物进行农用抗生素共同研究协议》，又于日本签订该协议的《实施细则》，自此开启了长达10年的研究合作。

　　沈寅初与见里朝正一直保持"科学无界"的师友关系。1989年，见里朝正邀请沈寅初去三得利研究所开展微生物源生理活性物质研究，沈寅初因此结识了见里朝正的学生、三得利研究所生物有机合成实验室主任田中隆治。之后，田中隆治经常陪同沈寅初去日本的大学与科研机构参观访问，包括2015年"诺贝尔生理学或医学奖"得主大村智的实验室，结识了很多日本科学家。见里朝正去世后，田中隆治继承了老师的事业，继续致力于促进中日友好交流与合作。2001年，沈寅初担任浙江工业大学校长，而田中隆治后来担任日本金泽大学副校长，两人在中日友好合作方面做了很多工作，促成了浙江工业大学与日本金泽大学、星药科大学之间长期深度的交流与合作，这是后话。

除此之外，1990年上海市农药研究所、上海农药厂与美国杜邦（中国有限）公司签署投资2500万美元的合资合同，其中也有沈寅初之功。这个合作项目在当时对上海市引进外资起到积极的推动作用，时任上海市市长朱镕基对该项目高度重视，专门作出批示。

沈寅初以开放的学术视野、兼容并包的胸怀大大拓展了中国在生物农药领域的国际影响力，推动了中国生物农药的不断发展，最终跻身国际前沿水平。

2007年，沈寅初获"中国农药工业杰出成就奖"；2009年，获"建国60周年中国农药工业突出贡献奖"；2016年，万物丰盛的夏季，沈寅初实至名归捧得"农药学科终身成就奖"。

（二）"做科研成果转化的启动因子"

在沈寅初团队砥砺前行的20世纪70年代末80年代初，生物技术逐渐成为国际科学研究的前沿领域，我国也开始越来越重视生物技术的研究与产业化。1983年11月，国务院批准成立了中国生物工程开发中心。1985年，化工部希望将生物技术应用于化工领域，决定邀请国内外口碑度爆棚的沈寅初团队，但上海市农药研究所并不直接隶属于化工部，"求贤若渴"的化工部决定由化工部、上海市政府、上海市农药研究所三方共建化工部上海生物化学工程研究中心。

沈寅初清晰地意识到以遗传工程为核心的现代生物技术已向人们展开美好的前景画卷，我国化学工业将要迎接新的技术革命；而他自己千锤百炼、扎实过硬的本领，终于可以迎来大施拳脚的时代。正是这种对科学研究的前瞻性思维、对行业前沿的精准把握、对创新的执着追求，使得他在"探索未知，激情求解"的征途上不知疲倦、灵感井喷。

沈寅初将化工部拟建上海生物化学工程研究中心之事告知见里朝正。见里朝正先生提议沈寅初申报日本外务省中日交流项目的人才资助计划，促成日方无偿资助上海生物化学工程研究中心总价4000万日元的仪器设备。沈寅初倾情撰写长篇报告《化学工业与生物技术》，详细描述世界各国生物技术的应用发展及其前景，分析采用生物技术改造化学工业的必要性与可能性，介绍生物技术在化学工业中的8个应用实例。他躬体力行，将自己的研究领域进一步扩大到生物化工行业的生物催化领域，并开启了中国生物化工产业的"高光"历程：创建了微生物催化法生产丙烯酰胺的产业化技术，建立了我国第一套利用生物技术生产大宗化工原料的工业化装置。

自20世纪80年代中期开始，沈寅初主持开展腈酶及腈水合酶研究，研发出微生物催化法生产丙烯酰胺的一整套高产、高效的生物催化产业化技术——丙烯腈转化率、丙烯腈单耗、工业发酵产酶能力等均超当时国际先进水平；开创我国生物催化技术工业化生产大宗化工原料的先河，先后在胜利油田、大庆油田等地建成了年产

5000～50000吨的生产装置10余座，产品经聚合后广泛使用于油田的三次采油和废水处理，大大提高了油田的采油率；使我国成为世界上丙烯酰胺生产技术最先进、产量最大的国家。

时光回溯到1986年，沈寅初团队成功地从我国泰山的土坡中筛选到一株高活性的丙烯腈水合酶生产菌株。正是因为这一菌株，我国聚丙烯酰胺生产技术有了根本性的变革。沈寅初估量了丙烯酰胺这个工业中大吨位产品的产业化价值，预感这株高活性的丙烯腈水合酶生产菌株将会有万吨级的工业生产规模，于是他带领自己的科研团队走上了一条艰辛的产业化之路——这一走，千难万苦，不计岁月；这一走，最终走出了一个秀于世界之林的生物催化新时代。

"七五"期间，微生物法生产丙烯酰胺被国家科委列为小试攻关项目，并于1989年通过小试鉴定。1990年，沈寅初计划将丙烯酰胺的产业化研究项目申报"八五"国家科技攻关计划的单列专项项目，几经波折、多方努力，终于在沈寅初"七五"攻坚成果口碑及科技加持下得以通过。1991年，年产50吨规模的微生物法生产丙烯酰胺技术被国家科委列为中试科研项目。1992年，沈寅初在多方寻找合作单位无果后，再次找到浙江桐庐农药厂，厂长为回报沈寅初对该厂井冈霉素生产作出的重大贡献，同意建设微生物法生产丙烯酰胺的中试平台，开展合作研究。在双方的共同努力下，迅速建起了440吨/年的生产线，超额完成了"八五"攻关任务。1993

年，该项目被科技部列入火炬计划，但因该厂位于富春江流域，浙江省出于环保考虑没有批准该项目。

虽然产业化探索小有斩获，但"440吨/年"离沈寅初"万吨级"规模的目标实在相差甚远。1996年，经著名生物化工专家、时任南京化工大学校长欧阳平凯（2001年当选中国工程院院士）的介绍，沈寅初团队与江苏如皋化肥厂达成成果转让协议，同年便实现"千吨级"规模，这是中国第一个将生物技术的方法用于化工产业的上规模的项目，时任化工部副部长的成思危专程到江苏如皋化肥厂，考察丙烯酰胺产业化现状，继而在全国引发了一轮购买"千吨级"微生物法生产丙烯酰胺技术的热潮，江西、张家口、山东等地的企业陆续上了生产线。1996年11月，中宣部、国家科委、国家计委、财政部在京联合召开"八五"科技攻关计划总结宣传会议，沈寅初团队的丙烯酰胺产业化项目被评为优秀成果，沈寅初作为在国家"八五"科技攻关中作出突出贡献的先进个人在会上发言，受到江泽民同志的接见。同年12月，沈寅初被提名为中国工程院院士候选人。

然而，沈寅初仍执着于他的"万吨级"梦想。"九五"期间，"万吨级微生物法丙烯酰胺生产技术"被列入国家科技攻关重中之重项目。沈寅初团队用了1年时间完成了技术攻关，之后开始寻找资金实力、眼界魄力更为强大的具有"万吨级"生产能力的合作企业。这一次，具有相关学科背景与创业经历的企业家郭文礼恰逢其时地出现了。在接触到沈寅初团队的技术后，他表示了极大的兴趣，很快达成了合作意向，并签订技术转让合同。1997年，郭文礼得到地方政府的大力支持，在北京通州区征地100亩，创立北京恒聚油田化学剂有限公司，建立万吨级微生物法丙烯酰胺生产装置。恒聚公司投资1亿元建设的2.5万～3万吨/年微生物法丙烯酰胺生产线不到1年时间就顺利投产，并通过了国家验收。除了恒聚公司，胜利油田也是万吨级微生物法丙烯酰胺生产技术"九五"攻关项目的合作企业。至此，我国聚丙烯酰胺生产技术实现了跨越式发展，走在了世界前列。微生物法生产丙烯酰胺的产业化技术当之无愧地被称为"中国生物催化技术产业化成功应用的典范"。

1997年，"微生物法生产丙烯酰胺"成果获上海市科学技术进步奖一等奖。2000年12月，"九五"国家攻关重点项目万吨级微生物法聚丙烯酰胺产业化在北京恒聚化工通过国家验收。2010年前后，沈寅初团队的微生物生产丙烯酰胺技术已经得到全面推广，全国丙烯酰胺的产量达到30万吨，不仅能够满足国家需要，还实现了出口。为此，2021年11月举行的全国功能高分子行业委员会年会授予沈寅初"全国功能高分子行业发展突出贡献终身奖"。沈寅初多次提及，"万吨级微生物法丙烯酰胺生产技术"是他最为得意的一项科研成果。

1997年，沈寅初当选为中国工程院院士，成为中国工程院第一位生物化工领域的院士；1998年，获何梁何利基金"科学与技术进步奖"，同年获"上海市科技功臣"称号；2002年，获"侯德榜化工科学技术奖"与

"杜邦科技创新奖";2010年,被授予2009年度"浙江省科学技术奖重大贡献奖"。

纵观沈寅初个人丰富而延绵的科学研究史,其毕生都在致力于实现一个朴素的科学理想:如何用生物技术生产出对环境污染少、对健康危害小、让老百姓受惠多的产品。当人们谈及他的科学成就和地位时,他总是谦虚地说:"一项科研成果从实验室走向产业化并转变为商品,需要企业家、企业工程技术人员的密切合作。在这个过程中,我只是个科研成果转化的启动因子。"有一定科学常识的人大概知道,生物学上意义的"因子"是编辑细胞中读取DNA基因片段所产生的物质,且"因子"是具有活性的、永动的,故不断产生、不做停歇,这也许就是沈寅初令人叹为观止的科学生命属性;而"启动因子"作为蛋白质生物合成启动时所必需的具有催化活性的蛋白质,恰恰非常"专业"地彰显了沈寅初作为中国生物化工产业开拓者、催化者、实践者的不可替代的功绩和地位。

三、学之大者 人之重器

"大学之大,不在大楼,而在大师。"沈寅初是激情求解的科学家、弄潮儿;也是胸有丘壑的大先生、大校长;他一手学术产研,一手授业解惑,师心霁然,厚德健行,是为经纬之才。

20世纪90年代末,进入跨越式发展快车道的浙江工业大学,向沈寅初抛出"橄榄枝",时任校党委书记王国榜、校长吴添祖向他发出工作邀请。王国榜谈起20多年前引进沈寅初的往事，依然历历在目："邀请沈院士来浙江工业大学工作的过程非常顺利，沈院士自始至终没有提过任何关于待遇、经费、房子等方面的要求，学校提出要给他人才引进的补贴以及科研启动费等待遇，沈院士都予以拒绝。他只提出一个要求，就是要有教师尤其是年轻教师真正愿意跟着他一起做科学研究。"事实上，当时也有985大学向沈寅初发出邀约，但他认为985大学已经拥有不少包括院士在内的高层次人才，而像浙江工业大学这样的高校，其事业发展与学生培养更需要院士；同时因自己是浙江嵊州人，且多项科研成果均在浙江实现产业化，他希望自己能为浙江的经济发展和人才培养做点实事。

1998年，沈寅初来到浙江工业大学生物与环境工程学院任教（跨单位工作），自此成为该校生物工程学科的灵魂人物。2000年12月至2005年3月，担任浙江工业大学校长。于学科、于学校，沈寅初均以一位战略科学家的韬略，为其事业的全面发展插上了腾飞的翅膀。

为提高办学质量，早日实现建成国内知名大学的目标，沈寅初对此倾注了满腔的热忱和力量。他致力于提升师资队伍整体的科研与教学水平，优化学生的培养模式，尤其是大力拓展教师和学生国际化培养的渠道，与日本金泽大学等名校建立了科学研究与人才培养的深度的长期的合作，双方长期互派教师和留学生。生环学院、化材学院、药学院相关学科的成长和建设，更是离不开他的引领与推动。

在浙江工业大学跨越式发展的重要历史阶段，沈寅初是一面旗帜，他的办学思想、治学精神、人格魅力对学校的发展产生了积极而深远的影响。他高瞻远瞩，知行合一；他奖掖后学，诲人不倦；他胸襟开阔，甘为人梯。他的为人、处世、治学为后辈青年师生树立了学术和人格上的双重榜样，受到浙江工业大学师生的普遍爱戴和尊崇，是大家眼中的"大先生""大校长"。

（一）奖掖后学，巨擘甘为人梯

沈寅初进入浙江工业大学工作后，着力于加强生物化工学科建设，凝练团队的科研方向，引导团队对接重大的社会需求，开展一系列基础与应用研究，取得了一批高水平的科研成果。浙江工业大学那支烙刻着沈寅初精神特质的青年科研"梦之队"也应时而生。他们秉承沈寅初"好的高校教师一定要搞科研，而且科研成果要有硬通货"的教导；牢记他"教师和科研人员一定要摸准国民经济发展的脉搏，一定要了解国家的需要和世界的前沿，科研选题要有创新性，要选对接有关国计民生的重大需求的课题，成果要有产业化前景"的教诲，攻克一个又一个科研、技术难关，创造了一项又一项奇迹。

沈寅初身为巨擘却甘为青年人才做人梯的例子俯拾皆是：1998年，作为浙江工业大学生物工程研究所首席教授的沈寅初为了年轻一代科研工作者的快速成长渐退幕后，承担起培养人才与指导科研的重任。如指导郑裕国团队开发糖尿病治疗药物中间体井冈霉醇胺的生物催化技术，使该团队研发出高纯度井冈霉素高效生物催化大规模生产井冈霉醇胺的方法，完成井冈霉素高值化与绿色化的技术开发，从而构建了井冈霉素从生物农药到生物医药的产业链，形成了井冈霉素产业化新增长点。该技术在浙江钱江生物化学股份有限公司进入产业化，建成了国内外生产能力最大的新产品井冈霉醇胺和高纯度井冈霉素生产线。高纯度井冈霉素在国际市场上占有率第一，显著提升了我国企业在该领域的国际竞争力及影响力。2008年，"高纯度井冈霉素生物催化生产井冈霉醇胺的产业化技术开发"成果获得国家技术发明二等奖。

又如自2000年起，指导郑裕国团队与海正药业合作开展腈化合物转化酶的菌种筛选等工作，聚焦于"亚胺培南/西司他丁钠化学-酶法合成关键技术及产业化开发"。该产品2005年投入生产，2009年获中国石油和化学工业协会科技进步一等奖，2010年获国家技术发明二等奖。郑裕国说："该成果标志着沈院士开创的腈转化酶研究从非手性化合物的生产拓展到了手性化合物的生产。我们传承了沈寅初的科研事业，并在传承中实现了创新，在创新中获得了发展。"再如，针对我国糖尿病患者多，国内药厂却缺乏具有降糖疗效的阿卡波糖核心技术的情况，郑裕国团队传承并发展了沈寅初的研究思路，通过和华东医药合作，研发出阿卡波糖产业化新技术，打破国际制药巨头德国拜耳公司对技术和市场的长期垄断。2015年，郑裕国团队凭借该项技术第三次问鼎国家科技奖。

是的，沈寅初对青年教师和青年科研团队的培养与提携是毫无保留的。他鼓励青年教师出成果，强调"每个教师都应该敢于尝试写高水平的SCI论文，同时要重视科研道德，实验的结果绝对要准确"。他指导青年教师陈小龙先后2次在国际顶级杂志"Chemical Reviews"（《化学评论》）发表论文，提高了浙江省高校的国际认知度。他不断地"教"青年教师如何开展科学研究工作，强调"选题要有发表价值，成果要有产业化前景"。在沈寅初严格又悉心的指导下，浙工大的青年科研团队迅速成长，不少团队成员也从一名普通的青年教师成长为国内生物化工界的知名学者，他指导的博士生郑裕国、许丹倩、陈小龙分别入选中国工程院院士、浙江省特级专家、国家"万人计划"科技创新领军人才。作为沈寅初在浙工大培养的新一代优秀科技工作者的杰出代表，郑裕国回忆道："沈院士每次一到学校就忙着奔实验室，及时传递最新的学术信息，把握整个课题乃至学科的发展方向，其敬业的工作态度和踏实的工作作风对青年教师触动很大。"

沈寅初力倡学术团队的正气与和谐，认为："做科研，要有不计得失、无私奉献的团队合作精神。老教师要真心帮助青年教师成长，团队领头人要有先人后己的精神，在奖金分配、成果分享等方面都要体现高风亮节。"时任生环学院党委书记的黄海凤在接受笔者采访时，由衷地赞赏沈寅初那种大先生、大科学家的气度，她说："沈院士有荣誉就让，有好处就退。到浙工大来工作后，学术论文、文章署名都放在后面；申报课题、奖项，也总是把自己的名字放在后面，让青年教师和青年学子站在自己的肩膀上成长，真是令人佩服。"她提到："获奖以后，沈院士对班子和骨干成员说，荣誉来了就要共享，它不是一个人的。幸福是可以传递的，与他人分享成果、荣誉，就会获得幸福感。"如果去看沈寅初团队历来的成果与奖项，人们会发现一个有趣的"沈寅初排名靠后"现象——如阿维菌素申报奖项时，沈寅初将自己列为第五获奖人；"微生物催化法生产丙烯酰胺"成果申报国家科技进步奖时，沈寅初还将自己的名字列在第五。沈寅初加盟浙江工业大学后所取得的成果和发表的论文，署名几乎都在后面。

正是沈寅初这样的广博胸怀、科学精神和学术风范，滋养、驱动着一代代浙工大人在发展的道路上不断探索与前进。他初到浙工大时立下的目标——"将我校的生物化工学科逐步引入全国的最高学术圈，使生物化工学科的发展能进入一个较高水平，有一两个产品实现产业化、创造比较大的经济效益，培养出几个在全国有知名度的中青年教授"——以令人惊讶的速度实现了。

同时，在浙江工业大学的20多年，沈寅初一直活跃在教学科研的第一线，深入推进产学研合作发展，为生物化工及相关学科的发展搭建了高层次的学科平台与国际学术交流平台。在担任浙江工业大学校长及名誉校长期间，沈寅初一再强调学校必须形成对教授充分尊重的风气，要营造一种尊重知识、尊重学术、尊重教授的氛围。他说他科学研究的黄金时期，凭的完全是热爱、自觉、责任心，没有人对他进行考核，这样才能出成果。

（二）胸有经纬，心系三尺讲台

沈寅初常说，如果说自己有一点成就，那么其中的一个重要原因是求学与科研生涯中遇到了好老师，他深知老一辈科学家对年轻人成长的作用。在浙江工业大学的20多年里，他的一言一行，都展示了对学生、对青年教师成长的热爱、呵护之情。在学生的培养上，他要求重视对学生综合素质的培养、提高，努力提高学生的责任心、事业心和抱负水平，培养学生的爱国主义精神、社会责任感和专业精神，强调学生知行合一的实践与动手能力。

沈寅初非常注重本科生培养。经常请缨给本科生讲课，2011年初，73岁的他头一天晚上服用了比平时多一倍药量的安眠药，第二天坚持站着为本科新生讲了两节专业教育课；他曾全程参加本科毕业论文答辩，专注地听在场每一个本科毕业生的答辩，对毕业生及其导师进行细致的指导；他去教室听老师的本科生课程，一听就满两节课；他还经常为本科生开讲座，有时候是系列讲座；他与青年教师一起录制本科生课程"微生物学"，该课程入选了国家精品课程视频。有一次给学生上课，他说："按照我的上课习惯，是要站着讲课的。但我年岁大了，如果一会儿站不了坐下来了，请大家原谅。"如此大先生，让在场的每个学生感佩至深。

为了青年学子的成长，他非常看重对青年教师的培养。每年的浙江工业大学新教师培训会，沈寅初总是温文尔雅地给新入职的教师上"特殊一课"，一年复一年，直到他乏力久站依然初心不改。沈寅初也对老教师提出期望，"我们要造就一批年轻的学术带头人，这是自然法则的要求，事业要有人一代一代传下去。老教师的责任或者主要任务是培养年轻人，要有这样的胸怀，要促进年轻学术带头人成长。老一辈的长处是积累的经验比较丰富，但应该清醒地看到创新能力不如年轻人了，要把精力放在培养年轻人上面。这是事业发展的根基与后劲。"同时极具国际视野和国际合作经验的他，致力于"引进"更高层次的国外高校与学校开展在科学研究与人才培养领域的深度合作，倡导教师"走出去，请进来"，鼓励资助青年教师参加国内外学术交流或赴国外知名高校、研究机构进修，亲自邀请国内外著名专家来校讲学。沈寅初是一盏明灯、一座灯塔，他以博大的教育情怀、深刻的科研精神、极具启示意义的人生故事，树立了平易又大写的院士榜样，展现出极致的人格魅力和高尚情操。

梁漱溟先生曾说："大约一个人都蕴藏着一团力量在内里，要藉着一种活动发挥出来，而后这个人一生才是舒发的，快乐的，也就是合理的。我以为凡人都应当就自己的聪明才力找个相当的地方去活动。喜欢一种科学，就弄那种科学；喜欢一种艺术，就弄那种艺术；喜欢回家种地，就去种地；喜欢经营一桩事业，就去经营。总而言之，找个地方把自家的力气用在里头，让他发挥尽致。这样便是人生的美满，这样就有了人生的价值，这样就有了人生的乐趣。"沈寅初就是这样的人，宛若他穿过盛开的樱花林却不曾顾盼流连，因为在那一片绚烂的尽头，在那个小小实验室里，有他即将带给人世间的绵长福祉。他为科学而生，为大爱所向，披荆斩棘、勇往直前，将一切成果书写在了深爱的祖国大地上。

回溯他当选中国工程院院士时，工程院要求每位新院士撰写一篇主题为"给你留下深刻印象的人和事"的文章，沈寅初在他的那篇自述《民以食为天》中写道："只有把探索未知的事业认为是人生最大乐趣的人才有可能在科学上有所作为，即使许多科学家的研究成果当她被获得社会承认的时候他已是耄耋老人了，有更多的科学家甚至在他活着的时候看不到社会的承认，但他们已经在探索未知的过程中感受到了常人无法感受到的乐趣，科学还是吸引着一代又一代为它贡献的人们。……此时此刻我又想起了青少年时代读过的一部小说《钢铁是怎样炼成的》，其中有一句名言：'人的一生应当怎样度过，当他回首往事的时候，他不致因为虚度年华而悔恨，也不致因为过去的碌碌无为而羞愧。'这是我在青少年时候就记住的一句名言。"

如今，沈寅初已是耄耋老人。回首自己的来路，充实、无悔，从不停步、永在超越，依然是那个记着保尔·柯察金名言的少年。他不曾辜负祖国和人民的期望，而祖国和人民也不曾忘记他的功勋。2018年，中国工程院向沈寅初发来八十华诞贺信，贺信高度肯定沈寅初的巨大贡献："长期以来，您为我国工程科技事业发展和国家现代化建设做出了巨大贡献。您热爱祖国、服务人民的思想品格，严谨求实、勇于创新的科学态度，孜孜以求、敬业奉献的进取精神，是广大工程科技工作者学习的榜样。"

1938年　出生

8月31日（农历闰七月初七），出生于浙江嵊县（今嵊州市）城关镇东前街73号。

祖父，沈和法，祖籍在嵊县小黄山（位于嵊州市甘霖镇上杜山村），后移居城关镇。以木匠为生，后经营一家建筑作坊，并在城关镇东前街73号建成新宅。

祖父有三子一女，长子沈国增，次子沈志民，三子沈侠民，女儿沈耀华排行第四。沈寅初的大伯和二伯均为国民党军官；姑姑则参加了新四军三五支队，隶属于四明山游击纵队，新中国成立后成为小学教师。

父亲，沈侠民；母亲，张雪芬。沈寅初父母二人在县城经营一家盐行，货源来自上虞百官，父亲从上虞百官用竹排沿着剡溪将盐运至嵊州。沈家盐行是当时嵊县比较大的盐行，主要经营食盐批发，位于嵊州城关镇城北的城门口，靠近剡溪，用麻袋装的盐从剡溪上岸后直接可以搬进店铺。沈寅初回忆，家里的盐一麻袋一麻袋摞得很高，一直顶到天花板，因为盐行紧挨剡溪，发大水家里堆积的盐就会溶解，有几次父亲从上虞百官运盐回来，大水没掉竹排的盐袋，损失很大。

沈寅初排行老大，下有三个胞妹。

沈寅初出生后，父母忙于生意，就将他托养在离沈家约五里路的小砩村奶妈家。从奶妈家回来后，与祖母住了一段时间。

本年12月，日军开始出动飞机，轰炸浙江各地。12月3日，日机第一次轰炸嵊县城关镇。

1940年 2岁

本年前后，东前街73号的房子毁于日军飞机轰炸，沈寅初暂住位于离家30里远的甘霖镇前朱村的外祖父家。

1944年 6岁

春节后，入小学。小学设在前朱村的祠堂，为外祖父的堂兄弟创办，规模很小，只有一两个班。学校承袭了中国传统教育的范式，要举行祭孔等仪式。

1945年 7岁

在前朱村小学读二年级。

1946年 8岁

在前朱村小学，读三年级。

本年，沈家在城关镇的房屋重建。此前，房子被日军飞机炸毁后，祖父就回到位于小黄山的祖屋。祖父一直希望能重建城关镇东前街73号的房子，并将这个重任交给沈寅初父亲。沈父三兄弟共同出资，在原有宅基上按照原结构由沈父负责重建房子。实际上建成后的房子并没有完全恢复原状，只有五间两居头及梯间，小于被轰炸前的旧屋。毛坯落成后，沈寅初陪祖父住进新屋。

1947年 9岁

考剡山私立小学校，落榜。入时斯小学就读四年级。

没考进剡山私立小学校，是因为不了解答题符号。当时试卷上有很多判断题，正确写"＋"号，错误则写"－"号，沈寅初在类似私塾的前朱村小学读书时没有接触过这种答题方式，考试时写反了，把正确的写成"－"，错误写成"＋"，答卷因此丢了很多分。沈寅初因此事遭到父亲的责罚，逃至奶妈家。后被父母领回家，入时斯小学就读。

从前朱村回到城关镇后，上学之余帮着父母做家务，放学后经常在盐行里清洗晾晒装盐的麻袋。

1948年 10岁

考取剡山私立小学校。

这是沈寅初第二次考剡山私立小学校，考试结果张榜公布，沈寅初以第三十几名的成绩考进该校，并在该校完成五年级和六年级的学业。时年，该校招收学生约100名。

剡山私立小学校坐落于嵊州市城关镇，前身为剡山书院，创建于清乾隆二十三年（1758）。著名教育家蔡元培先生（1868—1940，浙江绍兴人）曾任书院院长，他提倡科学的教学方法，开新学之先河。1906年，更名为剡山高等小学堂。1912年，改称剡山私立小学校，裘翌芳先生（1884—1959，浙江嵊县人）任校长。1952年，改名为嵊县第一小学。至1984年，更名为嵊县城关镇剡山小学。1988年，易名为嵊县剡山小学。1995年，因撤县设市，更名为嵊州市剡山小学。现为浙江省示范小学。沈父也毕业于剡山私立小学校。

本年，祖父在城关镇东前街73号病逝。在祖父葬礼上，沈寅初第一次见到两个身为国民党军官的伯伯。

1949年　11岁

就读六年级。

嵊县解放。6月18日，剡山私立小学校举行44年校庆，与全体师生一起庆祝嵊县解放。

12月17日，加入少先队。沈寅初说起入队宣誓的场景，如在眼前，他与同学们同唱队歌，队歌主题是"五爱"，即"爱祖国、爱人民、爱劳动、爱科学、爱护公共财物"。

小学毕业。

<h2 style="text-align:center">1950年　12岁</h2>

2月，考取嵊县中学。

嵊县中学同样是百年名校，始建于1915年，1995年撤县设市，改名"嵊州中学"。

当时，嵊县中学的校址在城关镇城隍庙。沈寅初回忆考嵊县中学的情景："国民党的飞机一直在天上飞，还传来轰炸的声音，监考老师让我们不要动，继续考试。我们同学们都很听话，坚持到考试结束。"是年，嵊县中学录取了来自嵊县以及新昌、诸暨、东阳等周边县的100名学生。

本年8月，全国农村开始划分成分。沈寅初祖父留下30余亩地，居委会起初要将这些地全部计入沈父名下，这样沈家就要被划成地主。沈寅初在门缝里听到居委会工作人员和父亲的对话，一方面他对家庭的前景忧心忡忡，另一方面他认为这也不符合历史事实。于是12岁的沈寅初向母亲要了那些曾经租种祖父土地的佃户名单及住址，一个人跑了二三十里地，叩开一家一家佃户的门，请他们提供证明，证明那些土地是向祖父租的。沈寅初向居委会力争，佃户们是向祖父租地的，而祖父有3个儿子和1个女儿，这30亩地就不能算在父亲一个人名下，何况父亲一直在城里经商。居委会认为沈寅初说得在理，后来正式公布家庭成分的时候，沈家就没有被划为地主，而是商人。后来沈寅初填各种表格，在"家庭出身"这一栏一直填的是"商人"。

1951年 13岁

继续在嵊县中学学习。

学习成绩居中上水平。对化学课表现出浓厚的兴趣，化学课成绩优异。

1952年 14岁

秋季，初中毕业。是年，嵊县中学初中改秋季招生，因此沈寅初的初中学制为两年半。

初中毕业时有2个去向，一个是读高中，另一个是读中专，比如杭州化工学校，还有师范学校、水利学校等。但是，沈家此时已经家道中落，根本读不起高中。于是沈寅初选择读中专，这样就可以早几年工作。因为对化学情有独钟，化学成绩也很好，所以很希望能到杭州化工学校就读，但因为他两个伯伯的国民党军官身份，资格审查没有通过，后到浙江省立杭州高级医事职业学校（是年底更名为杭州卫生学校）就读化验专业。

1945年日本战败投降后，沈寅初大伯作为国民党的接收官员到了台湾，上海解放前沈父将其长兄的两个孩子也就是沈寅初的堂兄堂姐接回嵊县。堂兄堂姐回嵊州时还带着一笔生活费，他们也就读于嵊县中学，与沈寅初同班。沈寅初读初中时，沈家家境已经败落，连学费也付不起，沈寅初经常被学校催缴学费，一直到初中毕业，学费都没有缴清。而堂兄堂姐的学费，沈父早已替他们缴清，14岁的沈寅初自然不能理解父亲宁可亏待自己的儿子也不让兄长孩子吃苦的做法。他瞒着父亲，一个人步行二十多里山路，去小黄山附近大伯母的姐姐家讨回了堂兄堂姐的学费，缴清了自己的学费。后来沈父知道了这件事，沈父因为家境贫困本来早已戒酒，那天沈寅初回到家，看到父亲沉着脸坐在桌边，面前放着一碗酒，沈寅初看到这一情景，料定父亲在生气，并且会打他。沈寅初没有等父亲出手，就逃出家门，住到了一个同学家中，后来连杭州高级医事职业学校的录取通知书都是这个同学交给他的。

8月，赴杭州求学。

年少气盛的沈寅初离家出走后，从同学手中拿到了录取通知书，一直到去杭州上学前他都不愿意回家，打算请同学帮他准备一条棉被及其他简单的行李，就去杭州读书。当时从嵊县到杭州需要乘船，晚上出发，次日中午前后抵达。沈寅初出发前，获悉消息的沈母匆匆赶到剡溪岸边的码头，为即将远行的儿子送来一条席子、一床棉被和一个旅行包。旅行包的拉链已经坏了，沈母缝上几颗纽扣，勉强将包口扣上，里面塞了几件衣服。带着母亲送来的三件行李以及牵挂和期许，沈寅初踏上了到杭州的求学之路。

第二天，船只抵达杭州南星桥，沈寅初转乘公交车，到位于今解放路元华百货大楼边的杭州公共汽车总站（学校在这里接新生），最后抵达位于教仁街15号（今邮电路）的杭州高级医事职业学校。

浙江省立杭州高级医事职业学校，前身为创建于1925年的浙江省立女子产科学校，后数度改名，历经杭州卫生学校、省卫生学校及浙江医学高等专科学校。2016年，升格为本科院校，更名为杭州医学院。2019年，与原浙江省医学科学院合并，组建新杭州医学院。

该校的学生宿舍位于西湖一公园集贤亭附近，宿舍区内有荷花池。沈寅初和同学们每天早上跑步去上课，他们从一公园出发，经过邮电路的省中医院，到达校园。

学校给学生每月的补助是7元7角的伙食费和3元的零用钱，这已经足以支撑沈寅初日常学习与生活所需。从此，沈寅初就再也没有向父母伸手要过钱。

本年，父亲因病去世。

1953年　15岁

因化验专业与化学专业具有关联性，沈寅初很快喜欢上这个专业，并倾注了很大的学习热情。在对血液、尿液等的化验中，会涉及很多生化指标，沈寅初开始接触到生物化学。学校为学生配备了很强的师资，生物化学课、微生物课等课程均由当时浙江医学院的教师讲授，浙江医学院微生物教研组主任屠宝琦教授、朱圣禾教授都是当时的主讲教师，教学质量很高，两年的学习获益良多。沈寅初至今对杭州卫生学校生物化学课、微生物课老师的授课内容与方式记忆犹新，倍加赞赏。

屠宝琦	1899—1978，浙江嘉兴人，1923年，毕业于北京国立医学专门学校。新中国成立后历任浙江医学院（今浙江大学医学院）微生物教研组主任、教授，浙江省卫生实验院院长，浙江医学科学院副院长等职。
朱圣禾	1923年生，上海人。1948年，毕业于中央大学（今南京大学）医学院。浙江大学医学院教授，病毒免疫学专家。历任浙江医科大学微生物教研室主任、免疫教研室主任，主讲微生物学和免疫学。兼任中国微生物学会理事、浙江省微生物学会副理事长等。

　　除了勤学，沈寅初还苦练基本功。在实验时，同学们以自己的血、尿等作为检验样品，同学之间互相抽血苦练基本功。

1954年　16岁

　　在浙江省杭州妇幼保健院和杭州红十字会医院各实习三个月。

　　在浙江省杭州妇幼保健院，被安排在检验室实习，其中的一项主要工作是为女性检验是否怀孕。当时女性妊娠检验使用的是蟾蜍试验，沈寅初跟着卫生学校的前辈毛富根做这项工作，学习各种临床检验技术，每天一大早向农民购买为数不少的雄性蟾蜍，然后将送检的女性尿液注射到蟾蜍体内，几个小时后再检验蟾蜍排出的小便是阴性还是阳性，以此来判断受检女性是否怀孕。

> **毛富根** | 1934—2015，浙江省奉化人。1960年，复旦大学微生物学专业毕业。先后在四川大学和浙江工业大学任教。

在杭州红十字会医院实习期间，沈寅初至今印象深刻的一项工作是给婚前男女做体检，每天要给很多人抽血，多的时候有200多人排队，沈寅初基本功很扎实，扎针精准，次次都是一针见血。

其间还做了一件至今难忘的事情：当时有一个患者，就诊时医生判断是肠结核病，但检验科在患者的粪便中没有检查出有结核杆菌，并在化验单上盖上了"未检测出结核杆菌"的印章。这天晚上，沈寅初值班，他一张一张翻看患者的检验片子，他用显微镜仔仔细细、反反复复看了整整3小时，终于发现在显微镜下有一条染上红色的结核杆菌，由此就可以确诊该患者患的是肠结核病。医生很感谢这个16岁的少年实习生，因为根据这个化验单，就可以为患者做出对症下药的治疗。杭州红十字会医院的指导老师对沈寅初刮目相看，在实习报告上给予了很高的评价。

在杭州红十字会医院实习的三个月，每月有10元钱的实习补贴，沈寅初共拿到了30元的补贴。沈寅初回忆说这30元解决了他生活中的一些燃眉之急，第一个月买了一双雨鞋，杭州多雨，尤其是黄梅季节，沈寅初此前一直没有雨鞋；第二个月买了一顶蚊帐，他一直没有蚊帐，杭州卫生学校的学生宿舍在西湖边，夏天蚊子很多，他住在下铺，一到蚊子滋生的时节，就只能用被单将床围起来，但是这种办法不能完全将蚊子阻隔在床外，于是沈寅初就买了蚊帐，这顶蚊帐一直用到结婚；第三个月买了一个小行李箱，以替代之前那个拉链都已经坏了的旅行包，解决了衣物等无处存放的问题。

8月，以名列前茅的成绩从杭州卫生学校化验专业毕业，分配到浙江医学院。分配前，沈寅初响应到祖国最需要的地方去的号召，填的工作志愿是去定海。分配方案公布，沈寅初才知道是浙江医学院，感到很意外。

浙江医学院，其前身是1912年厉绥之、韩清泉等联合创办的浙江医学专门学校。其后数次更名，1947年升格为浙江省立医学院。1952年院系调整时，浙江省立医学院与国立浙江大学医学院合并，定名为浙江医学院。1960年，改名为浙江医科大学。1998年，与原浙江大学、杭州大学、浙江农业大学合并，组建成立新浙江大学。1999年，组建成立浙江大学医学院。

8月下旬，他叫了一辆三轮车，载上全部"家当"，到浙江医学院报到。说是"家当"，其实不过是棉被、席子等日用品，因为家境困难，沈寅初连一件衬衣都没有。酷暑天气，沈寅初在汗衫外面套上一件中山装，去工作单位报到。开始沈寅初获悉是被分配到浙江医学院的血库，报到后，浙江医学院直接将其留在了学校的生物化学教研组，这让钟爱生物化学专业的沈寅初感到非常意外和惊喜。

工作第一年，沈寅初月工资为30.10元。因为是8月下旬报到的，报到后没几天，在拿到了人生的第一笔工资15.05元，他为自己买了一件衬衣，想着开学后能体体面面地上班，精神抖擞地开启人生的新旅程。

9月1日，正式上班，岗位是生物化学教研组的实验员。其时，教研组由1个老教授、1个副教授与若干名讲师、助教组成，年轻教师居多，共计十余人。沈寅初在教研组里承担教辅工作，学生上生物化学课，沈寅初为实验课准备仪器、药品、试剂等；每次学生的实验课，沈寅初都要先做出标准答案，每次都做好几次，确保答案的准确性。在实验中，沈寅初执行严格甚至严苛的标准。

1955年 17岁

在浙江医学院生物化学教研组工作，除了做好教研组的日常教辅工作，还要参与教师的研究工作，做他们的助手。

生物化学课是上半年的课，下半年轮空。没有课的学期，沈寅初就帮助教授做研究工作，如四氧嘧啶人工诱发家兔糖尿病研究、中药六味地黄丸治疗实验性糖尿病研究等项目的研究。沈寅初记忆很深刻的是，有位老师主持治疗糖尿病的药物开发研究课题，他给这位老师做助手，每天要在兔子身上做实验，先让兔子患上糖尿病，再把药注射到兔子身上，然后测定兔子的血糖指标。另一项印象深刻的是绿叶蔬菜万年青的储存研究课题，这项课题的研究目的是使边防战士和驻守海岛的战士吃到的菜保有新鲜蔬菜的营养成分，尤其是维生素C的含量，沈寅初负责对蔬菜的维生素含量进行跟踪测定。这些课题研究的辅助工作对培养沈寅初的科学精神和实践操作能力都大有裨益。

因为每天必须在兔子身上做实验，沈寅初经常在兔子耳朵上练习打针的技术，兔子耳朵的血管很细，他持之以恒、不厌其烦地在兔子耳朵上练习打针，练就了一针见血的功夫。两年以后，沈寅初赴复旦大学读书，复旦大学校医院的护士了解到沈寅初的这一手功夫，遇到血管太细的患者就会求助于他，沈寅初甚至有半夜三更被护士请到校医院帮忙扎针的经历。一直到工作后，单位保健科遇到抽血抽不出来的情况，都来求助沈寅初。

在工作与学习中，沈寅初始终勤奋刻苦，珍惜时间，一分一秒也不浪费。白天在完成教研组的课题研究工作之余，只要有时间就去旁听医学院的课程，并和班级学生一起参加考试；晚上，总是自习到子时。

在浙江医学院生物化学教研组工作的第二年，沈寅初开始筹划考大学的事宜。考大学的想法遭到亲朋的反对，沈寅初工作半年后工资涨到40元，再过半年就涨到

45元，三年不到他就可以拿到每月50元工资，在亲朋们看来，在大学里上班，工作体面，工资也不低，工作与生活都很稳定，找个女朋友，组建个小家庭，可以过上很安逸的生活。但是沈寅初并不满足于眼下这种令人羡慕的"安逸"，他下决心一定要上大学，触发这个心念的几个因素是：一、在浙江医学院做教辅工作，服务对象都是大学生，他觉得自己作为一个中专生是不够的；二、上大学可以获得更多的学习机会；三、以他当时的资历，无权限使用实验室的一些贵重仪器，比如一个万分之一的天平，当时实验室规定要助教以上才能使用，连这样的仪器都无权限使用，就遑论开展独立的研究工作。

但是考大学就面临一个难题：钱。沈寅初上有母亲，下有三个妹妹，当时家里经济条件很差，他每个月都将工资的一部分寄给家里，补贴家用。大妹妹沈月卿成绩也很好，但是以当时沈家的经济状况，只能供一个人上大学，沈寅初想如果大妹妹要考大学，他就不考，但大妹妹沈月卿认为哥哥比自己更有学习天赋，就决定把读大学的机会留给哥哥，自己去城关中学做了教师，这大大减轻了沈寅初作为长子对家庭的经济责任。

1953年后，工作满3年的国家机关、事业单位、国营企业干部，经组织批准，通过考试或保送的方式可以调入高等院校学习，且享受每个月26.5元的助学金，这就是"调干生"制度。沈寅初决定在浙江医学院工作满三年后以调干生的身份考大学，这样不仅自己在大学里没有经济之虞，而且每个月还可以省下钱寄给家里，继续承担为人长子、为人兄长的家庭责任。

1956年 18岁

继续在浙江医学院生物化学教研组担任实验员，同时复习迎考。

沈寅初的求学目标坚定而明确：一定要上大学，而且一定要攻读生物化学专业。目标确定后，决定用一年半的时间备考，沈寅初制订了一个复习计划，包括语文、化学、物理、生物等课程的学习安排。语文、物理两门课，他在周末自费去校外上补习课；而生物、化学两门课，则利用近水楼台的便利，旁听浙江医学院老师的讲课。

当时，浙江医学院一些单身的年轻教师都住在学校宿舍，他们通常在办公室里学习到晚上十点甚至更晚，年少的沈寅初沉浸在这种非常浓厚的学习氛围中，获得很多滋养。生物化学教研组的年轻教师邵靖宇博学多才，有很强的专业能力，很有才华，在沈寅初记忆中，实验室但凡到新设备，邵老师第一时间就会使用，沈寅初一方面很崇拜他，另一方面从他身上学到了很多。邵老师也看到了沈寅初的天赋和勤奋，鼓励他去追求更远大的理想，支持他考大学的想法，并且像兄长一样帮助沈寅初，帮他谋划接下来的备考补课等事宜。在备考过程中，沈寅初旁听了浙江医学院的化学、无机化学、分析化学、物理学、生物学以及解剖学等多门课程，生物化学反复听了数遍，不同老师的课他都去听。

邵靖宇 | 1928年出生，浙江杭州人，毕业于清华大学化学系，教授。浙江医学院生物化学学科负责人，中国生物化学与分子生物学学会理事，浙江省生物化学学会理事长，中国毒理学会生物毒素毒理专业委员会理事。

1957年 19岁

考取复旦大学生物化学专业。

7月中旬，参加高考。因为准备充分，考试很顺利。沈寅初执着于要从事生物化学研究，所填报的9个志愿均为生物化学或相关专业，这9个志愿依次为北京大学生物化学专业、北京大学人体及动物生理学专业、复旦大学植物生理学专业、南开大学植物学专业、南开大学动物学专业、山东大学动物学专业、山东大学植物学专业、南京大学植物学专业、南京大学动物学专业，因为上述专业下的二级学科都有生物化学方向。本年全国高考报名人数为252000，招生人数为107000。

7月下旬，与浙江医学院的同事们一起去莫干山疗养。

8月中旬，收到复旦大学录取通知书。本年，复旦大学生物化学专业共录取26名同学。

是年，嵊县考上大学的有24人，因此沈寅初考上大学的消息传回嵊县，沈母很为儿子骄傲。

9月，在浙江医学院办理了离职手续，前往复旦大学报到。

复旦大学生物系拥有一支非常强的师资队伍。1952年，全国高校院系调整时，复旦大学生物系由原复旦大学、浙江大学、金陵大学、沪江大学和暨南大学等学校的相关系科合并而成，师资阵容强大，知名学者有谈家桢、刘咸、吴定良、孙宗彭、焦启源、卢于道、张孟闻和王鸣歧，八位大师齐聚复旦，俗称"八仙过海"。谈家桢先生任调整后的首届系主任（引自复旦大学生命科学学院网站）。

而生物化学专业为新创设的专业，如何解决这个新创专业的师资问题呢？系里的解决方法主要有两条：一是从各个系科抽取力量，二是聘请校外专家。生物化学在当时属于交叉学科，其基础是化学，于是从化学系抽调了两个教师，作为生物化学系的骨干；又从生物系抽调了几个教师。而主要课程则由外聘教师担任，外聘教师均来自位于上海的中国科学院生物化学研究所。

新生进校后先进行为期两周的思想政治教育，沈寅初参加的第一个活动是"红专大辩论"——"时代给我们提出的要求是什么？"

其时，在大学里，学生可以作为主人翁参与到教育教学改革中。沈寅初与班级里其他同学不同，他有三年与专业相关的工作经历，因此在课程设置等方面比其他同学更有见解和发言权。他进校后先后担任班级的学习委员、生活委员、劳动委员、体育委员等，并作为学习委员参与教学改革。

刚进校时，上的都是基础课，其中有化学课。沈寅初深知化学是生物化学专业最基础也是最重要的课程。在浙江医学院工作时，教研组的邵靖宇老师教给了他关于生物化学的基本思维："生命体就是由化学物质组成的，不要把生物当成生物，要把它看作是一种化学试剂，做生物化学实验就是和做化学实验一样的。"因此，要学好生物化学专业，首先必须学好化学课。

沈寅初听了第一节化学课，又浏览了教材，觉得课程内容太简单，不应该浪费时间于此，于是向系里提出了免修化学课的申请，系里老师答复说，必须通过考试才能免修，假如考试能得5分（当时是5分制，5分等同于优秀），低于5分则不能免修。沈寅初用了2天时间翻阅化学课教材，考试得了5分，于是顺利获得了免修资格。沈寅初尚记得有一道考题是关于稀有元素的原子结构特性，这道题对一年级大学生而言是一个冷门知识点，但因为他在浙江医学院工作时旁听过化学课，因而没有被这道题难住。这件事当时在复旦大学生物系师生中引起了不小的轰动，老师和同学对他刮目相看。

沈寅初表现出了很强的学习内驱力和能力，他善于规划自己的学习。因为已经免修了本专业的化学课，沈寅初要求选修难度较高、程度较深的化学系的化学课，因为化学系的化学课难度高于生物系的，学校也很支持学生主动学习的行为。

在外语方面，学校的培养计划中列的是俄语。在浙江医学院工作时，沈寅初学习了俄文，已经具备了一定的俄文基础，能阅读一般的俄文专业书籍。进复旦大学后，俄语是第一外语，但是他关注到欧美国家在生物技术研究与开发中的实力更强，认识到英语的重要性，就选修了英语作为第二外语。这一决定为后来的研究工作打下了基础。

普通大学生每月有12.5元的餐费，家庭经济困难的学生可以申请4元零花钱，总计16.5元的生活费。沈寅初则由于其调干生的身份，每月有26.5元的津贴，高于其他同学，刨去12.5元的餐费，再留下4元零花钱，每个月还可以攒下一笔钱。沈寅初每隔一两个月给在嵊县老家的母亲汇去10元钱，此时两个妹妹已经工作，家庭经济状况不再似前几年那般捉襟见肘。

1958年 20岁

6月上旬，参加2周的劳动课，先是收割油菜，之后是种水稻，水稻种好后回到学校。二十世纪五六十年代的大学生要参加各种形式的劳动课，沈寅初的"高等学校毕业生登记表"显示，他在复旦大学读本科期间参加的劳动有：下乡劳动两个半月，下厂劳动20天，校内工厂劳动1个月，校内基建劳动半个月，校内集中农业劳动一个半月，校内分散劳动一个半月等。

9月，升入二年级。

因为有较好的专业基础和很强的学习能力，学习上感觉力有所余，因此就多选了几门课。

本年，母亲病故。

1959年　21岁

9月，升入三年级。

在"科技大跃进"运动中，沈寅初与20多个同学一起参加了复旦大学组织的人工合成胰岛素研究实验。同学分为A链和B链两个组，A链组的组长为五年级学长梁镇和；沈寅初是B链组的组长，负责设计实验方案，并指挥整个实验过程。沈寅初以初生牛犊不怕虎的胆略、拼搏的精神参与到课题研究中，在负责胰岛素合成的过程中，他有时连续三天三夜在实验室里做实验，72小时没有合眼。这次实验，为时约半年，锻炼了同学们的实验能力，也是沈寅初科研能力的一次展示。因为在本次实验中的表现，沈寅初于次年加入中国共产主义青年团。

由于"大跃进"和人民公社化运动中的严重"左"倾错误，加上农田连续遭受大面积的自然灾害，开始出现全国性的粮食和副食品短缺危机。复旦大学因地制宜，在校园大草坪翻土种菜。此时沈寅初是劳动委员，他所在年级分到一块大草坪，松土后种上番茄，以改善伙食。

1960年　22岁

三年级下学期后，学校的教学活动渐渐回归正常。

5月，加入中国共产主义青年团。

9月，升入四年级。

担任学习委员，并因此得以直接参与关于教学课程安排设置的讨论。得益于在浙江医学院生物化学教研组的3年工作经历，沈寅初倍感生物化学需要学习的知识和理论很多，他对课程设置也有很多自己的想法。首先他提出生物化学专业的有机化学不能跟着其他专业的人一起上大课，必须单独排课，要为该专业26个人开小课，系里同意了这一请求，为他们的有机化学课单独安排了授课老师，授课时间为一周4个课时，连续上两个学期。结课时，考核方式是给同学们一个化合物的结构，要求学生设计出这个化合物的合成路线，这个考核难度是很高的。因此沈寅初所在的班级，很多同学的有机化学课学得非常扎实，为今后的科研工作打下了很坚固的基础。

沈寅初提出的另一个合理化建议是要增设一门有机结构理论课程。当时只有化学系学生的培养计划才安排这门课，生物化学专业的则没有，沈寅初认为有机结构理论对于生物化学专业学生来说是非常重要的课程，要认识化合物的本质，必须懂得结构理论，因此他坚决要求系里增设这门课。多少年之后同学相聚，大家都认为沈寅初这个学习委员对班级同学科研素养的提升、知识结构的优化和专业水平的提高发挥了很大作用。

学校和系很重视学生的专业课学习，安排尽量多的课时，聘请优秀的教师，还聘请了科学院的研究员为学生讲课。如生物化学课每一章都要配备一个老师，单独开课。这些专业课的任课教师有不少是留学归国人员，年龄大多在35岁至40岁之间，他们具有国际视野，掌握学科最前沿的理论和知识，教学内容和方式均具有现代化。曹天钦、王德宝、邹承鲁等均为同学们讲授过课程，主讲老师讲好课后就离开，但是有助教值班，助教回答学生的提问。沈寅初获益良多。

曹天钦	1920—1995，河北束鹿人。1944年，毕业于成都燕京大学化学系。1951年获英国剑桥大学博士学位，同年被选为该校维尔基斯学院院士。1980年，当选为中国科学院学部委员（即中国科学院院士）。1983年，当选为瑞典皇家工程学院外籍院士。是中国现代蛋白质研究的奠基人。
王德宝	1918—2002，江苏泰兴人。1940年，从国立中央大学毕业后留校任助教。1951年，获西部保留地大学博士学位，其后在美国约翰·霍普金斯大学从事博士后研究。1980年当选为中国科学院学部委员（即中国科学院院士）。是中国生产核苷酸类助鲜剂的创始人。
邹承鲁	1923—2006，江苏无锡人。1945年，毕业于西南联合大学化学系。1951年，获英国剑桥大学博士学位。1980年，当选为中国科学院学部委员（即中国科学院院士）。是近代中国生物化学的奠基人之一。

　　沈寅初学习热情高涨，他在班级里是最努力的同学之一，他不舍得浪费一分一秒的时间，不参加任何娱乐活动，基本上每天早上6点起床，起床后背上书包去听

课、实验、自习，穿梭于教室、实验室、图书馆之间，直到晚上10点熄灯后才回到宿舍。即便在食堂排队打饭，也拿着抄写着生词的小本子默记英语单词。

沈寅初自学能力和意识都很强。复旦大学有校系两级图书馆，尤其是系资料室陈列很多世界各国的专业期刊，沈寅初只要有时间就泡在系资料室，阅读学术期刊，追踪学术前沿。生物化学专业的外文期刊，沈寅初都要浏览一遍，有时还翻译一些期刊中的综述文章并投稿，训练外语的笔译能力。当时系资料室有一本英文的《分子生物学》杂志，他一期不落地阅读，开始接触核酸结构与功能等生物学科的前沿领域。

1961年 23岁

6月15日至7月15日，在上海市精神病院生化研究室实习，实习内容是精神病患者尿中氨基酸成分及其代谢产物的纸析检验、一般精神病患者临床生化指标的检验。

9月，升入五年级。

1957年，沈寅初刚进大学时，吃饭是不定量的，但后来吃饭必须凭票定量供应。普通学生不分男女都是32斤的定量，而他是调干生，只有28斤的定量。在粮食与副食品短缺的困难时期，有一段时间沈寅初担任生活委员，管理着全班同学的饭票，他和同学一道根据大家的体重和饭量，制定发放饭票的规则，既合理照顾每个同学的不同情况，又兼顾公平，他没有占过同学一分一毫的便宜。加上同学们很有互助精神，因此在三年自然灾害期间，虽然大家都必须节粮度荒，但班级同学始终友好相处。复旦大学为帮助学生度过这段时期，做了不少工作。沈寅初回忆，那段时间经常吃的菜是卷心菜汤，汤里面菜很少，一些人因缺少蛋白质得了浮肿病，只要凭医生证明就可以到营养室那里吃一点黄豆汤。复旦大学校领导想尽办法改善学生的伙食，甚至要求水产学院安排几条船只去捕鱼，给师生补充营养。

即便在这样的时候，沈寅初和他的同学们在学习上依然毫不懈怠。

1962年 24岁

本年，本科毕业，并考取复旦大学遗传研究所微生物生化遗传学专业研究生。

6月，从复旦大学本科毕业。

复旦大学生物教研室主任沈仁权给沈寅初的评语是："业务学习成绩优等，对专业课程的基础理论和基础知识能牢固掌握，并能将所学知识灵活地运用到科研中去。本人原系卫生学校毕业，又曾参加生化工作三年左右，因此实验操作比较熟练。毕业论文成绩优良。独立工作能力强，主动查阅文献、设计实验解释结果。工作态度认真，实验技术比较仔细，操作严格，微生物技术亦已初步掌握，论文结果具有一定理论意义。英语及俄语都比较顺利地阅读有关文献。"

毕业论文题目为《2-硫尿嘧啶对大肠杆菌（*E.coli* 15）的硝酸还原酶诱导形成的影响》，指导老师为沈仁权，与同学沈思祥合作完成。

在毕业生登记表中，沈寅初在工作志愿一栏填写了两个方向的就业意向：一是科学研究工作，具体研究领域是微生物生化、生物体内核酸的组成及功能；二是教学工作，包括综合性大学助教（生化教研组）、医科大学助教（生化教研组）和农业大学助教（生物化学研究组）。

经过几年的学习，沈寅初进一步将专业学习的方向聚焦于微生物生化遗传学，因此考研究生时就确定报考这一专业。

其时，盛祖嘉先生也是沈寅初的老师。盛祖嘉开设了微生物生化遗传专业，他欣赏沈寅初的才能，于是多次找他谈话，希望沈寅初能报考他的研究生。

| 盛祖嘉 | 1916—2015，浙江嘉兴人。1940年毕业于浙江大学生物系，并留校任教。1950年，获美国哥伦比亚大学哲学博士学位。1951年回国，先后任浙江大学生物系副教授，复旦大学生物系副教授、教授、遗传研究所副所长、生物系副主任、遗传学开放实验室主任等。为我国微生物遗传学主要奠基人之一。 |

盛祖嘉先生的2位弟子沈寅初与洪国藩同在1997年分别当选中国工程院院士和中国科学院院士。2006年，沈寅初与同学们一起为盛祖嘉先生庆贺90寿诞。

沈寅初选择这一专业，与当时的系主任谈家桢先生也有关。沈寅初回忆，他有幸听过谈家桢先生讲授的遗传学课程，并目睹其上课的盛况。沈寅初说："谈先生上课时，教室里挤满人，走廊上都坐满了人，不能挤进教室的同学一直站在窗口外面听。"

谈家桢	1909—2008，浙江宁波人。1930年，毕业于苏州东吴大学。1932年获北京燕京大学理学硕士学位。1934年，赴美国加州理工学院攻读博士。1937年，任浙江大学生物系教授。1952年院系调整后，担任复旦大学生物系教授兼系主任。之后在复旦大学建立中国高校第一个遗传学专业、第一个遗传研究所、第一个生命科学院。先后担任复旦大学遗传研究所所长、复旦大学副校长、生命科学院院长等职务。1980年当选为中国科学院学部委员（即中国科学院院士）。为中国现代遗传学奠基人之一。

据沈寅初回忆，他起初打算报考中国科学院上海生物化学研究所沈善炯先生的研究生。沈寅初在浙江医学院工作时，沈善炯曾到浙江医学院作学术报告，沈寅初聆听了报告。沈善炯也是新中国成立后从海外归国的博士，英文很流利，作报告时中英文切换自如，作起报告来洋洋洒洒。沈善炯个子很高，气质优雅，很有学者风度，加之沈善炯从事的是微生物生化遗传学的研究，沈寅初对其有一种崇拜心理。后来出于其他因素，最后决定报考盛祖嘉先生的研究生。

沈善炯	1917—2021，江苏吴江人。1942年，毕业于西南联大。1950年，获美国加州理工学院博士学位。1951年，在浙江大学医学院从事生物化学教学工作。1952年，到中国科学院实验生物研究所植物生理研究室工作，任微生物生理研究组主任。1974年，建立我国较早的分子遗传学研究室，为中国研究分子遗传学奠定了基础。1980年当选为中国科学院学部委员（即中国科学院院士）。

7月，参加研究生考试。这是1957年停招研究生之后第一次恢复考试，考试很隆重，在复旦大学大礼堂登辉堂（后改名为"相辉堂"），由校长苏步青亲自宣布考试开始。

9月，研究生入学。盛祖嘉为第一导师，其夫人沈仁权为第二导师。

一年级学习生物化学、遗传学等基础课，当然专业基础课的程度更深，还要做文献综述。还有英语、自然辩证法等课程，如果课程考试不通过就取消研究生学籍。

1963年 25岁

在复旦大学遗传研究所攻读研究生期间，参加选育大肠杆菌K12嘧啶嘌呤营养缺陷型研究工作。

由于太沉浸于学习，导致疲劳过度，加上严重的营养不良，研究生二年级体检时查出肺结核。医生诊断后认为沈寅初年轻，又是初发，就没有手术，而是采取保守治疗的方法。

住院期间，食品供应还是比较紧张，红烧鸭头就如同人间美味，沈寅初曾经写过一篇题为《最好的菜是鸭头》的散文。

1964年 26岁

本年，到上海市农药研究所工作。

4月，因身体原因从复旦大学遗传研究所研究生肄业，并到上海市农药研究所报到工作，担任技术员。

住院治疗四个月后，病情得到有效控制，医生建议休养一段时间。休息两个月后，再去医院复查，医生建议可以从事强度较低的工作，不能劳累。这样一来，沈寅初不得不中断研究生学业，因此在此后的工作中，但凡要在表格中填写学历，沈寅初均写"研究生肄业"。

患病住院期间，当时还是女朋友身份的方仁萍几乎每天去医院探望。沈寅初担心自己病很重，怕耽误方仁萍，提出分手，而方仁萍坚持与他继续交往。

方仁萍与沈寅初同年考进复旦大学，就读植物生理学专业。1962年毕业时，她很希望能去北京工作，分配时填写志愿全部填了北京的单位，但是学校将她分配到上海市化工局，化工局再将她分配到农药厂研究室。

因身体原因辍学后，导师盛祖嘉希望他留在复旦大学担任助教。

国家在经历三年自然灾害后，决心发展农药工业，而当时的农药领域研究力量薄弱。1962年，国家着手组建农药研究所，南开大学创办农药研究中心，沈阳化工研究院和浙江省化工研究院都把农药作为重要研究方向，江苏省和上海市各建一个农药研究所。

　　上海市农药研究所组建时，以上海农药厂的农药研究室、中国科学院昆虫研究所的农药研究室、上海第一医学院公共卫生农药（针对苍蝇、蚊子的农药）的中试基地为基础，吸纳了复旦大学、北京农业大学、南京农业大学等高校化学系、生物系以及相关专业的毕业生。农药研究所设在位于徐家汇斜土路的原上海第一医学院公共卫生农药的中试基地。1962年，正式成立。

　　方仁萍作为首批人员加入筹备中的上海市农药研究所，当时沈、方两人已经有结婚的打算。复旦大学到农药研究所相距约20公里之遥，以当时的交通条件，单程至少需要2小时，往返则至少耗费4小时，如果沈寅初留在复旦大学任教，每天4小时的路途奔波肯定不利于身体恢复，何况他也不愿意将大把的时间浪费在上下班的路上。而上海市农药研究所筹备处负责人鲍自兴得知沈寅初是复旦大学生物化学专业的高才生，就力邀沈寅初到农药研究所工作。

　　一心想从事遗传物质基础研究的沈寅初，经历了三年自然灾害，又因营养不良患病导致研究生肄业，所以对粮食问题有着切肤之痛，他深切地意识到粮食乃一国之本，国家要强大必须首先发展农业，沈寅初下决心要为农业的发展作出贡献。因此，虽然从事农药研究工作并不完全符合沈寅初求学期间对自己未来职业的预期，但在与鲍自兴交流的过程中，沈寅初也认识到农药研究的重要性，发展农药研究是国家战略，因此他意识到在农药研究所也必将有用武之地。基于上述因素，沈寅初决定放弃在复旦大学当助教的机会，前往上海市农药研究所工作，成为农药研究所的一名研究人员。

沈寅初进入上海市农药研究所后，受到了第一任所长徐义宽的器重。

| 徐义宽 | 1928—2018，江苏南通人。1947年，就读于武汉大学理学院化学系。1950年，上海同济大学理学院化学系肄业。1954年，任江苏药水厂厂长。1956年起，先后担任上海市化工原料公司技术科科长、上海试剂厂实验室主任与研究所所长等职。1963年，负责筹建上海市农药研究所并担任所长。1964年，担任华东区农药协助组组长。1965年，担任全国农药调查组组长。1983年，担任上海市染料农药工业公司副总工程师。长期致力于化工、农药科研与管理工作，为我国农药工业和农业生产作出了贡献[上海市农药研究所有限公司《纪念首任所长徐义宽同志》，世界农药，2018,40(06)]。 |

沈寅初非常崇拜老所长徐义宽。徐义宽担任农药研究所所长时年仅35岁，他出生于大地主家庭，家境优渥，但很早就加入了地下党组织，地下党组织的会议经常在他家里举行。徐义宽的8个兄弟姐妹都参加了中国共

产党，其中一个姐姐在国民党军溃败时作为共产党潜伏人员到了台湾，最后牺牲在国民党的枪口下。徐义宽非常廉洁，做了一辈子农药研究所的所长，没有享受到所里的任何福利，没有占用过公家一分一毫的物资，从来不叫农药研究所的工人为他干私活。后来沈寅初研究组与日本开展科研合作后，化工部给研究组配备了一辆上海牌轿车，这是上海市农药研究所第一辆轿车，用于接待外国专家。事实上外国专家也不是天天来，这辆车经常处于闲置状态，但徐义宽从来没有用过一次。沈寅初评价徐义宽说，老所长致力于科学救国，既是一个革命者，革命意志坚定，品质高尚；也是一个专家，掌握渊博的农药专业知识，能熟练使用英、德、法三国语言。沈寅初研究中遇到德语、法语文献，都是徐义宽帮他翻译成中文的。徐义宽很敬业，每天在单位工作到晚上十一点才回家；也很务实，从来不搞文山会海，也不愿意参加很虚的会议，找同事谈话，谈的全部是具体工作。徐义宽曾经说，在农药研究所，最看重沈寅初，要求科研办多支持沈寅初的工作。

沈寅初一直将徐义宽奉为楷模，敬佩其学识和为人，尤其是崇敬其风骨与气节，很感佩他的知遇之恩。2018年，徐义宽去世时，沈寅初撰文深情怀念老所长："他的一生，只讲贡献不讲回报，是我见到的少有的党内老革命老专家。他的一生，严于律己，从不给组织和别人添麻烦，连他走了也走得如此静悄悄。我们永远怀念他！"[沈寅初《永远怀念老所长》，世界农药，

2018,40(06)]

刚组建的上海市农药研究所有7个高级知识分子，以他们为组长，成立了若干个组，研究开发杀虫、杀菌、治病、除草等农药，并将其产业化。

得益于扎实的专业基础，加之沈寅初进入农药研究所后抓紧时间阅读与农药相关的书籍资料，因此，他的工作很快进入了状态。首先做的一项工作是建立农药研究所研究开发的企业标准、行业标准以及国家标准，这项工作的核心是要确立农药的分析方法。发达国家已经有先进的仪器进行分析，但是当时我们国家还不具备这些条件，用的是化学分析的方法。农药研究的基础是化学，即用化学物质来防治有害生物，沈寅初的生物与化学基础都很扎实，再加上他中专时学的是化验专业，有分析的基础。他的工作是找出各种农药化学结构的特异性和差异性，并根据其特异性和差异性来设计该农药的分析检测方法，测试后确立为产品的企业标准或行业标准。沈寅初凭着扎实的基础、很强的能力和敬业的精神，很快就取得了工作成效，在农药研究所脱颖而出，徐义宽所长对沈寅初很是赏识。

徐义宽所长的指导方针是要研发出防治粮、棉、油重大疑难病虫害的农药。水稻是我国的主要农作物，全国种植总量达4亿亩，4亿亩水稻的发病率高达50%，水稻三大病是纹枯病、稻瘟病、白叶枯病；油菜的重大病是菌核病；棉花的重大病是立枯病、枯萎病。农药研究所的目标就是要研究开发防治以上病害的农药，要产生重大的社会效益。徐义宽的这一科研思想影响了沈寅初一生的科研工作，沈寅初在此后的科研生涯中都以能解决农业难治难防的重大病虫害、产生重大社会效益、造福百姓为选题目标。

农药研究所有杀菌剂、杀虫剂、除草剂3个研究室。沈寅初分在杀菌剂研究室，组长是女工程师沈梅英，杀菌剂研究室专门研究防治粮、棉、油难治难防重大病害的有效药剂。

沈寅初参加的第一个重要课题是甲基砷酸锌的检测分析。上海市农药研究所与中科院上海有机化学研究所合作，由组长沈梅英负责，于1964年筛选出甲基砷酸锌（即"稻脚青"），它能够有效地防治水稻纹枯病，经市植保所的药效试验，预防效果在95%以上。沈寅初在沈梅英领导的杀菌剂研究室里负责建立检测标准、分析方法、质量控制标准，并参加整个合成过程。当时在工作中接触的都是有毒物质，也没有劳动防护措施。砷（砒霜）是一种无机物，要将其甲基化，变成有机物，甲基化试剂硫酸二甲酯具有高毒性和致癌致突变毒性，皮肤接触或吸入均会产生严重危害。

方仁萍所在的小组负责这个药的应用与有效性研究，他们带着甲基砷酸锌到稻田进行试验，试验的程序是先用纹枯病的病原菌让水稻患上纹枯病，再将甲基砷酸锌喷到有纹枯病的水稻上，然后一支一支地检查清点水稻，得出翔实的数据，检测农药的有效性。

后来，"'稻脚青'防治水稻纹枯病研究"成果

（主要完成单位：上海市农科院土壤肥料植物保护研究所、上海市农药研究所，主要完成者：沈梅英）于1977年获得了上海市科学大会奖，继而获得全国科学大会奖。

此时，与方仁萍开始谈婚论嫁。成家的首要条件就是要有一处住所，哪怕是一间很小的蜗居，因为沈寅初是复旦大学本科毕业、研究生肄业，方仁萍是复旦大学本科毕业，他俩都属于单位的人才，本来农药研究所决定分给他们一间16平方米带公用厨房的房子作为结婚用房，这在当时的上海已经算是很好的待遇。就在将要拿到房子钥匙时，所里组织处的一位同志找沈寅初谈话，让他先把房子让给另一个同事，这位同事的妻子已经怀孕，两口子住在传达室管理员的双层铺上，单位希望他能够把房子先让给这对夫妻，沈寅初就答应了。后来等到了一间9平方米的宿舍，没有卫生设备和厨房间，优点是距离农药研究所只有5分钟的步程。

1964年5月18日，与方仁萍登记结婚。没有办喜宴，登记后向大家发了喜糖，小组为他们开了个联欢会。两个人把各自的铺盖用品搬到这个9平方米的新居，就成立了家庭。

提起妻子方仁萍老师，沈寅初总是赞许加感激。方仁萍，1938年生，上海人，毕业于上海第一女子中学，与沈寅初是复旦大学同班同学，既有现代女性知识分子的特质，又具有中国女性贤淑的美德，睿智达观、温暖大方。方仁萍是沈寅初事业上的得力助手，沈寅初成为农用抗生素研究小组的骨干后，她是沈寅初研究团队的骨干成员。方仁萍的业务能力很强，在上海市农药研究所农用抗生素研究组负责筛选工作，建立了筛选模型。她在采集到的土样中筛选到了抗油菜菌核病的抗生素，后来因为其化学结构经常在变化，所以被命名为变构霉素。这是上海市农药研究所农用抗生素研究组成立后发现的第一个农用抗生素，也是世界上首次发现的一个新抗生素。

方仁萍一直是沈寅初研究团队的骨干，几十年默默奉献，不计名利，沈寅初的几项重大成果均有方仁萍的付出，但每次申报奖项，名字都不列入申报获奖人员名单，沈寅初说："不能夫妻两个都享受研究成果带来的名利，不能搞夫妻档。"而方仁萍则笑着表示认同。

沈寅初尤其感激夫人对整个大家庭的付出。刚结婚不久，沈寅初的小妹妹因患肺病来上海治疗，就和他们夫妻挤在9平方米的小房间里，不仅空间逼仄，而且肺病有传染的危险。小妹妹与他们同住了两年多。1966年，儿子出生前十几天，单位给他们换了一间15平方米的房子，搬了新居后，妹妹依然和他们同住。而且小妹妹的医疗费也由沈寅初和大妹妹沈月卿两个人承担，经济上有一定压力。但是方仁萍从来没有半句怨言。

通过稻脚青这个项目，所长徐义宽发现沈寅初在搞农药的分析鉴定方法、农药的产品质量标准等方面很有经验和能力，就让他审定其他农药原有分析方法的合理性，当时有好几个农药的质量标准都是沈寅初审定的。

但是在沈寅初看来，做这些事情完全没有发挥他的专业水平和能力，他希望找到更能施展才能的领域。

那个年代，中国还没有解决老百姓的温饱问题，粮食安全一直是国家的重中之重。而水稻是我国粮食的主要品种，水稻的稳产高产关乎国家命脉。水稻种植过程中的病虫害是影响水稻产量的一个重要因素，因此防治水稻病虫害，就是农药研究所的重任。水稻纹枯病是世界范围内分布最为广泛的水稻病害之一，各类稻种均易受害。该病害在水稻苗期至穗期都会发病，尤其是在南方稻区发病面积比例高。纹枯病是我国水稻的第一大病害，每年发病面积上亿亩，严重威胁国家粮食生产安全，越是让水稻高产的措施，就越会导致严重的水稻纹枯病，因此成了我国水稻高产稳产的严重障碍[孙文波《水稻纹枯病的防治技术》，农民致富之友，2019,03:59；解俐琪《水稻纹枯病发生机理与综合防治措施》，农技服务，2015,32(10):125]。

本年5月，首次发表学术论文《2-硫尿嘧啶对大肠杆菌（$E.coli$ 15）的硝酸还原酶诱导形成的影响》[合著，复旦大学学报（自然科学），1964,(02)]。论文报道了2-硫尿嘧啶对大肠杆菌品系$E.coli$ 15的硝酸还原酶的诱导形成的影响。2-硫尿嘧啶显然地影响这个酶的诱导合成，尿嘧啶和胞嘧啶可以解除2-硫尿嘧啶的作用。在诱导中途加入2-硫尿嘧啶，酶活力的增加立即停止。认为2-硫尿嘧啶影响诱导酶形成是由于掺入了信使RNA的结果。后来，沈寅初戏称这种论文属于"垃圾论文"，因为不过是做了个实验证明别人已经发现的东西是正确的，但他认为作为学生做这样的实验可以锻炼实验能力。

1966年 28岁

4月，在《化学世界》杂志第5期发表学术论文《乐果中间体O,O-二甲基-S-（乙酸甲酯基）二硫代磷酸酯的分析》（独著）。论文叙述了乐果中间体O,O-二甲基-S-（乙酸甲酯基）二硫代磷酸酯的分析方法、条件试验以及硫磷酯薄层层析结果，并提出4条结论：

> 1. 利用本法可以简单、快速地测定工业中硫磷酯的含量。
> 2. 本法相对误差不大于0.5%（不包括称量误差）。
> 3. 硫磷酯在碱性溶液中比较稳定，不易分解，但加碱后可防止它从水中析出，能减少实验误差。
> 4. 利用本法亦可用于亚胺硫磷的分析。乐果经石油醚盐酸萃取后也可用此法分析。

"文革"开始，研究所陷入混乱状态，工作停滞。这期间，还发生一件事：沈寅初所在的杀菌剂组负责人、筛选出稻脚青的工程师沈梅英被拉到田间批斗。稻脚青对防治水稻纹枯病有效，但有一定毒性，且对用药量和用药时间有严格的要求，药量少了治不好水稻纹枯病，药量多了要伤害水稻；用早了病还没有发透，用迟了会导致稻穗空壳。由于农村植保系统瘫痪，用药量该多少？什么时候用药？这些问题根本没有人管，农民在无人指导的情况下乱用，导致郊区的水稻出现大规模的空壳，水稻减产。

水稻空壳事件引发沈寅初对防治水稻纹枯病的深度思考，思考主要聚焦在两个方面：一是生产原料，如果不用砷（即砒霜）做原料，那么工人在生产过程中就安全很多；二是使用，如果对用药的量与时间点没有严苛的要求，那么用药就不会对水稻造成药害，农民就可以在水稻生长过程中自行酌情用药。

上海市农药研究所是化学农药的研究所，对生物源农药没有研究。然而使用化学农药存在药害和残毒的问题，进而影响人畜的安全。因此，沈寅初一心要研究开发既高效又安全的生物源农药。

虽然埋头搞科研有遭到批判的风险，但是沈寅初具有非常朴素的科研驱动力：无论如何，人总得吃饭，为全国人民能吃上饱饭而努力总是没错的。因此被下放劳动以后，沈寅初与农药研究所的几个同事一起自发搞起了生物源农药的研究。沈寅初戏称，当年他们是白天"抓革命"，晚上"促生产"。

沈寅初从水稻空壳事件中想到自己的专业是生物学，进而开始构思酝酿微生物源农药的研究方向。20世纪60年代，生物源农药很少有人研究，当时有一个微生物杀虫剂叫苏云金杆菌，其防虫原理是其菌株产生的毒素可使害虫停止取食，害虫则因饥饿、血液败坏和神经中毒死掉。而沈寅初所要研究微生物农药与苏云金杆菌原理不同，他是要寻找一种微生物产生的抗生素，喷到水稻上，达到防治纹枯病的效果。此前的稻脚青有几个缺点：一是有毒性，原料有毒，砒霜是剧毒物，工人生产的时候有中毒的风险，沈寅初等研究人员也在工厂与工人们一起劳动过，对此有切身体会，50斤的原料倒进锅子时，操作者容易吸进粉末，而且喷在水稻上也容易有残留；二是如果使用不当，水稻反而要减产。沈寅初希望从微生物中寻找到一种物质，研发出一种农药，能替代稻脚青。

当时沈寅初与所里几个比较热心搞研究的青年几乎都被视为走"白专道路"的人，处于被边缘化的状态；研究所工作已经陷入停滞状态，实验室和设备都空着没有人用，随时可以使用；再者妻子方仁萍也因为所里工作停滞而处于无事可做的状态，她学的是植物生理学专业，在所里一直搞植物病害防治研究，比如进行纹枯病的体外培养，从水稻中分离纹枯病的病菌，然后在实验室进行培养。沈寅初就想，他与妻子方仁萍简直是一个天然的研究组合，他把微生物产生的物质交给妻子，让她在人工培养出的纹枯病病菌上进行有效性试验，检测是否有杀死病菌的活性。基于上述出发点和条件，沈寅初与几个志同道合的同事以及妻子方仁萍一起开始了微生物农药的寻找研究开发之旅。

当时的科研条件很恶劣，一是政治环境不允许，很容易被当成只专不红的反面典型；二是白天必须参加劳动；三是没有物资设备等保障。研究所里很多实验室都空空如也，仪器设备也被废弃不用。沈寅初和几个志同道合的同事一起，白天参加劳动，晚上在实验室做实验，他们连最基本的用于微生物培养的摇床都没有，沈寅初只得向在中国科学院所属的上海药物研究所抗生素研究室等单位工作的大学同学求助，药物研究所的工作也因为"文革"处于停滞状态，设备都被空置着，而且药物研究所离农药研究所很近。沈寅初和同事们每次把约200个左右瓶子，踏三轮车运到同学单位，放到摇床上摇，四天后又用三轮车取回来。取回后，交给方仁萍他们去测定哪个瓶子里的微生物可能有抑制植物病原菌的抗生素物质。

本年8月，全国出现"大串联"的热潮，沈寅初与同事们也必须参加"大串联"，而沈寅初与农用抗生素研究的志同道合者在"大串联"的同时，每到一处，就采集当地的土壤，希望能够从中发现防治水稻纹枯病的微生物。

沈寅初内心非常焦虑，粮食是国家之本，而如果没有农药，粮食丰收就变成奢望。直到本年9月7日，《人民日报》发表题为《抓革命　促生产》的社论，提出要"一手抓革命，一手抓生产，保证革命和生产两不误"。沈寅初回忆，他第一次听到这个社论非常激动，还特地跑到邻近小区与所里"十小先生"之一的同事分享："预示着我们可能有用武之地了。"

本年，儿子沈肖东出生。

儿子出生前十多天，农药研究所终于给沈寅初一家换了一间14.5平方米的宿舍，位于西藏路人民广场附近。

宿舍由上海化工局仓库改建而成，本来是一个30平方米的空间，中间加一堵墙，变成里外两间，因为沈寅初和方仁萍均在上海市农药研究所工作，是双职工，因此可以分到有窗户的前厅，另一半分给另一位刚结婚的同事。房子捯饬好后，就将刚出生的儿子接到了新房子里。

方仁萍产后休息两个月就上班了，因两人忙于研究所的工作，就将儿子托养在一个退休工人家里，晚上很迟才接回家。此后两人的工作更加繁忙，沈寅初经常要出差，有时候去工厂一待就是几个月，最长的时候待了9个月；方仁萍也忙于工作，经常要下乡，有时候也长达数月，夫妻俩只能把孩子全托在别人家里，每个月支付10元的全托费。星期六接回来，星期天送到保姆家里。沈寅初骑着自行车，妻子方仁萍坐在自行车后架，儿子坐在自行车前杠上，骑车45分钟，从城南到城北，把儿子送到保姆家，有时候周末也没空去接。儿子就一直托养在这户人家，一直到上小学才回到自己家里。1970年，女儿出生后也全托养在别人家里。

1967年 29岁

上海市农药研究所的工作秩序渐渐恢复，沈寅初与同事自发研究微生物源农药的工作也由"地下"转为"地上"，由"民间"转为"官方"。因沈寅初引进了生物农药概念，从这个时候开始，在上海市农药研究所甚至是化工部搞农药的部门，开始研究生物技术在农药中的应用。

上海市农药研究所开始重视他们的工作，还为他们派来两个工人：一个是机械车间的年轻工人余志大，他很敬重沈寅初，一直把沈寅初当做师傅，后来两人之间始终保持着深厚的友谊；另一个则是年长的女工工宣队居月敏。

居月敏本来是纺织工人，解放前是地下党员，提到她，沈寅初感佩至深。他总结了居月敏的几大优点：很尊重知识和知识分子，虽然她本人只有小学文化，但她认为沈寅初他们的事业非常重要，因此非常支持他们的工作；很朴实，始终坚持与研究组的同事一起劳动，她文化不高，就每天帮他们做一些体力劳动，比如洗瓶子、试管，清洗瓶子和试管的工作量很大，井冈霉素研发成功时，沈寅初统计一共用了28000多支菌种，15万多个瓶子和15万多支试管，都是徒手清洗，无论春夏秋冬用的都是冷水，居月敏每次都带头清洗；居月敏身上有老共产党人的正直和风骨，始终保护沈寅初并维护研究组的工作，造反派想批判沈寅初走白专路线，或者要贴沈寅初的大字报，居月敏每次都挡回去。1980年，井冈霉素申报国家发明奖，写申报材料时，沈寅初将居月敏列为五个发明人之一，研究组的同事对此毫无争议。但是，材料上报时，遇到了阻碍，当时要求获奖者至少要有大学学历，为此沈寅初向有关部门据理力争，他坚持认为居月敏的贡献很大，一定要将其列入获奖者名单中，因为在当时的政治环境下，居月敏就是一尊保护神，有她坐镇研究组，研究组的工作很少受到造反派的干扰。沈寅初后来总是感叹，这辈子遇到的好人多。

换房子。

因为住处离单位太远，单程骑自行车需要半小时，太浪费时间，沈寅初是一个惜时如命的人，于是就开始着手换住处。他在墙头或电线杆上找小广告，终于找到一处离单位较近的地方，换了房子。新换的房子是两层楼工房，16平方米，5户人家共用一个公用厨房和简易厕所，不用倒马桶，条件略有改善。再后来，为改善住房条件，房管所出面搭出8平方米的延伸房。1989年，沈寅初拿到了上海市政府奖励的公寓房，一家人才搬离这里。在很多年里，沈寅初的小妹妹也一起挤在这间陋居里。

1968年 30岁

本年，沈寅初与几个志同道合的同事自发成立农用抗生素组，简称农抗组，并开始了筛选农用抗生素的工作。

二十世纪六十年代末，沈寅初与农抗组同事开始在全国各地寻找能防治植物病虫害的有效微生物。为了寻找安全的对人体无害的微生物，他们尽量去远离人群、人迹罕至的地方采集土样，因为在这样的土样中发现微生物新种的可能性较大。为了采集土样，沈寅初与同事跑遍大江南北，经常身背一个行军水壶，包里塞几个干馒头，从早到晚在深山老林中寻觅。他记得曾经到福建的一个人民公社，从福州搭乘9小时的长途汽车，再步行很长时间，走到一个乡村，出示上海市农药研究所的介绍信后，公社派了一个向导。沈寅初与同事跟着这个向导，到原始森林中采集了土样，再赶到县城里，马上寄回上海市农药研究所，因为土样越新鲜越好，如果在路上耽搁时间久，有的微生物就会死掉。有一次，在原始森林中，带路的农民把他们带到目的地后，自己跑开去找枯树枝（扛回家当柴火），在浓密的原始森林中，下午三四点钟天色就很暗了，沈寅初他们自己找不到走出森林的路，很是着急，好在带路的农民找到一些枯树枝后回到了原地，将他们带出了原始森林，虚惊一场。为了采集土样，他们最远到达海南岛，因为路途太遥远，等他们乘车到上海时，土样中的微生物很多就会死掉，他们就在海南岛联系到一个研究所，在当地开展实验工作，提取土样中的微生物，然后将微生物带回上海，为此在海南岛一住就是一两个月。

沈寅初评上院士后，曾经写下题为《民以食为天》的自述文章，其中一段文字回忆了早年的这段艰辛岁月：

> 为了寻找有效的微生物，我们和地质勘探人员那样，跑遍了祖国的山山水水。我们曾经在原始森林中迷路，我们曾经误闯入两派武斗的战场，感受到武斗的恐怖气氛。每天我们身上背着一把水壶和几个馒头，在人烟稀少处行驶几十里，采集一瓶一瓶的土样，在成千上万亩土壤中寻找发现有用的微生物。

在筛选过程中，沈寅初与同事"有条件要上，没条件创造条件也上"。开始做这项研究时，没有摇床，踏三轮车将装着微生物的摇瓶运到同学所在的兄弟单位，这毕竟不是很方便。于是他们就自力更生，自己动手做摇床。做摇床的底盘时，研究组的同事樊秀芳请她在机械厂工作的丈夫来帮忙翻砂。摇床的地脚都是沈寅初和同事一起打的，先在水泥地上打出很深的洞，装入铁杆，再用水泥浇筑，然后再安装固定摇床，整个过程都由沈寅初与同事自己完成。他们做的这几台摇床，农药研究所后来用了几十年。沈寅初在回顾这段经历时说："做研究不能老是等、靠、要，没有条件就要自己创造条件，遇到什么困难就解决什么困难。"

本年，研究组发现后来被命名为变构霉素的抗生素，具体发现者就是沈寅初妻子方仁萍的小组。

1970年 32岁

继续在全国范围内寻找有效微生物。

本年，女儿沈黎出生。

1971年 33岁

与农用抗生素研究小组成员一起继续在全国采集土样，日复一日地进行大量的筛选工作，寻找有效的微生物。从土样中提取到微生物后，由方仁萍等人进行有效性测试。

1972年 34岁

2月，沈寅初小组开始筛选对水稻纹枯病有效的菌株。此后一年多的时间里，采集土样3000多份，经过几万次实验，分离菌种28000余株，从采自福建邵武、江西井冈山革命老区吉安县郊区、杭州植物园等地的土样中找到TH_{16}、TH_{29}、TH_{81}、TH_{82}四支有效菌株。后来定名为"井冈霉素"[上海市农药研究所《井冈霉素筛选的研究》，上海化工，1974,(04)]。

本年，井冈霉素进行工业化试验。

井冈霉素的研发得到上海市政府的高度关注与重视，上海市科委拨给沈寅初研究组68000元经费，成立一个样品生产车间。样品生产车间生产效率非常高，很快生产出样品，随后全部发到广州。上海市政府指示上海农资公司来组织发货工作，市政府给予农资公司一定的补贴。沈寅初后来回忆起这个过程，很感慨地说："井冈霉素的研发过程是全国各地各条线协同创新的过程。只有协同创新，才能出大成果。"

上海市地方志这样记载沈寅初的这一重大发现：

> 井冈霉素是防治水稻纹枯病的特效农用抗生素。它对水稻纹枯病、麦类纹枯病、棉麻立枯病等病害有较好的防治效果，对人、畜无毒。1971年，上海市农药研究所沈寅初等，经过大量筛选工作，从井冈山等地区的土壤中找到产生井冈霉素的微生物（摘自上海市地方志办公室官网）（注：根据由沈寅初执笔的上海市农药研究所署名的《井冈霉素筛选的研究》一文，从井冈山等地区的土样中找到产生井冈霉素的微生物的时间为1972年）。

8月，经抗生素分离提纯鉴定，确证放线菌TH_{16}、TH_{29}、TH_{81}、TH_{82}四支菌株均和日本报道的防治水稻纹枯病农用抗生素Validamycin完全相同。由于TH_{82}菌株发酵单位较高，详细的鉴别工作均以TH_{82}菌株进行发酵。*Streptomyces* sp. TH_{82}，分离自江西省井冈山地区的土样中。据上海市农药研究所《井冈霉素筛选的研究》报道：

> 从试验结果来看，TH_{82}菌株在形态培养特征、生理特性及碳源利用等各方面与日本报道的Validamycin的产生菌吸水链霉菌柠檬变种（*Streptomyces hygroscopicus* var. Limoneus Wasaeral 1970）非常相似，根据北京微生物所放线菌分类鉴定组意见，拟定名为*Streptomyces hygroscopicus* TH_{82}。同时，对TH_{16}、TH_{29}、TH_{81}菌株在菌株的形态培养特征、生理生化特征、碳源利用及理化性质也做了分类鉴定，鉴定结果均与TH_{82}菌株基本相同。

为及时提供次年水稻大田试验样品，沈寅初与农用抗生素小组成员一起对TH_{82}菌株产生井冈霉素的发酵条件进行了初步研究，并且用提纯的井冈霉素对其生物学性质做了初步研究[见上海市农药研究所《井冈霉素筛选的研究》，上海化工，1974,(04)]。

昆山酒厂1975年4月发表在《江苏发酵》第1期的《井冈霉素的生产》一文可与沈寅初执笔的《井冈霉素筛选的研究》互为印证，该文记载：

1970年以来，日本报道从放线菌中分离出新抗生素Validamycin。对水稻纹枯病有较好的治疗作用。经日本连续三年大田试验证明其效果和有机砷基本相同，而且对人、畜、鱼类均无毒性，对水稻无药害。1972年上海市农药研究所等单位，发扬"自力更生，艰苦奋斗"的精神，自己筛选菌种，经过一年多时间的努力，在浙江、江西等地的土壤中，同时找到四支有效菌株。1973年8月经抗生素分离提纯鉴定，确证系Validamycin的产生菌株，该四支菌株分别为TH_{16}、TH_{29}、TH_{81}、TH_{82}，由于是从江西省井冈山地区的土壤中分离而得，故定名为井冈霉素[昆山酒厂《井冈霉素的生产》，江苏发酵，1975,(01)]。

　　井冈霉素通过毒性、安全性试验，井冈霉素及其产生菌吸水链霉菌井冈变种通过抗生素及菌种鉴定。

　　发现井冈霉素后，沈寅初研究小组立即着手准备水稻的大面积田间试验。

1974年　36岁

　　3月，井冈霉素菌种鉴定会在上海召开。

　　井冈霉素样品生产出来后，沈寅初研究小组在海南、广东、浙江、江苏、福建、江西、上海等省市进行大面积推广示范试验。

　　因为海南岛春节就开始播种水稻，所以井冈霉素大田试验的第一站是海南。药效研究组负责人黄汝增等农抗组成员赶到海南岛，进行田间试验。试验结果证明，井冈霉素对防治水稻纹枯病很有效。

海南田间试验成功后，沈寅初研究组追着水稻的播种季节往北赶，第二站到广东，与广东省农科院开展协作。沈寅初本来与广东省农科院并无交往，他与研究小组成员带着一纸介绍信，前往广东省接洽，广东省立刻同意建立协作关系，边建土作坊边生产，边提供试验样品，并第一时间组织了800亩的井冈霉素田间试验。

广东省800亩水稻收割后，对是否使用过井冈霉素的水稻亩产进行仔细对比，得出的结论是使用了井冈霉素的水稻亩产增加35公斤。以此推算，1亿亩水稻就可增产35亿公斤，而当时的水稻亩产还只是350公斤左右。

在广东省大田试验每亩增产35公斤的基础上，沈寅初研究小组马不停蹄地回到上海做大田试验。由上海农资公司资助经费，与植保站协作。上海的大田试验如期保质完成，引起了很大的反响。沈寅初回忆，这是他第一次见识到这么大规模的现场会，来参加现场会的人络绎不绝，在那个汽车拥有量很低的年代，田边马路上的汽车竟然排成了长龙，站在车队的头上看不到队尾。沈寅初说："这些经历锻炼了自己指挥大项目的能力。科学研究工作必须是一个矩形结构，而不是线性结构，牵一发动全身、互相配合、互相推进。"

除海南、广东、上海之外，沈寅初研究组还在江西、浙江、江苏、安徽等多个省市进行大面积田间试验，前后用时半年多。

半年多的全国多省市田间试验确定了井冈霉素对防治水稻纹枯病的有效性。

上海市农药研究所和广东省农科院植保所联合对井冈霉素的防治作用、使用浓度、耐雨水冲刷、药效持久力及根内吸性等进行了研究，为大规模大田防治纹枯病制定了一整套使用规划和用药说明书。

沈寅初执笔、署名上海市农药研究所的论文《井冈霉素筛选的研究》发表在《上海化工》杂志1974年第4期。该文全面而详细介绍井冈霉素产生菌的分类与筛选、提取与理化性质的鉴别、产生菌的分类鉴定、摇瓶发酵初步研究等各方面的研究工作，阐述了井冈霉素的生物学性质。

井冈霉素田间试验成功，沈寅初的农抗组得以壮大，他将人员分成两个研究小组，一个组开展农村固体发酵法也就是土法生产井冈霉素的方法推广工作，另一个组为工业化开发做各项准备工作。

农村固体发酵法通常以农民种蘑菇或灵芝的房子为场地，以米饭为原料。做饭的程序很有讲究，先将米在水里浸过，米和水的比例是1∶0.8，饭蒸好后，米饭必须煮至不软也不硬、捏起来成团、松开手则饭粒能够自然分开的状态。然后再把菌种拌在饭里，分装在瓶子里（每个瓶大约装100～150克米饭），将这些瓶子放在蘑菇房，培养一个星期，瓶子中的东西就产生了井冈霉素。再将这些米饭捣碎，配到水中，就可撒到田里，一瓶可以撒一亩水稻田。说起这段经历时，沈寅初笑着说："所以我在家里做饭做得比方老师好，因为我是按照严格的水和米比例以及规程做饭的。"而方仁萍则笑着驳斥："做实验必须很严格，在家里做饭则可以随意些。"

沈寅初团队就像是一台全速运转的"播种机"，去全国各地推广井冈霉素。农民在看到大田试验的效果后，纷纷表达了对井冈霉素的迫切需求。沈寅初带着团队组织各种推广会，第一时间将技术毫无保留、不计任何回报地分享给各地农民和植保站的同志。他们频频到群众中举办科普活动，提供菌种，分享技术，辅导测定方法，很快就将井冈霉素的固体发酵法推广到了全国。当时的很多农村本来就有种蘑菇、灵芝的作坊，人民公社在获得沈寅初无偿提供的菌种和技术后，就开始在小作坊里土法制作井冈霉素。

1974年至1980年间，沈寅初团队发明和推广的固体发酵法生产井冈霉素有效地弥补了工业生产的不足，不少农村很快实现了井冈霉素的自产自用，在井冈霉素实现工业化生产之前，土法生产满足了广大农民防治水稻纹枯病的需求，同时在广大农村起到了传播推广作用。

沈寅初将主要精力与团队力量集中于研究开发井冈霉素的工业化大规模生产装置。研究团队开始是和上海第三制药厂进行合作，这是上海市最大的制药厂，以生产抗生素为主。上海郊区的大规模现场会后，上海市政府很重视，要求上海第三制药厂与沈寅初团队合作。上海第三制药厂本来就拥有生产抗生素的大型设备，稍做改良就可以使用。当年就生产了一百万亩水稻用量的井冈霉素，发往全国各地。因为当时的生产成本还没有降下来，成本远远高于卖给农民的价格，其中的差额由上海农资公司给予补贴。

在各省市的大田试验全面取得成功的背景下，全国各地很多企业要求生产井冈霉素，这些企业中有的是老厂，本来就有发酵设备，"文革"中处于停产状态，他们纷纷找到沈寅初，其中较早联络沈寅初的是江苏太仓制药厂、浙江桐庐农药厂与浙江海宁农药厂三家。浙江是我国主要的水稻产区之一，又与上海毗邻，加上沈寅初是浙江人，井冈霉素在浙江有4个研发合作点：嘉善、桐乡、桐庐、海宁，最重要的两个点是桐庐农药厂和海宁农药厂。

井冈霉素中试期间，要三班倒生产井冈霉素，一是为了解决劳动力的问题，二是为了给各个厂培养技术人才，太仓制药厂、桐庐农药厂、上海第十八制药厂每个厂派了10个人到上海市农药研究所的试验车间。沈寅初既当指挥员又当战斗员，既要全面领导井冈霉素的生产试验等工作，又要制定工作方案，还要在生产一线手把手地培训工厂工人的生产技术。

井冈霉素刚从土样中找到时，其产量非常低，每毫升只有80个单位（微克）。这个产量就使井冈霉素的生产成本非常高，价格也就会昂贵到农民使用不起，因此必须对菌种进行改良，使得它能够高产，有了高产菌种才能让井冈霉素成为农民用得起的农药。那么如何测定是否高产？生物测定的方法时间太长，需要两天才能看结果，沈寅初性子急，他希望快速地知道结果，于是找文献，想办法，终于设计了一种办法，一次性可以分析50个微生物发酵出来的样品，4小时就能测出结果。沈寅初设计的这个方法一直沿用了40来年，直到液相色谱仪普及后，才改用液相色谱仪分析。

1974年至1975年的两年间，样品生产车间的生产进展顺利，沈寅初作为井冈霉素试验开发研究组的负责人，日日夜夜守在车间，又当指挥员又当战斗员。这个车间的运行使得研究组得到了需要的数据，而且为各生产厂家培养了技术力量。当然在这个过程中也有一些小插曲，因为井冈霉素的培养基原料都是糖、食油、粮食、淀粉等食品，20世纪70年代初这些物资供应还不是很充裕，个别工人下班就会带点糖或油回家。沈寅初发现糖、油消耗得快，就暗示了一句：原料消耗得有点快。大家听了后就不再将食品原料带回家了，但夜班工人用食油煎荷包蛋或是炒饭吃的情况还是偶有发生。

自从井冈霉素防治水稻纹枯病试验成功后，沈寅初一心想着尽快向全国推广这一成果，推进井冈霉素在全国实现产业化的进程，创造社会价值，造福全国人民，他着手举办关于生产井冈霉素的培训班。1973年至1975年，沈寅初为全国各地的农药厂开办了多期培训班，每个厂都有人参加学习，为农药生产企业培养了很多井冈霉素的技术人才，这些接受培训的人回到厂里有的成了技术骨干，有的当了车间主任，有的甚至成长为厂长。除了在上海市农药研究所井冈霉素样品车间对工人进行培训外，沈寅初及其研究组还在海宁农药厂等地开办培训班，全国各地有生产需求的厂派人参加培训。沈寅初在培训班上传授工艺方法，而且要求每一个参加培训的工人必须当场做，做出来的数据必须与沈寅初的数据匹配才通过。通过培训班，沈寅初不仅有效地将井冈霉素工业生产技术传授给了厂家，而且为企业培养了生产人才，又顺利地与这些厂家建立了合作关系。全国共有60余家企业与沈寅初研究团队建立了生产井冈霉素的协作关系。

除了培育高产菌种、降低生产成本，还要对井冈霉素进行安全性研究，比如量用多了对水稻是否产生危害？3～5克对水稻是安全的量，那么30～50克是否依然安全？农药残留如何？这些都必须另外找人来做检测，因此要调动各路人马。还要进行小白鼠试验，初步检测对人畜的安全性，沈寅初派了一个生物学专业毕业的同事前往上海医科大学，一方面是合作，另一方面是学习掌握这项技术。上海市农药研究所对安全性进行初步检测后，请具有资质的上海医科大学实验室来做安全性试验，由上海医科大学确认井冈霉素的安全性。沈寅初说，他当时采取的是立体战术。

5月，上海市农药研究所和广东省农科院植保所联合发布《井冈霉素防治水稻纹枯病试验初报》[上海农业科技，1974,(09)]。初报摘要如下：

> 井冈霉素是上海市农药研究所研制的一种防治水稻纹枯病的新农用抗生素。为了适应当前农业生产发展需要，尽快验证井冈霉素的防病效果，上海市农药研究所和广东省农科院植保所，

于海南、广州等地进行田间防治试验，并与田安（标准药剂）等对比，结果表明，井冈霉素对水稻纹枯病有良好的防治作用，防治效果绝大部分在80%以上，相当于或稍高于有机砷、多菌灵的效果，对水稻安全。

《井冈霉素防治水稻纹枯病试验初报》还发表5条讨论意见：

1. 50ppm[1]井冈霉素，每亩用药量150斤（笔者注：5～10克井冈霉素兑150斤水），对防治水稻纹枯病有良好效果，相当于或稍高于有机砷及多菌灵等药剂。

2. 井冈霉素具有保护和治疗作用，其治疗作用尤其明显，水稻发病后施用，病斑停止扩大，病势停止扩展。并有较好的耐雨水冲刷性能，药效持久力长，有一定的根部内吸作用。

3. 井冈霉素对水稻安全，在抽穗扬花时亦可施用。并可与杀虫脒、巴丹、速灭虫、乐果等杀虫剂混用。

4. 施药时期，一般在封行时及孕穗后期各喷一次，就可达到良好防治效果。使用机喷、喷雾器喷均可，也可以用水唧筒喷洒。

5. 井冈霉素生产原料简单，防治效果良好，是个很有前途的农用抗生素，值得进一步扩大试验，肯定效果，早日投产使用。

6月，广东省农科院植保所、上海市农药研究所、陵水县农业局联合发布《井冈霉素防治水稻纹枯病试验初报》[广东农业科学，1974,(03)]，报道了井冈霉素小区药效试验结果、大田防治试验结果以及使用性能的试验

---

[1] ppm代表百万分之几，如10ppm即是百万分之十。

结果。

同月，广东省农科院植保所稻病组发表《新农用抗生素——井冈霉素试制成功》[广东农业科学，1974,(03)]，文章记载：

> 该药剂被稻纹枯菌吸收后能使菌丝生长畸形，菌丝顶端同样发生异常分枝。初步制成的井冈霉素可溶粉及水乳剂经广东、上海、江苏、浙江等地先后在室内及大田大面积试验证明，对防治稻纹枯病均具有高效、内吸、低毒、残效期长的特点，是个很有希望的新农用抗生素。
>
> 最近，我省肇庆地区、从化县微生物厂及我院植保所分别采用工业发酵及土法生产井冈霉素已初步成功。植保所用米饭土法生产的产品，经盆栽鉴定，效果很好，大田药效试验仍在进行中。

同月，因早稻生长期间，阴雨多，日照少，湿度大，易高发纹枯病，江苏吴县越溪公社农技站与江苏农科所驻越溪综合基点组与太仓制药厂合作，开展井冈霉素等防治水稻纹枯病试验，有效防治了病害，确保了丰收。据次年1月发表的《早稻纹枯病发生情况与防治试验总结》[江苏农业科技，1975,(01)]报道：

> 我们与太仓制药厂协作，在两熟制早稻矮三九品种上，于纹枯病发生期间，进行了井冈霉素、纹枯利和苯并咪唑44号等三种新杀菌剂的防治试验。试验以井冈霉素为主，包括井冈霉素的不同浓度、施药方法、使用次数、施用适期、药效期和药害观察等六个项目。

川沙县农资公司与川沙县植保站于次年1月联合发表

的《井冈霉素治疗水稻纹枯病初步研究》[农业科技通讯，1975,(02)]一文提到：

> 上海市农药研究所的科研人员和我们一起，在全县十六个公社、二十五个生产大队、三十一个生产队，开展井冈霉素治疗水稻纹枯病的研究，效果很好。

浙江省农业科学院植保研究所农用抗生素组在该院农场和萧山县城北农场进行温室和田间大小区药效、喷药次数、不同喷药量和药效持效期的试验，田间试验面积为9.47亩。并于次年3月发表《井冈霉素防治早稻纹枯病的试验》[微生物学通报，1975,(01)]，报告称：

> （田间小区人工接种）试验结果指出，田间小区试用井冈霉素液剂50ppm喷药两次的防治效果为90.56%，优于稻脚青可湿性粉剂2000倍液的效果。
>
> 两地（浙江农科院农场与萧山县城北农场）田间大区试用井冈霉素液剂50ppm喷药两次的防治效果为90%以上，相当于日本有效霉素液剂50ppm的效果，也相当于或略相当于国产稻脚青2000倍液的效果。

据次年6月发表于《新农业》1975年第11期的《井冈霉素治疗水稻纹枯病》记载：

> 上海市农药研究所与川沙县农业生产资料公司、植保站，使用井冈霉素治疗水稻纹枯病，取得良好效果。大田防治示范924亩，喷撒1%水乳剂200倍液50ppm井冈霉素1次（每亩用200斤药液），对水稻纹枯病的平均防效为79.5%，用药2次，防效为92.2%，与稻脚青、瓦利达霉素的防病效果相当，高于纹枯

利、多菌灵和托布津。

井冈霉素是一种优良的治疗抗生素，施用后可使纹枯病停止扩展，病斑隐退，对油菜菌核病及麦类赤霉病也具有一定的防治效果。

井冈霉素的使用浓度，防治水稻纹枯病以200倍液50ppm，每亩每次用药200斤，施用2次为宜。病势上升期，穴发病率达5%～10%。Ⅱ级病株占发病株70%左右为喷药适期，药剂持效期为25天左右。它抗雨水冲刷，喷药3小时后，一般小雨药效不受影响；喷药6小时后，遇中雨药效也不受影响。它的预防残效期较短，当天的防效为77%，第5天后防效仅为17.2%。

井冈霉素分别与西维因、稻瘟净、乐果、杀虫脒、磷铵、滴滴涕、乙六粉等农药混用对水稻亦无不良影响，一般使用浓度没有药害。

本年，沈寅初团队与江苏省太仓制药厂、上海十八制药厂、浙江省桐庐农药厂共同生产了一批井冈霉素，分送广东、浙江、上海、江苏等10个省市的有关单位，进行了室内试验、100多亩小区试验和数千亩防治示范试验。初步证明，井冈霉素对水稻纹枯病有显著防治效果，与有机砷相似（见上海市农药研究所药效试验组、农用抗生素组1975年3月发表于《微生物学通报》第1期的《井冈霉素防治水稻纹枯病试验》，又见上海市农药研究所1975年6月发表于《农业科技通讯》的《井冈霉素——防治水稻纹枯病的新抗菌药》）。

江苏省农科所植保组、太仓制药厂发布《新农药——井冈霉素防治水稻纹枯病药效试验初报》（以下简称《初报》）[江苏发酵，1976,(01)，原载《苏州地区化工》1975年第1期]，《初报》称：

> 本试验以太仓制药厂生产的井冈霉素为主进行试验，测验防治
> 纹枯病的最低有效浓度和持效期，与常用农药甲基砷酸钙进行
> 对比，并与日本所产的Validamycin进行比较，同时还测验其他
> 化学农药对纹枯病的防治效力，为进一步大田试验找出代替有
> 机砷制剂防治纹枯病提供资料。

《初报》报道了试验结果：

> 通过室外玻管插枝法和室外盆栽一系列试验证明：新农抗——
> 井冈霉素对稻纹枯病具有很好的防病效果和一定的治疗作用。
> 浓度10ppm以上的防效与10%甲基砷酸钙200ppm（1：500
> 倍）的防效相近。在试验过程中没有发现任何药害现象。

沈寅初团队大力支持广东省开展井冈霉素的药效试验示范。根据广东省农科院植保所于1977年4月发表在《中国农业科学》上《推广应用井冈霉素防治水稻纹枯病》[中国农业科学，1977,(03)]一文报道：

> 在上海市农药研究所的大力帮助下，与广东省植物所、广州市
> 微生物所、佛山地区微生物所和广东农林学院等单位一起，开
> 展了大搞井冈霉素的药效试验示范及土法生产的群众运动。
> 1974年经过在海南、广州等地共200多亩的田间药效试验，进
> 一步肯定了井冈霉素对水稻纹枯病有良好的防治效果和较大的
> 增产作用之后，于1975年在全省范围内广泛布点，大规模地开
> 展了药效示范，取得了显著的效果。根据8万多亩的试验结果，
> 平均防治效果93.3%，增产12.7%，结实率提高8.5%，千粒重
> 增加1克，安全无毒、无药害。充分证明井冈霉素是防治纹枯病

药效又高又稳的农用抗生素。在药效试验示范取得成效后，积极安排工业生产井冈霉素，又大搞土法生产。1975年，全省9个地区40多个县（市）共200多个厂（点）进行井冈霉素土法生产。土法生产的产品效价从初期每克湿品仅几百单位提高到8000单位，高的达15000单位以上，生产成本从初期每亩3元左右降到0.3～0.5元，生产用粮从初期每亩用大米3斤降到0.5斤左右。1976年在生产上大力推广，使用面积达200多万亩，受到广大贫下中农的普遍欢迎。

8月，在沈寅初研究组的帮助和指导下，桐庐农药厂试制成功井冈霉素，并在当年晚稻种植中进行试验[桐庐县"井冈霉素"防治试验协作组《井冈霉素防治水稻纹枯病在我县试验推广》，浙江化工，1976,(01)]。

10月，沈寅初研究小组参加广东省花县召开的新农用抗生素井冈霉素防治水稻纹枯病药效鉴定及生产技术经验总结现场会议，并作技术指导。据广东省农科院植保所《井冈霉素防治水稻纹枯病现场会议在花县召开》[广东农业科学，1975,(01)]一文报道：

会议介绍了各地进行药效试验的情况，参观了花县新华公社三华大队150亩药效试验的现场，初步总结我省试制"井冈霉素"的工业和土法生产的经验，并对今后的做法交换了意见。据我省海南、广州、从化、花县、东莞、番禺、阳春等地200亩的田间试验结果，井冈霉素对纹枯病的防治效果为60%～100%，绝大部分在80%～90%，仅个别效果较低。我所在花县调查44个试区，平均防治效果94.8%，每亩增产89.6斤，增产率12.77%，结果表明效果良好。

本年，井冈霉素分别在浙江省、上海市、江苏省、广东省等地100多个点数千亩大田水稻纹枯病防治示范试验，对一百余亩的小区进行药效对比试验，初步证明，井冈霉素对水稻纹枯病防治效果显著。应用50ppm浓度防治效果均在90%左右，增产效果在10%～30%，能起到防病增产作用。试验表明："使用井冈霉素具有以下特点：1. 毒性极低，给小白鼠一次口服10克/公斤体重的剂量，均无任何异常发现；2. 对水稻纹枯病防治作用强，持效可达20天左右；3. 无药害，在水稻各生育期及不同水稻品种均可施药；4. 耐雨水冲刷性良好，可与非强碱性或非强酸性杀虫剂或杀菌剂混用，不影响其药效。"桐庐农药厂扩大试产井冈霉素，供浙江省试用[桐庐农药厂《新抗生素农药——井冈霉素》，科技简报，1975,(07)]。

1975年 37岁

本年，完成井冈霉素的工业化中试研究。

井冈霉素实现批量生产，在全国各水稻种植区应用效果十分显著[沈寅初《井冈霉素应用和开发概况》，生物防治通报，1985,(01)]。

沈寅初团队不断优化井冈霉素的生产工艺，扩大生产规模，降低生产成本，于本年实现不亏本。

井冈霉素的工业化中试研究主要在桐庐农药厂进行，沈寅初测算技术指标必须达到3000单位，这个技术指标关联的生产成本所产生的价格是农民能够承受的底线。当时的桐庐农药厂规模较小，反应罐只有2.5吨，上海第三制药厂其时正在更新设备，沈寅初出面联系上海第三制药厂，请该厂将淘汰下来但仍可以使用的两个7吨的反应罐送给桐庐农药厂，桐庐农药厂安装起来后，生产规模一下就扩大了很多。为了优化菌种，改良工艺，降低成本，早日使井冈霉素成为农民用得起的农药，沈寅初在桐庐农药厂蹲点了整整3个月，为桐庐农药厂设计并建立了井冈霉素的生产装置，直到桐庐农药厂的井冈霉素生产步入正轨。在桐庐农药厂，沈寅初指导工人制作了分析井冈霉素用的铁架子，大大提高了分析的效率，这个铁架子后来在桐庐农药厂用了几十年之久。

桐庐农药厂自建厂以来一直处于亏损状态，本年依靠井冈霉素的生产与销售，创利润20多万，企业自此扭亏为盈。当时，召开了全国性的现场会。

在沈寅初团队的指导和帮助下，桐庐农药厂已经于上年八月试制成功新农用抗生素——井冈霉素。为降低农业成本，减少包装、运输等困难，沈寅初团队和桐庐农药厂合作优化了工艺流程，将此前的1%水剂提高至2%水剂。本年共生产20吨，供应桐庐县及浙江省重点水稻地区进行试验和大田示范，重点摸索用药浓度、施药次数、防效等项目。通过试验，进一步证明了井冈霉素对水稻纹枯病的防效作用，为继续投产与使用提供了科学支撑[桐庐县"井冈霉素"防治试验协作组《井冈霉素防治水稻纹枯病在我县试验推广》，浙江化工，1976,(01)]。

广东、浙江、江苏等地相继成立井冈霉素协作组。沈寅初带着小分队先后到广东、浙江、江苏等地，去生产厂家指导井冈霉素生产技术，同时去各地指导建立井冈霉素土法生产协作组，一面生产井冈霉素，一面向农民普及井冈霉素的应用。

本年上半年，沈寅初带着小分队赴广东各地，帮助每个厂家改造设备、安装管道、建立并调试生产装置，指导生产、解决技术难题。广东省是水稻的主要产地，上年的800亩田间试验取得了非常显著的效果，所以广东省要推广生产井冈霉素，一方面安排井冈霉素投入工业化生产，另一方面大搞土法生产。本年，广东省在全省9个地区40多个县（市）共200多个厂（点）进行井冈霉素土法生产[广东省农科院植保所《推广应用井冈霉素防治水稻纹枯病》，中国农业科学，1977,(03)]。

又据广东省农科院植保所次年7月发表的《井冈霉素的土法生产和利用》[农业科技通讯，1976,(07)]一文报道：

> 几年来，我们积极开展土法生产井冈霉素的群众运动，到1975年全省共生产了土产品9.9万多斤，试验示范遍及全省9个地区40多个县（市），防治面积5.7万多亩（不包括工业产品及面积），平均防治效果93.3%，每亩增产稻谷73.3斤，增产率12.7%。

广东省共有7家工业化生产井冈霉素的厂家，分布在顺德、中山、揭阳、汕头、肇庆等地，沈寅初团队对这些厂家进行逐个帮助与指导，他们在广东省开展的工作使得井冈霉素在全国范围内产生了很大影响。他清晰地记得这一年的7月1日就在广东度过，当地的荔枝4分钱1斤。其时，"十年动乱"尚未结束，一位顾姓老干部被下放到上海市农药研究所，也跟着沈寅初的小分队到了广州，他非常感激沈寅初的安排和照顾，对沈寅初说："你帮我愉快地度过了我人生最困难的时期。"这位老干部与沈寅初在上海市农药研究所共事了整整8年，8年中沈寅初对他有诸多照顾，他们成了挚交。"四人帮"垮台后，就是这位老干部动员沈寅初加入中国共产党的。

4月，《农药工业》第3期刊发《新农用抗生素—井冈霉素》[农药工业，1975,(03)]，推介井冈霉素：

> 井冈霉素是上海市农药研究所在有关单位协助下筛选出来的一种新的农用抗生素。它具有良好的防病作用，用药浓度较低，大田用药浓度30～50ppm为宜，治疗效果的持效期较长，可达20天左右，具有良好的耐雨水冲刷性能，与常用杀虫剂和杀菌剂混用，不影响其药效。通过各地十多个水稻品种和不同的水稻生育期施药，均未发现对水稻植株有不良影响。井冈霉素毒性极低，给小白鼠一次口服10克/公斤的剂量，均无任何异常发现。井冈毒素做盆栽试验防治水稻纹枯病表明，25ppm浓度防效为88.8%，50ppm为97.0%，与Validamycin、多菌灵及稻脚青效果大致相同，而且具有较好的渗透治疗作用，30ppm对纹枯病有61.0%～75.2%治疗效果，60ppm有70.5%～90.5%。

6月，上海市农药研究所农用抗生素组在《微生物学报》发表《井冈霉素产生菌的鉴定》[微生物学报，1975,15(02)]，摘要如下：

> 研究了从江西井冈山地区和浙江杭州植物园等地区分离的产生井冈霉素菌株的生物学特性、所产抗生素的抗菌谱。与相似菌种比较结果，定名为吸水链霉菌井冈变种（*Streptomyces hygroscopicus* var. *jinggangensis* Yen.）。

同月，沈寅初研究组发表《井冈霉素——防治水稻纹枯病的新抗生素》[署名上海市农药研究所，农业科技通讯，1975,(06)]。文章介绍了井冈霉素的理化性质、对水稻纹枯病的作用、大田药效试验工作以及井冈霉素的毒性。

9月，上海市农药研究所农抗组在《微生物学报》上发表《井冈霉素的分离与鉴定》[微生物学报，1975,15(03)]。该文报告了井冈霉素的分离鉴定结果与理化性质。摘要如下：

> 由吸水放线菌（*Streptomyces hygroscopicus* var. *jinggangensis* Yen.）产生的抗生素是葡萄糖苷类的碱性水溶性抗生素，对水稻纹枯病具有优良的防治作用，经离子交换层析分离提纯可以得到Ⅰ、Ⅱ、Ⅲ、Ⅳ四个组分，经理化鉴定证明其中Ⅱ、Ⅲ两个组分分别和已知的Validamycin A和B相似。

沈寅初研究组支持帮助江苏省宜兴农药厂试制成功井冈霉素。据宜兴农药厂1976年3月发表的《新农用抗生素——井冈霉素》[农药工业，1976,(03)]报道：

（宜兴农药厂）在上海市农药研究所的大力支持下，在中试发酵成功的基础上，奋战四个月，生产120吨井冈霉素新农药。在全省17个县、市进行田间防治使用，有效地防治水稻纹枯病，效果在85%～99%。取得了百吨农药增产万斤粮的丰硕成果，显示了井冈霉素的巨大作用。

该文还提到广大农民以顺口溜的方式表达了对井冈霉素的推崇：

井冈霉素是个宝，药到病除效果好，不伤人畜不害苗，科学种田丰产宝。

本年，井冈霉素在上海第十八制药厂投产[颜享宸、卜兆祥《井冈霉素生产菌株（15#）的研究》，抗生素，1980,(01)]。

1976年　38岁

本年，井冈霉素产业化通过中试鉴定，使发酵单位提高8～10倍，同时解决深层发酵等工业生产技术问题，达到了3000单位的技术指标。

向全国25家工厂公开了井冈霉素的生产技术。

提出了井冈霉素暂行标准。

3月，在江苏东台农药厂召开江苏、浙江、上海等省市井冈霉素生产厂家效价测定会议，会议交流了经验，统一了方法。会议认为上海市农药研究所提出的生物测定法和化学测定法是可行的，建议用生物测定法作为质量监督方法，用化学测定法作为生产中间控制测定方法。同时，随着井冈霉素发酵水平的提高，沈寅初提出有必要对产品作出标准化规定，使产品逐步标准化，并提交了产品标准化草案供大家讨论。沈寅初团队在现场为与会代表作了操作演示[上海市农药研究所《我国井冈霉素生产研究应用》，农药工业，1978,(04)]。

沈寅初研究组对与会厂家进行了测定方法的培训。因为当时全国还不具备气相色谱法的使用条件，沈寅初就独创了这种化学测定法，这种测定方法只需要半天就可以得出结果，当时全国的井冈霉素生产企业都用了这种方法。

根据沈寅初的研究，井冈霉素共有三种分析方法。一是生物测定法，但该方法在实际应用中有很多缺点：1. 误差大，重现性低；2. 由于井冈霉素产生菌主要产生A、B、E、F四个组分，该方法不能测出B组分的含量；3. 测定样品到观察结果需48小时，对工业生产起不到指导作用。二是气相色谱法，由于预处理手续繁复及当时的国产色谱仪在如此高温条件下性能不够稳定，因而仍无法用于工业生产研究中。三是化学测定法，井冈霉素是一种碱性含葡萄糖的化合物，用离子交换树脂分离，再使井冈霉素和硫酸-苯酚显色以测定之。这个方法测定误差小，重现性高，操作时间短，可以进行大量测定，适用于菌种选育及工业生产上的应用。经离子交换树脂预处理的样品，可用下述三种方法测定各组分的含量：一是柱层析分离比色法，经预处理的样品可在强碱性离子交换柱上进行柱层析分离，收集各组分，分别和硫酸-苯酚试剂显色反应后比色测定之，由此可测出A、B、C、D、E、F的含量，因E、F组分不易分离，不能分别测出；二是高压电泳分离比色法，预处理的样品经高压电泳可分离成A、B、EF三个斑点，将三个斑点洗下，分别和硫酸-苯酚试剂显色即可分别测出A、B、EF组分的含量，但由于D组分和A不能分离，C组分和EF斑点重叠，因此这一方法亦只能在柱层析证明C、D组分含量甚微时才能适用；三是薄板层析分离比色法，和高压电泳分离比色法所得结果一致，由于高压电泳仪较少，可用薄板层析分离比色法代替（沈寅初《农用抗生素——井冈霉素开发研究》，抗生素，1981年第1期）。

制作分析的标准品必须要用到离子交换树脂，这种试剂当时无法买到。沈寅初决定自己动手做，他在浙江医学院工作和复旦大学求学期间，打下了极为扎实的化学基础，他查阅相关资料，同时了解到位于黄浦江口的上海石油化工厂有这个原料。上海石油化工厂离农药研究所很远，而且这个做树脂的原料是危险品，不允许带上公交车，沈寅初克服困难，设法将原料取回单位。虽然沈寅初此前从来没有做过这种实验，但他自己设计并亲自做，首先将其合成为树脂，然后用这种离子交换树脂来提取微生物发酵液中的井冈霉素，用这一方法测定如果含量达到80%，就作为标准品发给每一个工厂，工厂就按照这个标准品进行生产。

在井冈霉素通过工业化生产的中试鉴定后，化工部对此进行立项，支持沈寅初团队进一步开展井冈霉素产业化研究与开发。于是，沈寅初和他的团队开始了井冈霉素产业化的第二阶段工作，目标是研发高产的低成本的农民用得起的井冈霉素。

井冈霉素产业化研发的第二个阶段主要和海宁农药厂（1993年转制为浙江钱江生物化学股份有限公司，1997年上市）合作完成。井冈霉素产业化研发的第一阶段技术指标是3000单位，根据沈寅初的测算，3000单位的成本是农民用得起的底线。第二个阶段主要是进行工程化研究，技术指标要达到10000单位，这样井冈霉素在价格上才能与其他品种的农药竞争，农民才用得起。要达到这一目标就必须改良菌种、优化工艺。因为海宁农药厂设备基础优于桐庐农药厂，该厂有4个2.5吨的反应罐，这样就可以同时做4个，进行对照试验。

为了优化井冈霉素的生产工艺，提高生产规模，降低生产成本，使井冈霉素成为农民喜欢用且用得起的生物农药，沈寅初与团队同事在海宁农药厂的职工宿舍住了整整9个月之久，而两个孩子以及家里的大小事务统统都由同时身兼研究任务的妻子方仁萍一人承担。沈寅初曾对笔者说："她又要上班，又要照顾2个孩子，非常辛苦。我回家时尽量多做些家务，尤其是那些比较耗体力的家务，家里的床单、被里、被面这些都是我洗的。"

在海宁农药厂，沈寅初始终奔波在试验与生产的第一线，一方面给工厂的同志们讲授生产技术，另一方面也向工人师傅们学习生产经验，共同致力于提高生产工艺。沈寅初为该厂培养了很多技术骨干，与工人们结下了深厚的友谊，其中车间技术员马炎（1944—2015）后来成为浙江钱江生物化学股份有限公司的董事长。

研发过程中，沈寅初只要获得新技术，就及时到企业办培训班，传授给工人。在浙江，沈寅初及研究组成员为嘉善、桐乡、海宁、桐庐等厂家轮流办过培训班。后来井冈霉素获得国家发明奖，桐庐和海宁两家均为合作单位。

本年，井冈霉素在江西农药厂试产。江西省于1975年进行井冈霉素防治水稻纹枯病试验，由江西农药厂提供样品进行小区和大面积试验示范，防治早、晚稻纹枯病面积700余亩[（江西）省农科院植保所《井冈霉素防治水稻纹枯病》，江西农业科技，1977,(06)]。

上海市农药研究所与上海郊县有关微生物组协作，摸索土法生产工艺，并于本年4月发表《"井冈霉素"的土法生产》，说明井冈霉素土法生产的生产流程、培养基的构成、操作与培养的方法与注意事项、固体发酵产品的后处理及保藏、井冈霉素的效价测定、土法产品的盆栽药效试验等，并讨论了土法生产井冈霉素的四个问题：一是培养温度对单位的影响，二是不同牌号的琼脂对效价测定的影响，三是后处理的方法问题，四是钾离子对提高单位含量的作用[上海市农药研究所《"井冈霉素"的土法生产》，上海化工，1976,(02)]。

江苏省大力推广井冈霉素的土法和工业化生产，无锡县玉祁酒厂和无锡轻工业学院联合进行采用酒精废糟、黄酒板糟为主生产井冈霉素的试验[无锡县玉祁酒厂　无锡轻工业学院《发酵废液废糟生产农用井冈霉素》，江苏发酵，1977,(04)]。

1977年　39岁

继续致力于井冈霉素产业化的研究开发。

1月10日～11日，沈寅初团队参加在海宁农药厂召开的浙江省农用井冈霉素技术协作组第一次会议，在会上对井冈霉素的菌种选优、耐药性、毒性、综合利用、剂型改革以及产品稳定性等各方面进行了全方位的技术指导。"参加这次会议有海宁农药厂、奉化生物化工厂、东阳农药厂，并邀请上海市农药研究所、上海化工学院、上海十八制药厂、上海第三制药厂、江西农药厂、海宁县科技局、元化镇财税所等11个单位，共有代表21人。"[浙江省农用井冈霉素技术协作组《省农用井冈霉素技术协作组召开第一次座谈会》，浙江化工，1977,(Z1)]

3月，在《微生物学通报》发布《井冈霉素土法生产工艺》[署名上海市农药研究所，微生物学通报，1977,(01)]，介绍一级斜面菌种的培养、二级液体种子的培养、二级固体种子的培养、三级固体发酵培养基成分与配制、产品的后处理及其贮藏以及1975年土法生产井冈霉素的大田药效试验情况。

沈寅初团队与桐庐农药厂协作开展发酵培养基节粮代用试验。据桐庐农药厂发表的《井冈霉素发酵培养基节粮代用试验小结》[科技简报，1977,(18)]记载：

> 井冈霉素是吸水链霉菌井冈变种产生的抗生素，发酵培养基主要由淀粉、葡萄糖等粮食原料组成，原中试发酵配方：玉米淀粉4%、工业葡萄糖3%、蚕蛹粉2%、酵母粉1%、玉米浆0.5%、磷酸二氢钾0.015%、氯化钙0.1%、碳酸钙0.7%。
>
> 通过二年多的生产实践表明，上述培养基原材料不仅来源困难，而且粮耗高，培养基中有机氮含量低，发酵单位不高。进行改进发酵培养基，由玉米粉代替淀粉，水解糖代替固体工业葡萄糖，白地霉代替药用酵母粉，"泡敌"代替豆油，并用石灰水代替液碱调节pH，不加玉米浆等，原料来源基本上可就地解决。发酵单位从原来的3000单位（生物效价）提高到7000～8000单位（生物效价），最高达10000单位左右。根据目前生产水平井冈霉素完全可以克服粮耗高、价格高的缺点。

又据桐庐农药厂的《井冈霉素配方，节粮、代用试验小结》[浙江化工，1977,(06)]记载：

> 井冈霉素粮食单耗逐年下降：1975年为1∶1（不包括酵母粉，下同）；1976年为1∶0.42；1977年上半年为1∶0.37，最低月份达到1∶0.27。发酵单位从原来的3000单位（生物效价，下同）提高到7000～8000单位，最高达10000单位左右。单位成本相应降低，按1%井冈霉素液剂计算，1975年2972.2元/吨，1977年1～8月份为750元/吨，目前已下降至657.10元/吨。同时产量成倍增长，1977年1～8月份比1976年同期增长3.35倍。

6月，发表《井冈霉素分析方法》[署名上海市农药研究所井冈霉素中试协作组，上海化工，1977,(06)]，介绍井冈霉素的分析方法，包括效价稀释测定法和比色测定法。8月，发表《井冈霉素效价测定的两种方法》[署名上海市农药研究所，微生物学通报，1977,(04)]，详细介绍了稀释测定法和比色测定法的材料准备与操作方法。

7月，安徽省肥东农药厂试制成功井冈霉素，发酵单位达13000单位以上，出厂浓缩液效价20000单位（生物效价）以上。据《农用抗生素井冈霉素在我省试产成功》[安徽化工，1977,(04)]一文报道：

> 药品经上海市农药研究所和浙江省海宁农药厂检验达到了合格标准。省农林科学院植保所用该厂试产的井冈霉素在我省当涂县红星大队等地进行了防治早稻纹枯病的大面积防治示范，结果表明效果显著，且成本较低。

油菜菌核病是油菜种植中的一种重要病害。1977年，江苏省邗江县（今扬州市邗江区）使用土法生产和工业生产的井冈霉素对油菜菌核病进行防治试验，试验结果表明井冈霉素是防治油菜菌核病有效的农药，且上海工厂生产的井冈霉素效果优于多菌灵和土法生产的井冈霉素[邗江县革委会农业局《油菜菌核病的发生规律和防治》，江苏农业科技，1978,(01)]。

海南一些地方茶园茶树黑腐病病害严重。1977年，海南岭头茶叶研究所对井冈霉素、百菌清、多菌灵和甲基托布津等农药进行了药效试验。次年4月，该所吴国华、林明雄发表《几种农药防治茶黑腐病试验》[茶叶科技简报，1978(02)]。试验结果证明上述药剂均有良好的防治效果，其效果比铜剂杀菌剂效果还好。建议：

> 鉴于施药期正是茶叶采摘旺季，多菌灵、百菌清及甲基托布津等化学农药使用后的安全间隔期尚未确定，而生产上又迫切需要农药防治，建议目前以采用土法生产的井冈霉素为宜。

11月，在全国农用抗生素科研协作会议上，报告井冈霉素的研究成果。

根据次年5月上海市农药研究所发表的《我国井冈霉素生产研究应用》[农药工业，1978,(04)]一文的总结，至1977年，井冈霉素生产研究应用已经取得了如下成果：

> 井冈霉素自一九七五年试生产以来发展很快，在农业生产上对防治水稻纹枯病起了很大的作用。据广东省农科院和上海市农药研究所一九七四年药效试验证明，使用30~50ppm浓度时，对水稻纹枯病的防治效果一般可达90%以上。几百亩田块单打测产平均每亩增产80斤。一九七七年工业生产井冈霉素，实际用药面积达二千万亩多。按每亩平均增产80斤计，即可增产粮食十六亿斤。
>
> 井冈霉素生产工艺较为成熟，目前已有十多个省市约60家工厂生产，设备总容量达到约900吨发酵罐的规模。按目前国内一般生产水平来计算，估计可年产1%水剂8万吨，防治面积达1.5亿亩，可以基本上取代有机砷农药。
>
> 井冈霉素投产以来，科研单位和生产单位密切协作，坚持研究生产中暴露的问题，使井冈霉素生产的各项经济指标，年年有大幅度的提高。井冈霉素的发酵单位从投产时3000单位（生物效价）提高到一九七七年13000~15000单位，成本不断下降，先进水平已达每亩用药成本在0.20元以下，低于一般化学农药，接近于稻脚青的用药成本。发酵用粮食消耗也逐年下降，

> 一九七七年已有不少单位日平均粮食（糖）消耗下降到每亩用药只需耗粮2两，发酵周期不断缩短，设备利用率也不断提高，每小时井冈霉素产生抗生菌的能力许多厂都达到300～400单位/毫升（化学效价）。在短短二年时间内，井冈霉素的发展是高速度的，生产是高效率的。

据朱道荃《〈农用抗生素技术情报会〉在杭州举行》[农药工业，1978,(04)]一文报道：

> 据一九七七年底对十四个省、市的调查，从事农抗研究的已有八十多个单位，地、县投资筹建的农抗生产企业有六十多个，各地还建立了许多社队企业。一九七七年，我国农用抗生素的应用面积达到二千八百余万亩，其中井冈霉素占百分之九十以上，对支援农业起了积极作用。

本年，由上海市农药研究所农用抗生素组（沈寅初等人）编写的《井冈霉素》在上海人民出版社出版。

沈寅初回想起早年的科研经历，说那个时期上海市农药研究所的科研管理政策能最大限度地为科研人员节约时间，让科研人员的时间不会消耗于非科研事务。沈寅初说，他自己很少写申报书，农药研究所有一个科研办，负责为科研人员写申报书，上报各种材料，写总结，处理其他的一些非科研事务。沈寅初获得上海市重大科技成果一等奖，整个申报、评奖过程他自己毫不知晓，直至接到参加颁奖大会的通知他才知道，这些获奖申报材料的撰写、提交等工作都是科研办承担并完成的。

1978年 40岁

井冈霉素高单位生产菌种培育成功。

与上海十八制药厂、海宁农药厂、昆山酒厂协作成立高产工艺研究协作组。井冈霉素高产菌种开始工业性装置试验。

井冈霉素的生产工艺达到了化工部要求的标准，即10000单位的技术指标，并实现大规模生产，每亩地用药成本降低至0.5元以下，成为最便宜的农药，更是防治水稻纹枯病不可替代的农药品种。

1月，被评为上海市化工系统1977年度工业学大庆先进生产（工作）者。

5月，参加杭州召开的化工部全国农用抗生素技术情报会，并作关于井冈霉素的学术报告。

同月，发表《我国井冈霉素生产研究应用》[署名上海市农药研究所，农药工业，1978,(04)]一文，总结了井冈霉素生产研究应用的简况，介绍了提高生产水平的主要技术措施、质量控制和产品标准以及对扩大应用范围的相关研究。文章说：

> 井冈霉素主要用于水稻纹枯病的防治，对其他作物病害是否有效，国内许多单位用井冈霉素防治其他病害做了很多研究，日本也做了不少工作。例如我所用井冈霉素水剂和多菌灵复配防治小麦赤霉病的研究；又有单位研究了井冈霉素防治油菜菌核病、玉米大斑病、花生叶斑病、小球菌核病、立枯病，以及其他果蔬病害，均有一定效果。

为了井冈霉素的研发，沈寅初放弃了出国留学的机会。1978年，国家遴选了一批优秀人才出国深造，沈寅初本来也名列其中，但此时他正忙于井冈霉素高产菌种的规模化生产，根本无法从中抽身，不得不放弃这一大好机会。

1979年 41岁

被评为1978年度上海市先进工作者。

当选为上海市徐汇区人大代表。

晋升为工程师。

9月13日至15日，井冈霉素高产菌种及其发酵工艺技术通过化工部鉴定。化工部委托上海市化工局、浙江省石化局在海宁农药厂召开井冈霉素高产菌种及其发酵工艺技术鉴定会，相关主管部门、工厂、科研单位、学校和农资等41家单位59名代表参加了鉴定会。

沈寅初在鉴定会上作了报告，将井冈霉素的详细配方和生产技术毫无保留地传授给与会人员。沈寅初团队把菌种、标准品以及《井冈霉素高产菌种的选育及其发酵工艺研究》资料发放给每个与会者。他们将井冈霉素的高产菌种分装在试管里，给与会者每人发1支，仅收取1元钱的试管成本费，并教给他们如何培养、如何分析。因为当时国家尚没有技术转让费或技术服务费的有关政策，当然更主要的原因是沈寅初始终秉持科技报国的初心，因此在井冈霉素的推广过程中，向企业提供技术都是无偿的。

陆经武《井冈霉素高产菌种及其发酵工艺技术鉴定会在海宁召开》[浙江化工，1979,(06)]一文报道：

> 上海市农药研究所研制成功的井冈霉素，于1976年经过中试鉴定投产后，继续进行菌种选育，并和浙江省海宁农药厂、上海第十八制药厂等单位协作，进行发酵工艺研究，现经工业化生产考验，生物效价较原中试鉴定的3000微克/毫升提高4~5倍。
>
> 会议期间，代表们审阅了井冈霉素的技术资料，考察了生产现场，并进行了深入的讨论和评议。会议一致认为：选育出的Co-20#、80#、15#菌种，经过半年多的工业生产考验，证明生物效价稳定在13000微克/毫升以上，特性稳定，工艺成熟，确为高产品种。海宁农药厂在生产上采用80#菌种后，平均发酵单位提高212.5%，粮耗降低114%，煤耗降低37.2%，电耗降低160%，成本降低266%，增产节约效果显著，建议在全国推广。

鉴定会结束的第二天早上，沈寅初与所长在住处看到了报纸上刊登的关于"技术有偿转让"的文章。

1978年3月，全国科学大会在北京召开，邓小平同志在3月18日举行的大会开幕式上指出"现代化的关键是科学技术现代化"，重申"科学技术就是生产力"。时任国务院副总理、国家科委主任方毅在工作报告中提出科技工作的十项具体任务，其中一项是加强科学技术成果和新技术的推广应用。方毅特别强调：我们必须切实改变目前不少科学技术成果不能推广应用的状况，研究制定相应的技术经济政策，积极鼓励科学技术成果的推广应用。1978年11月，国家科委在《科学技术研究成果的管理办法》中，把科学技术研究成果分为自然科学理论研究成果、技术成果（新技术、新方法、新产品和新工艺）、重大科学技术研究项目的阶段成果。该办法重申，国家科委负责督促检查各部门、各地方科技成果交流推广的工作职责（摘自上海市科学技术委员会网站）。之后，关于科研成果有偿转让的文章见诸报纸等新闻媒体，国家科委以及各地政府相继出台相关政策。

年底，为上海市农药研究所全体职工争取到2万元年终奖。当时，很多单位已经有发年终奖的做法，但年终奖必须用单位自己创收的钱发放，就科研单位而言，通常是科研成果转化的收益。而沈寅初已经在海宁农药厂的井冈霉素鉴定会暨推广会上无偿公布井冈霉素生产的全部技术了，没有要厂家一分钱的回报。年终，上海市农药研究所所长找到沈寅初，说其他单位都发年终奖了，问他能否为单位解决一点年终奖。沈寅初就给海宁农药厂厂长打电话，告知此事。厂长在电话中很爽快地答应了，立马给上海市农药研究所送去了2万元现金，对沈寅初研究组为他们厂所做的贡献表示感谢。这是上海市农药研究所成立以来发放的第一笔奖金，是沈寅初为全所的职工争取来的。井冈霉素的中试车间还为农药研究所每个职工发了一套工人制服，这也是农药研究所成立以来职工穿上的第一套工作服，那时大家能穿上工人制服是一件非常自豪的事，加上当时职工的收入普遍不高，物资还不是很充裕，能发到一套工作服也是很实惠的事。这些都是沈寅初团队研发的井冈霉素给全体职工带来的福利。

本年，拟定井冈霉素质量标准草案。

本年，在四川成都举行的全国第一次农学学会上作题为《农用抗生素——井冈霉素开发研究》的报告，报告分享了六个方面的内容：一、井冈霉素产生菌的分离特征，二、分离纯化及理化性质，三、生物活性，四、大田试验效果，五、高产菌株的选育，六、发酵工艺研究。

在井冈霉素的发现、研究与产业化过程中，沈寅初所经历的艰辛是常人很难想象的。他与研究小组的成员跋涉穿梭在全国广袤的山林间，在成千上万亩的土壤中寻觅，经过几万次的试验，终于发现了有效的微生物。在发现井冈霉素后，又用半年的时间，搞农田试验，在海南岛、广东、广西、江西、浙江、上海、江苏、安徽等地进行大面积的试验，确定了井冈霉素的优良性能。其后，辗转于各个农药厂之间，夜以继日地奋斗在工厂、实验车间、实验室，经历了无数次失败，终于试制成功。

井冈霉素虽然是一款既能增产又无公害的非常理想的农药，但在刚刚试制成功时要投入生产是一件困难重重的事情。每亩用药成本至少上百块，如此高的成本，农民根本用不起。因此降低成本，提高生产水平，成了沈寅初研究组面临的又一道难关。此后，又经过长达数年的坚持不懈的努力，终于使井冈霉素成为全国农民都用得起的、安全性与有效性都很高的一款农药。在这一过程中，遇到过种种难题，沈寅初每次都迎难而上，一一破解。缺设备，沈寅初自己动手做设备，他又当设计师，又当铁匠，又当木匠，解决设备问题；缺原料，他四处寻觅，当时试验需要树脂，沈寅初多方打听，得知上海石化厂有这个原料，但树脂是危险化学品，不允许携带上公交车，在当时汽车不普及、货运不便捷的情况下，要花很大的力气，才能解决树脂的运输问题。沈寅初及其团队成员用了整整7年的时间，使井冈霉素生产水平提高了上百倍，终于使井冈霉素的技术指标达到10000单位以上，创下了抗生素行业中单位时空生产量的最高纪录，把每亩地的用药成本降低到0.5元以下，成为最便宜的农药。

在那段岁月里，生产出高效且廉价的井冈霉素，让我国的水稻生产能稳产高产就是沈寅初人生的全部内容，沈寅初说："井冈霉素就是我的儿子。我为它倾注了全部的心血，我的喜怒哀乐几乎都拴在试验的成功或失败上。"为了能全力以赴研制井冈霉素，沈寅初不得不把一子一女全都寄养在别人家里，有时甚至几个星期都见不到一面。回忆起这段艰辛却卓有成效的岁月，沈寅初说："搞科学工作需要投入全部的生命，8小时工作制在科学研究中是行不通的。只有把科研工作当做最神圣的事业来做，并时刻享受最大乐趣的人，才有可能在科学上有所作为。"

农用抗生素井冈霉素是一个理想的生物农药，具有高效、经济、安全以及和环境相容性的特点。其优势表现在以下七个方面：1. 具有高效性。当时，每亩地农药的用量都需几十克甚至几百克，而井冈霉素防治水稻纹枯病的用药量仅需3~5克。全国十几个省市的大田试验结果一致证明每亩用药3~5克即可达到90%左右的防治效果。2. 持效期长。大田试验证明井冈霉素一次用药可以维持20~30天的效果，比一般化学农药都长，和有机砷制剂的持效性相当。只要合理掌握用药时机，整个水稻生育期用药一次即可达到防治纹枯病的目的。3. 耐雨水冲刷。纹枯病的发病季节正逢阴雨绵绵，很多药物因此而降低防治效果。井冈霉素施药后一旦被菌丝体吸附即有较强的耐雨性，从而保持它的优异防治效果。4. 有治疗作用。大多数农药均为保护剂，井冈霉素可于水稻发病率在15%时用药最为经济有效。15%以下的发病一般不影响水稻的产量，发现病害后施药具有更好的经济性。5. 对作物无药害。用有效剂量的30倍对水稻也是安全的。这一性能大大地优于原来用于水稻纹枯病防治的有机砷制剂，有机砷制剂对作物极易造成伤害。6. 毒性低。井冈霉素对哺乳动物毒性极低，对小白鼠的Ld50为每公斤10000毫克以上。7. 对环境安全。井冈霉素在环境中易被分解，对有益生物及水生动物均无显著毒性，是一个非常安全的生物农药（摘自沈寅初《井冈霉素研究开发二十五年》，全国生物防治学术讨论会论文摘要集，1995年10月）。

"井冈霉素生产菌种及其发酵工艺"（完成人：沈寅初、戴仙文、黄汝增、陈祥健、周良玮、居月敏、杨慧心、周钰）于2006年1月录入知网科技成果库，成果第一完成单位为上海市农药研究所。成果简介如下：

> 水稻纹枯病是水稻主要病害之一，严重影响水稻的稳产高产，以往常用有机砷农药防治。但是有机砷对人、畜、作物都有一定毒害，使用时又受水稻生育期限制，施药过早往往不能达到预期的防治效果，偏晚又会引起药害，尤其是在水稻生长后期，完全不能使用。该发明主要是从中国井冈山地区土壤中发现了能产生井冈霉素的新菌株，定名为 *Streptomyces hygroscopicus var.jinggangensis* Yen.。这种菌株所产生的井冈霉素，每亩仅需纯药3~5克，就能有效地控制水稻纹枯病，而且还具有药效长、耐雨水冲刷、不污染环境、对人畜安全等特点。井冈霉素产生菌经过上百次自然分离和诱变育种，生产能力大大提高。该发明还进行了发酵工艺的研究，研究出了一条符合中国国情、原料易得、简单可行的发酵工艺。发酵单位较原始菌种提高百倍以上，生产成本大幅度下降。目前全国已有许多省、直辖市建立了生产井冈霉素的工厂。井冈霉素已成为中国农药主要产品之一。

井冈霉素是我国第一个大规模实现工业化生产的微生物农药，在全国各地农药厂投入了规模化生产，沈寅初为国家和人民作出了巨大贡献，被誉为"井冈霉素之父"，而他本人没有从中牟取任何经济利益。沈寅初后来常常说："我一生比较自豪的是，老百姓吃的每一粒米饭几乎都用过我们这个农药。"

1980年 42岁

本年，加入中国共产党。

井冈霉素获上海市重大科技成果一等奖。

被上海市科委评为优秀青年科学家。

2月，主持研发的井冈霉素成果获1978—1979年上海市重大科技成果一等奖，并被推荐参加国家科技发明一等奖的评选。

据刊载于本年4月《化学世界》的洪葆仁《国内动态》[化学世界，1980,(05)]报道：

> 上海市农药研究所井冈霉素专题组同志，在取得投产成果的基础上，继续进行了研究，通过上万次试验，终于在1979年取得高产菌种及其发酵工艺的重大科研成果。生产厂采用这一科技成果后，生物效价提高了3～4倍，粮耗、煤耗、电耗及生产成本都有大幅度下降。这样以同样的设备、原料、劳动力较1976年投产初期可多生产4～5倍井冈霉素，工业利润即使在不断降价情况下还是逐年增长，农业上防治水稻纹枯病而挽回粮食损失，数字更为可观。井冈霉素高产菌种及其发酵工艺于1979年9月通过了部级鉴定。鉴于其高产菌种性能稳定，发酵工艺成熟，增产效果显著，这次，上海市科研成果授奖大会上被评为上海市1979年科技成果一等奖。

4月，合作发表研究报告《井冈霉素产生菌的选育》[沈寅初、周良玮、陈祥健、杨慧心、居月敏、舒小洪、周淡宜、陈凯旋，微生物学通报，1980,(02)]，该报告从原始菌株、培养基、发酵条件和测定方法、选育方法四个方面介绍了选育井冈霉素产生菌的材料与方法，并给出了选育结果。

10月，发表译文《一株产生有效霉素A的新菌种——*Streptomyces prasinus* LD-473》[农药工业译丛，1980,(05)]，介绍日本曹达株式会社荻原俊一和植田昭嘉发现的新菌种链霉菌（*Streptomyces prasinus* LD-473）与日本武田制药株式会社若江治等人发现的有效霉素产生菌T-7545的主要差别。

因为纹枯病在镇江地区的一些小麦推广品种上普遍发生，地区农科所进行了井冈霉素防治小麦纹枯病的试验，根据吴汉章《井冈霉素防治小麦纹枯病试验初报》[江苏农业科学，1981,(01)]记载，试验证明：

> 井冈霉素对小麦纹枯病有良好的防治效果。适时用药不仅能有效地控制病菌向麦株上部发展，同时能阻止病菌向茎秆深入，这有助于麦株后期的养分积累和正常运转。

本年，着手研究井冈霉素的精制工艺，无偿向生产厂家推广井冈霉素的高产技术。

发现井冈霉素对多菌灵有增效作用。

1981年 43岁

"井冈霉素的生产菌种研究"成果获国家科技发明三等奖。

井冈霉素研究团队被评为上海市劳动模范集体。

开发多菌灵井冈霉素复合制剂。

受上海市科委派遣，赴日本理化研究所研修。

3月，在《抗生素》杂志发表《农用抗生素——井冈霉素开发研究》[独著，抗生素，1981,(01)]。该文为沈寅初于1979年在四川成都举行的全国第一次农学学会上作的学术报告。

5月至6月，在《抗生素》第2期、第3期连载《国内外农用抗生素研究和发展概况》[独著，抗生素，1981,(02);抗生素，1981,(03)]，文章指出相比于一般化学农药，农用抗生素的优点有：

> 1. 活性高，用量少（为一般化学农药用量的1/10），因此对环境的污染少；
> 2. 易被其它生物或自然因素所分解破坏，在环境中不易积累；
> 3. 生产原料大多为农副产品，为直接利用太阳能的产物，消耗人类的贮存能量较少；
> 4. 各种品种生产工艺相似，相同设备可做多品种生产。

文章概述了国内外农用抗生素开发研究的总体情况，介绍了国内外抗水稻稻瘟病、水稻纹枯病和水稻白叶病的多种抗生素以及杀虫素、除草素、生长调节素的研究和应用，提出了我国农用抗生素研究的几点意见：1. 加强工业化研究，2. 加强应用推广研究，3. 继续新农用抗生素的筛选，4. 加强抗生素化学的研究。文章呼吁各学科的科技工作者要加强技术协同：

> 农用抗生素的研究成果是综合各学科技术协同的结果，如果我们仅注意抗生物质的筛选必将贻误我国农抗事业的发展，只有

各学科间的科技工作者共同努力才能更快地推进我们农抗事业的发展。

6月，合作发表《井冈霉素组分分析》[杨慧心、戴仙文、沈寅初，抗生素，1981,(02)]。

10月，浏阳霉素通过鉴定。据沈寅初《链霉菌产生的杀虫抗生素》[国外药学（抗生素分册），1984,(01)]一文记载：

> 上海市农药研究所于1979年起在全国各地的多种土样中多次发现了能产生大四环内酯类杀虫素的产生菌，其中在湖南湘潭县采集的土样中分离出来的S_{12}菌株产生的大四环内酯类抗生素经分离提纯发现有类似四活菌素的组分，于1981年10月进行了鉴定，并定名为浏阳霉素，产生菌定名为*Streptomyces var. luyainesis*。经过1981年以来对浏阳霉素进行室内和大田药效试验证明是一种优良的杀螨剂，浏阳霉素C组分对螨的杀虫活性：浓度50ppm杀螨率94.3%；25ppm 90%；12.5ppm 86.14%。

冬天，沈寅初赴北京参加国家科技成果奖评选的答辩。到北京后，沈寅初与其他参加答辩的35个专家住在一个上下铺的大房间里，室外天气寒冷，室内有烧煤球的暖气管子，煤球炉上架着烧水壶。因为下雪，专家们的鞋袜都湿透了，煤气炉旁边挂着专家们的臭袜子，房间里简直是臭气熏天。

本年，"井冈霉素的生产菌种研究"成果获国家科技发明三等奖。

因受"文革"影响，沈寅初参加工作后一直没有晋升职称，甚至连中级职称都还没有，而其他申报人中有不少在"文革"前就评上了副教授或教授，加上答辩时个别专家并不了解井冈霉素，所以仅获得国家科技发明三等奖，沈寅初对这一结果非常失望。多少年以后，当沈寅初自己成为国家奖的评选专家时，他一直告诫自己，即便是相同的学科，其研究领域也相当广泛，对于自己不了解的成果不要随意发表意见。作为专家参与评奖同时也是一个学习的过程，要认真听真正的专家发言，对照评奖条件来审核成果，比如成果的发明点的难度，社会的公认度，成果的经济效益、社会价值。他曾建议国家相关部门，对于评奖和基金项目，若干年后一定要回头看，真正的成果一定要经得起时间的检验，这样可以杜绝科研领域的投机行为甚至是欺诈行为。

本年11月至次年5月，受上海市科委派遣，由日本国际事业协力团东京中心资助，赴日本理化研究所研修半年。

此前，井冈霉素的成功研发及产业化引起了国际同行的关注，适逢中国农药学会理事长王大翔率中国农药代表团到日本访问，在与日本理化研究所学者见里朝正会谈中，见里朝正问及井冈霉素的发明人，团长告知是沈寅初，见里朝正就指定沈寅初到日本理化研究所进修，于是他被列为国家定向的出国进修人员。

见里朝正 | 日本理化研究所研究员，日本农药学会理事长。1945年9月，毕业于东京大学农学院农业化学系，进入日本农林省的国家农业研究所。1966年7月，

成为理化研究所的农药第四实验室主任研究员，次年该实验室更名为微生物药理学实验室，在理化研究所见里朝正致力于研究、教育、学术团体和社会活动长达20年。自1975年日本农药学会成立以来，他担任了该学会杂志的第一任主编。从1979年4月到1981年3月，作为日本农药学会的第三任主席，他致力于该学会的发展。1988年3月从理化研究所退休后，先后在高干穗商科大学、东京农业大学、下川大学、武藏野美术大学等任教，并在理化研究所、全国农业协同组合联合会、三得利有限公司、科研制药有限公司、吴羽化学工业公司、味之素有限公司、明治制果有限公司、坂田电气有限公司以及中国上海市农药研究所等担任顾问。见里朝正在日本农药学界具有很高的地位，他发现了世界上第一个实用化的农用抗生素——灭瘟素，年产量达万吨，代替了污染严重的化学农药有机汞制剂，在农用抗生素研发领域获得了开创性的成就。1962年，以"用抗生素控制瘟疫的研究"获得日本农学会奖，次年获得农林大臣奖。1976年，因"研究开发天然杀虫剂卵磷脂"而获得科技厅长官奖，1978年获得市村奖。

见里朝正热心于促进中日两国农药领域的合作，20世纪80年代初促成了和上海市农药研究所的合作，后又促成了中日两国农药学会的年度交流活动，10余年中他到访中国40余次。因为见里朝正对中日友好关系作出的杰出贡献而获得上海市白玉兰奖，这是上海市政府为表彰那些为上海市经济繁荣、国际关系等作出卓越贡献的外籍友人而设立的一个奖项。

去日本进修，就必须有一定的日语基础，而沈寅初大学期间主修的外语是俄语和英语，日语基础很弱。沈寅初被安排在出国前参加3个月（本年4月至6月）的日语速成训练班，参加这个培训班首先需要进行基础考试，沈寅初通过了考试，顺利进入日语速成训练班。这三个月中，沈寅初刻苦攻读日语，每天早上4:00起床，晚上11:00休息，用沈寅初自己的话说："读日语读得舌头都发麻了。"周末坐公交车往返于家与学校，沈寅初用日语一一默念公交车沿路经过的商店或单位招牌，以此锻炼日语的反应能力，强化单词记忆。经过三个月的苦学，沈寅初以优秀的成绩通过了日语考试，顺利前往日本进修。

自20世纪50年代以来，因化学农药的广泛使用导致了环境污染，促使学术界加快了研究生物源农药（对环境和人畜相对安全）的步伐。在这一大背景下，农用抗生素的研究开发进展较快，而日本在这个领域中处于全球领先地位。20世纪60年代初，日本开发出用于防治稻瘟病的灭瘟素，这是全球第一个大规模生产的农用抗生素，它取代了对环境污染严重的有机汞制剂。之后，日本又开发其他品种的农用抗生素，并将农用抗生素的应用拓展到其他领域[摘自《农用抗生素沿革》，2012年10月8日医学教育网]。

邀请沈寅初前去研修的日本理化研究所，其地位相当于我国的科学院，所长由首相任命，不仅是日本最高级别的研究所，而且是农用抗生素研究领域中全球领先的科研机构。

沈寅初到了日本才知道，导师见里朝正是日本农药学会的理事长，是世界上第一个农用抗生素（灭瘟素）的发明人，当时任日本理化研究所的研究室主任。沈寅初研发井冈霉素的阶段，因为特殊的时代背景，发表相关论文均不署自己的姓名，1975年前后发表的关于井冈霉素的论文基本都署名上海市农药研究所，而且这些论文也都是《微生物学报》等杂志的约稿。因此，日本方面只知道井冈霉素，并不知道井冈霉素的主要发明人是沈寅初。日本理化研究所指定去进修的学者必须是井冈霉素的研发者。因此，上海市科委派沈寅初去日本进修。

见里朝正既是科学家，也擅长社会活动，懂得媒体报道的热点所在，他将预期中的中国科技工作者沈寅初与日本理化研究所合作研发的新农用抗生素成果命名为"熊猫霉素"，并在日本进行了媒体报道。

11月11日，沈寅初顺利抵达日本理化研究所，开始了为期半年的研修。在日本，沈寅初不断拓展研究平台，不仅建立了研究寻找防治粮、棉、油主要病害的抗生素的平台，也建立了寻找杀虫、除草的微生物源的平台。那些可能有研究苗头的微生物源，沈寅初就派人带到日本，利用日本理化研究所的先进设备做进一步的研究，因为当时的上海市农药研究所还不具备这些仪器设备。

沈寅初在日本理化研究所工作了半年，与导师见里朝正建立了深厚的师生情谊。导师在日本享有很高的学术地位，很熟悉这一行业的大学、研究机构与企业，与该领域中的著名学者与企业家都相熟。沈寅初也跟着导师参加一些社会活动，比如参加日本学会，访问大阪大学、神户大学、东京大学等日本的大学，拓宽视野，增加见识，由此结识了很多日本同行学者。

沈寅初在日本理化研究所争分夺秒地进行科学研究。只要导师不带他参加社交活动，沈寅初就沉浸在研究所的实验室里，每天一大早到实验室，深夜11:00之后才返回宿舍，披星戴月、两点一线，把睡眠时间压缩到最少。夫人方仁萍对笔者聊起沈寅初对科学研究的心无旁骛时，举了一个例子：他们2018年到日本旅游，沈寅初故地重游，看到一条河，河岸上樱花成林，景色如画，他突然发现自己曾经住过的宿舍竟然就在河岸边，当时在日本理化研究所研修时，每天早出晚归，完全没有注意到这条优美的樱花道。可见，沈寅初对科研的执着到了痴迷的境界。

1982年 44岁

多菌灵井冈霉素复合制剂试生产，并进行大田示范试验。

浏阳霉素和有机磷农药复配增效显著。据沈寅初《链霉菌产生的杀虫抗生素》[国外药学（抗生素分册），1984,(01)]记载：

> 1982年用复配制剂在上海、浙江、江苏、山东、湖北等地进行了近千亩地的大田药效试验获得了非常满意的结果。对各种虫害防治效果：柑橘红蜘蛛90.08%，梨螨100%，西瓜红蜘蛛96.67%，茄子红蜘蛛91%，棉花红蜘蛛92.5%，苹果红蜘蛛97.6%。
>
> 此外对包括柑橘锈壁虱在内的多种作物的锈壁虱有极好的防治效果。
>
> 复方浏阳霉素以正常浓度的5～10倍使用对棉花、豆类、柑橘苗、西瓜、茄子、苹果、梨、山芋等多种植物均未发现药害。
>
> 浏阳霉素和四活菌素一样对哺乳动物毒性极低，小白鼠口服Ld50＞2500mg/kg。但对水生生物有毒，故不宜在水田使用。
>
> 此外浏阳霉素还对软体动物如蜗牛有效，对鸡球虫病也有效，其他方面的应用尚在积极开发之中。
>
> 经我所一年多的工作，发酵单位有很大提高，可望在不久的将来实现商品化。

2月，参加在日本东京举行的亚洲热带亚热带生物资源开发利用研讨会。

在日本理化研究所工作期间，沈寅初在日本理化研究所实验室的土样中发现了一种新的抗生素——磷氮霉素。这是全世界第一次发现磷氮霉素，它可用于防治水果蔬菜的灰霉病，磷氮霉素在实验室试验时活性极强（0.00004ppm）。沈寅初与日本学者合作发表了相关论文，并申请了专利。这篇文章在当时引起了很大的反响，有很高的下载率和引用率。后来有研究者发现磷氮霉素可以提高人体血小板的浓度，这一发现又引发了磷氮霉素的研究高潮。

这一发现首先是因为沈寅初的勤奋，当然也得益于日本理化研究所先进的设备与高效的科研服务系统。沈寅初谈起在日本进修的半年，对日本科研服务系统的科学与高效很是感慨，他回忆了一个细节：研究所有一个类似药品超市的材料仓库，所有的东西全部按照英文单词的首字母排序，使用极为便利，即便晚上做实验时发现需要的材料没有了，只需要在相应的位置上放上一个小纸条，第二天一早就可以在同一个位置拿到需要的材料。至于试管消毒之类的辅助工作都不需要科研人员自己花时间去做。沈寅初说在日本工作的半年，其成效抵得上在国内两三年的工作。

因为沈寅初勤勉的工作态度和突出的科研能力，尤其是在很短的时间里就发现了一种新的抗生素——磷氮霉素，这种研究的劲头和效率在日本科研人员中也是很少见，所以日本理化研究所，尤其是导师见里朝正热切希望沈寅初结束进修后能在日本继续工作一段时间。见里朝正希望沈寅初在日本继续研究磷氮霉素，等研究成果出来，论文发表，就可以留在日本读博士。

见里朝正甚至跑到中国驻日大使馆，要求挽留沈寅初一段时间，见里朝正的这一请求引起了大使馆工作人员的误会，他们误以为是沈寅初自己不肯回国，因此驳回了见里朝正的请求。见里朝正非常执着，竟然跑到北京的化工部，提出要延长沈寅初在日本的进修时间。而沈寅初本人则坚持认为，自己必须遵守出国时的进修时间规定，半年进修期满，他一定要按时回到祖国。

见里朝正只能退而求其次，希望沈寅初回到中国后，能够与日本理化研究所建立长期合作关系。

5月9日，沈寅初完成日本理化研究所的研修，回到中国，继续在上海市农药研究所从事研究开发工作。他在日本理化研究所进修的半年中以及在后续的合作研究期间所表现出的"探索未知、激情求解"的精神给见里朝正等日本科学家留下深刻的印象，也为中国科学家在海外树立了美好的形象。见里朝正担任日本农药学会理事长期间，建立了中国和日本两国农药学会每年开展学术交流的机制和平台。

在日本理化研究所研修以及其后与日本交流合作过程中，科学研究收获丰硕，也拓展了视野。这一段经历给了沈寅初很多启迪，他后来总是强调一定要赋予科研人员专注搞科研的环境与条件，日本理化研究所不愧是世界一流的研究所。首先，研究所为研究人员提供了最全面和周到的保障，它是个不夜之所，实验室、图书馆等场所24小时开放，研究所里设施材料齐全，研究人员不需要在填写领料单、领实验原料等非研究事宜上耗费时间，自己随时可以去研究所物品仓库取；第二，研究人员不需要为钱担忧，不需要花时间填各种表格申请课题经费；第三，不给研究人员很大压力，不需要经常考核，但每周一安排学术交流会，每次有一个人作交流发言，沈寅初所在的研究室有14个人，轮流作报告，这是一种无形的考核，成果就是文章和专利，专利费95%归研究所，5%由专利获得者支配，用于公务活动的支出；

第四，对研究室负责人没有考核，直到60岁退休（研究室主任上任时年龄不超过50岁）时做个全面总结，并由5人考核组（考核组成员为国际同行专家）对研究室主任及其研究领域进行考核评估。考核组还要讨论这个研究室今后的发展方向。沈寅初后来担任浙江工业大学校长、名誉校长，一再强调学校必须要形成对教授充分尊重的风气，要营造一种尊重知识、尊重学术、尊重教授的氛围。他说他科学研究的黄金时期，没有人对他进行考核，单位不是通过考核强迫他做科研，他完全是凭着一腔热爱、一种自觉与一份责任心，这样才能出成果。

在日本研修的半年间，每月的进修生活费是67000日元，因此在物质生活上必须省吃俭用，要精打细算才能维持，沈寅初讲述了一个细节，他看到日本商店货架上的蛋糕花色品种琳琅满目，但每次路过只能饱饱眼福。当时，国家给公派出国人员的"八大件"免税指标，沈寅初只买了一台电视机。他回国时，买了200条日本的连裤袜以及尼龙围巾，作为送给亲朋好友以及同事们的礼品。

沈寅初回国后，国家专门立项，给予沈寅初课题经费，支持对磷氮霉素的研究。实验发现磷氮霉素毒性太高，半数致死量（Ld50）为19mg/kg，虽然耗费了很长时间研究，但最后未能实现产业化。谈到这些，沈寅初很感慨："科研工作中，经常会有不能实用化的研究成果。"

回国后，根据在日本理化研究所学到的先进经验，沈寅初调整了上海市农药研究所新抗生素的筛选程序，并对农药研究所的科研管理规范化提出了很多合理化建议。

11月1日至4日，参加中日两国农药学会在杭州召开的学术交流会。本次会议是中日两国农药学会建立合作关系以来的第一次会议，由中国农药学会主办。中国农药学会全体理事，农药、植保方面的专家30余人以及日本农药学会的7位专家参加了会议，沈寅初导师见里朝正是日本代表团的团长。在11月1日的大会上，见里朝正作了"农药在粮食生产上的重要性"和"农用抗生素"两个报告。中国农药学会理事长王大翔作了"农药的发展与未来"的报告。本次中日双方就农药发展的战略进行了沟通交流，日本专家分享了农药研究开发的经验和新的思路[王志法《中日农药讨论会》，浙江化工，1983,(01)]。

与会的几位日本学者在做学术报告时，沈寅初担任口译员。沈寅初回忆起当时的情景说，当时的日语水平还不高，20分钟下来满身大汗，好在比较熟悉专业用语，因此完成了工作。

上年，沈寅初受上海市科委派遣，赴日本理化研究所见里朝正所在的实验室研修，身为日本农药学会理事长的见里朝正早就希望与中国化工学会及农药学会建立长久的合作研究关系和学术交流渠道。沈寅初协助见里朝正多次与中国化工学会及农药学会沟通商谈，终于在本年促成中日双方建立每年一次的农药研究学术交流会，由中国和日本轮流主办。从第六届起每年一次的学术交流会扩大至中日韩三国的农药学会。沈寅初在其中做了大量工作。

1983年　45岁

1月，中日双方在北京签订《关于开发热带、亚热带微生物进行农用抗生素共同研究协议》，并于本年在日本签订该协议的《实施细则》。在其后长达10年的合作研究中，沈寅初一直负责中方的课题实施工作。日方该项目的负责人为日本理化研究所抗生素研究室主任矶野清。

上年5月，沈寅初回国后，导师见里朝正亲自来到中国，希望能够建立农用抗生素研究开发的长期合作关系。见里朝正先是和化工部沟通，继而和国家科委协商。一开始，上海市有关部门没有同意联合研究的提议。见里朝正非常执着，多次跑到中国，但未能说服上海市有关部门，他就直接跑到国家科委，国家科委最终同意开展这项合作。微生物领域的国际合作关乎国家微生物资源，而微生物资源是国家的重大问题，所以该领域的合作需要得到科学院的同意，起初科学院相关部门的负责人也不同意，他们否定该项目的主要理由是我们可以自主开发微生物资源，不能与国外联合开发。沈寅初则很希望促成这项合作，因为中外合作有利于推进我国农用微生物的研究与开发事业，他据理力争，对科学院相关人员说："石油都已经开始搞中外联合开发，石油也是非常重要的资源。目前微生物资源的利与弊还不是非常清楚，搞联合开发，可以分担风险，共享成功。符合国家对外开放的基本国策。"

国家科委原则上同意合作，于是就建议沈寅初和科学院的相关人员坐下来一起讨论协商，如果能达成一致，国家科委就同意。沈寅初到国家科委，没想到科学院的相关人员并没有到现场，国家科委国际合作处的负责人就当场拍了板，同意与日本理化研究所建立国际合作关系，由此"签订了我国改革开放以来第一个实质性的国际科技合作协议"[《中国科学报》1997年7月21日第1版《为生命增添更多的绿色——记上海市农药研究所沈寅初教授》]。根据国家科委与日本科学技术厅签订的科技协定，1983年1月中国化工部和日本科学技术厅签署了一项为期8年的《综合开发热带、亚热带微生物进行农用抗生素共同研究的实施协议》，中日双方各自指定上海市农药研究所与日本理化研究所为执行单位。之后，签订了协议的《实施细则》，细则涉及共同研究过程中的研究经费、人员互派、分工范围、专利申请、成果归属与分享等各个方面。

在签订协议及其细则的过程中，沈寅初为我国化工部外事局、国家科委、上海市科委、上海化工局等上级部门和上海市农药研究所提供了不少可供参考的建议，并具体负责这项工作。作为上海市农药研究所在中日双方合作项目中的负责人，沈寅初为此投入了很多精力，比如签订合作协议、人员互访事宜、制定合作规划、构建合作平台等等，合作协议从大的框架到小的细节、从人员到经费等等均周密详尽，比如中日双方每年要互派几个人，派出的人经费和差旅费由哪方承担，经费如何分配，日本每年要支付给中方多少研究经费，双方研发出的成果如何申请专利，专利如何命名，专利费如何缴纳，国家科委认为这是第一份如此周密详尽的中外科技合作协议。

20世纪80年代初，沈寅初的团队已经形成了两个研究组，一个致力于基础研究，即创新农药的研究；另一个进行产业化工程研究，即在创新农药研究基础上，也就是将在基础研究中发现的有产业化价值的新农药单列为一个课题，进入产业化开发团队。团队一方面不断在土壤中寻找新的微生物源，找到以后就进入新农药开发的各种程序，鉴别其活性、有效性、安全性以及对环境的影响；另一方面要进行提高生产效率、降低生产成本等工程化的研究开发。沈寅初在课题组建立了很科学的管理机制，既兼顾公平，又根据每个人的特长，调动大家的积极性，从事基础创新研究的人员可以去日本理化研究所，进行合作研究；而从事工程研究开发的人员则可以从横向课题的收益等方面获益。

在和日本理化研究所合作的过程中，沈寅初充分利用对方的力量和先进设备推动上海市农药研究所的抗生素农药研发工作。有的项目如果直觉各项条件都比较好，就留在上海市农药研究所，直接进入自己的开发团队；有的项目以当时上海市农药研究所的条件研究起来难度实在太大，需要利用日本理化研究所的力量与设备，就派人带到日本做进一步研究。

基础研究中的创新研究不成功的概率很高，如果没有强大的经济支撑，创新研究很难继续下去。对于沈寅初团队而言，是井冈霉素为其后来的创新研究奠定了基础，因为井冈霉素的研发，沈寅初获得了很高的科研影响力和信誉度，国家对沈寅初团队的支持力度很大，但国家的财力毕竟是有限的，团队也不可能一直向国家要经费、等支持。所以当时与日本理化研究所开展合作研究，就相当于让日本承担了一大半农药创新环节的失败风险。沈寅初始终掌握着与日本理化研究所合作研究的主动权，有产业化价值的新农药则在国内进行后续的研发。

5月，合作发表《杀虫抗生素417研究》[杨慧心、陈祥健、尚家来、张旗、沈寅初，抗生素，1983,(02)]。该文介绍了色褐链霉菌417的发现、分类鉴定及所产抗生素的分离鉴定。该文记载：

> 我们在筛选新杀虫抗生素及拟除虫菊酯类杀虫物质时，发现一些菌株产生的代谢产物能和除虫菊酯的特性化学反应试剂——HgO-硫酸试剂作用，经杀虫活性测定，具有杀虫活性的发酵液中很多含有杀粉蝶素（piericidin）抗生素，其中从江苏省吴江县采集的土样中分离得到的417菌株和已经报道的杀粉蝶素（piericidin）产生菌不同，经中国科学院微生物研究所阎逊初先

生协助鉴定，定名为色褐链霉菌417（*Streptomyces chromotuscus* 417）。

1984年 46岁

晋升为副总工程师。

多菌灵井冈霉素复合制剂实现工业化生产。

自1974年至本年的10年间，我国大面积应用井冈霉素，取得显著的社会效益与经济效益。据梁帝元的《我国大面积推广应用井冈霉素防治水稻纹枯病经济效益显著》[微生物学杂志，1986,(01)]一文报道：

> （井冈霉素）近几年已在稻区大规模地推广应用，经济效益显著。据浙江、江苏、上海、湖南、湖北、江西、福建、广东、四川、安徽等十省、市统计，从1974—1984共使用井冈霉素（5万单位）近6万吨，防治水稻纹枯病6亿多亩，挽回稻谷200多亿斤。

据农业部统计，仅1982年至1984年间，井冈霉素的经济效益就达24亿元[见1997年7月21日《中国科学报》第1版《为生命增添更多的绿色——记上海市农药研究所沈寅初教授》（记者　鲁生　通讯员　江陵）]。

湖北省天门县农业局在蚕豆赤斑病的重病区进行多菌灵、托布津、井冈霉素等药剂的大田示范试验。试验表明，5万单位井冈霉素500倍可增产28.4%[韦成明《药剂防治蚕豆赤斑病试验总结》，农药，1984,(03)]。

3月1日至12日，赴日本进行为期2周的关于促进中日双方综合开发农用抗生素共同研究的访问。在日期间，访问了日本科学技术厅、科学振兴局，参观了理化研究所与农药相关的研究室和菌种保藏中心，调研了科研化学制药株式会社、静冈发酵工场、制药工场、中央研究所、组合化学株式会社生物研究所、筑波科学城农林水产省研究基地。双方就如何推进农用抗生素的联合研究进行了交流，自从1983年1月中国化工部与日本科技厅正式签订联合研究协议以来，上海市农药研究所将历年来结存的31支放线菌由我方科研人员分2批带到理化研究所进行联合研究，第一批的11支研究工作至此基本结束，其中120菌株所产生的抗生素经分离提纯鉴定初步判断是一种新抗生素，定名为pandamycin（熊猫霉素），在200ppm时对灰霉病及炭疽病有防治效果；本年1月带到日本的第二批20支菌种中有8支确定为已知物质，建议终止研究，另有4支初步认为是已知物质，尚待重复验证，另有8支需进一步分离提纯鉴定。

科研化学制药株式会社是医药制造公司，同时生产农用抗生素和畜用抗生素，是理化研究所科研经费的主要资助者之一，至本年3月底日本政府提供的中日联合研究经费将到期，4月起由科研化学制药株式会社提供，而且见里朝正将于次年退休，退休后将担任科研化学制药株式会社及味之素等公司的顾问。因此中日双方就与科研化学制药株式会社建立技术协作关系事宜进行了交流与协商。

3月，发表《链霉菌产生的杀虫抗生素》[独著，国外药学（抗生素分册），1984,(01)]，详尽地介绍了一些从链霉菌中筛选出的杀虫活性很强的已经投入实际应用的物质：杀粉蝶素（piericidin）、avermectin（Ave）、melbemycins（B-41）、金链菌素（aureothin）、聚醚类抗生素等。在谈到"目前为止已经从放线菌的代谢产物中找到了很多杀虫活性物质，但已实用化的为数甚少"这一研究现象时，沈寅初指出：

> 当然研究的目的并不尽是实用化，探索未知依然是研究者的目标之一，因此广泛地继续筛选，不仅从放线菌，还可从各种昆虫致病菌种筛选有效物质，在大量探索未知中必将有更多可供实用化的品种出现。

3月，合作翻译发表日本武田药品公司著的《有效霉素的化学》[沈寅初、杨慧心，农药译丛，1984,(01)]。

6月，合作发表《生物活性物质的化学分组筛选法简报》[杨慧心、陈祥健、张旗、沈寅初，抗生素，1984,(03)]，上海市农药研究所"根据具有特殊化学结构的物质的理化性质，对微生物代谢产物进行分组筛选，大大提高了筛选灵敏度和筛选效率"。研究组"从微生物中寻找能产生除虫菊的菌株时，发现通过此化学反应筛选模型得到的菌株均为杀粉蝶素（piericidin）产生菌，其中链霉菌（*Streptomyces*）417菌株和文献报道的杀粉蝶素产生菌有很大差异"。

8月，翻译发表日本明治制果公司、宇都宫大学的

《怎样发现新除草抗生素》[Yasuharu Sekizawa、Tetsuo Takematsu、沈寅初，农药译丛，1984,(04)]，将几种具有除草活性的抗生素推介到中国。

12月，翻译发表日本理化研究所微生物药理研究室主任见里朝正的《新农药的开发方法》[见里朝正、沈寅初，农药译丛，1984,(06)]，将日本新农药开发的领域及方法推介到中国。

1985年 47岁

获"上海市有突出贡献的中青年科学家"称号。

被聘为上海市农药研究所总工程师。

化工部依托上海市农药研究所成立化工部上海生物化学工程研究中心，沈寅初担任中心第一任主任。

"微生物法生产丙烯酰胺"获得科技部中国生物技术发展中心设立的生物技术在化工领域中应用研究专项的立项，为"七五"（1986—1990年）国家科技攻关计划项目。

3月12日至28日，赴日本访问，与日本理化研究所就共同开发农用抗生素的具体实施细节进行磋商。

4月，发表《井冈霉素应用和开发概况》[独著，生物防治通报，1985,(01)]。文章概述了井冈霉素的菌种选育、发酵条件、理化性质、防治应用、经济效益、对其他病害的防治等方面的研究。其经济效益显著：

自1975年批量生产以来，在全国各水稻区应用效果十分显著。防病增产的经济效益，据广东省农科院等单位大面积测产考察，用井冈霉素防治水稻纹枯病，平均亩产比对照增产稻谷73斤。以1983年为例，全国生产井冈霉素8万吨，可供8000万亩稻田用药2次，如以5000万亩稻田获得防治效果计，可挽回稻谷损失36.5亿斤。

井冈霉素还可用于其他病害的防治：

（1）麦类纹枯病：据江苏镇江地区农科所防治小麦纹枯病试验，每亩用1%的井冈霉素制剂1～1.5市斤❶，效果很好。在小麦纹枯病、赤霉病流行时期，可使用"多井合剂（多菌灵+井冈霉素）"。

（2）棉花立枯病：用井冈霉素液剂灌土、拌土或拌种等方式防治。灌土浓度为50～100ppm，每平方米灌药3立升❷；拌种为每10克种子用井冈霉素0.2克，均能得到较好的效果。

此外，据报道井冈霉素还可用于防治水稻小球菌、稻曲病、黄瓜粉霉病、番茄晚疫病、番茄黑斑病、西瓜蔓刈病、西瓜炭疽病等多种病害。

据此后几年的文献资料，井冈霉素还可用于防治玉米纹枯病、柑橘脚腐病、苹果树腐烂病等。如1991年《农药》杂志刊登了一则报道，湖北省五峰县植保站在1989—1990年就玉米纹枯病的防治，在该县长乐坪镇对井冈霉素等五种药剂进行药效对比试验，得出三点结

---

❶ 1市斤＝0.5千克。

❷ 1立升＝1升。

论："1. 百分之五的井冈霉素可溶性粉剂，每亩150克，孕穗初期喷药，防效为82.5%，增产21.26%，防效较理想。2. 使用井冈霉素防治，经济效益显著。每亩用药150克，药费仅2.00元，可增产玉米89公斤，价值53.4元（0.60元/公斤），投产比1：26.7。3. 井冈霉素无残毒和污染问题，易于推广。"因此该植保站认为"在玉米纹枯病大面积防治中，可以推广井冈霉素"[王命炯、罗文芬《防治玉米纹枯病的药剂筛选简报》，农药，1991,(06)]。四川岳池县植保植检站伍佐君报道，1989—1990年试验结果显示用井冈霉素防治柑橘脚腐病效果明显，而且价格低[伍佐君《井冈霉素防治柑橘脚腐病效果好》，中国柑橘，1992,(04)]。1992年，河北省藁城市综合职业技术学校经过田间试验，证明井冈霉素对苹果树腐烂病有较好的治疗效果，而且愈合较快[柴全喜、何新朝、张娟《不同药剂对苹果树腐烂病田间治疗试验》，北方果树，1993,(01)]。

4月，合作发表《生物工程与农药学科》[沈寅初、朱道荃，现代化工，1985,(03)]，文章提出：

> 近期工业研究开发的重点应是，充分利用天然的微生物资源，首先建立现代化的发酵工程，进一步利用一切生物工程手段，提高现有农药的生产水平，尽快取得经济效益。同时筛选新的生物活性物种，通过酶工程，在难于进行的化学反应和难以治理的三废中取得效果。逐步建立基因工程研究。

化工部上海生物化学工程研究中心成立，沈寅初担任中心主任。

20世纪70年代末80年代初，生物技术逐渐成为国际科学研究的前沿领域，我国也开始重视生物技术的研究与产业化。1983年11月，科技部成立了中国生物技术发展中心。1985年，化工部有关领导希望将生物技术应用于化工领域，首先就想到了沈寅初团队，但上海市农药研究所并不直接隶属于化工部。沈阳化工研究院、四川成都的晨光化工研究院、上海化工研究院等化工部所属的研究院规模都非常大，总研究人员以万计，但是化工部直属研究院中均没有搞生物技术的部门。而20世纪80年代初，沈寅初已经涉足生物化工领域，加上通过中日科研合作项目，化工部相关负责人对沈寅初在生物化工领域的研发水平有了较高的信任，因此化工部经过讨论决定成立化工部上海生物化学工程研究中心，由化工部、上海市政府、上海市农药研究所三方共建。沈寅初担任中心第一任主任。

9月，沈寅初撰成长篇报告《化学工业与生物技术》，该文详细概述了世界各国生物技术的应用发展及其前景，分析了采用生物技术改造化学工业的必要性与可能性，介绍了生物技术在化学工业中的8个应用实例：总溶剂，有机酸，生物农药，氨基酸，酶工程在化学生产中的应用，化学原料及中间体的合成，饲料添加剂，废水处理中的应用。沈寅初认为以遗传工程为核心的现代生物技术为我们展示了更为美好的前景，我国化学工业要迎接新的技术革命。报告对我国化工系统发展生物技术提出了5条建议：1.充分利用化学和生物两个学科的血缘关系，综合性地运用化学、化工、生物学、工程学和微电子控制技术。以发酵工程为基础，结合细胞工程和酶工程，改革传统工艺，发展新的产品，形成新的产业，开拓新的市场。2.采取近远期相结合的技术方针，当前重点放在采用现代生物技术改造传统产品或研究开发周期较短、实现工业化可能性较大的项目。3.拟订发展生物技术政策，择优选点建立生物技术的研究开发基地，集中必要的科技力量，改善和充实科研仪器装备。组织安排一批密切结合生产实际、面向经济建设的课题，在工艺技术和化学工程上有所突破，为化工科技界树立信心。4.加强国内外科技协作和交流，引进先进技术和人才。5.可首先在有机溶剂和有机酸、生物农药、饲料添加剂、高分子材料或单体和环境保护等化工行业中，有计划地组织进行。

　　沈寅初还起草了《化工领域生物技术发展政策》，给出了8条富于很强建设性的建议：1.采用现代生物技术改造传统生物化工产业，提高生产水平和经济效益。2.利用现代生物技术大力研究开发化工新产业。3.大力加强固定化生物催化剂（固定化酶和固定化微生物）的研究开发。4.充分利用现代化技术，加强生物反应器及其配套技术的研究开发，加速生物技术科研成果的产业化，提高生产技术水平。5.开展生物技术在化工三废治理中的研究和应用。6.建设和加强化工系统的生物技术研究开发体系。7. 开展与国外的科技合作，引进适用的先进技术。8. 加强与国内有关部门的横向协作。

沈寅初将化工部拟建设上海生物化学工程研究中心之事告知导师见里朝正，见里朝正先生提议沈寅初申报日本外务省中日交流项目的一项资助计划，这一计划用于资助中日交流项目中的中国赴日本留学进修人员回国后的科研工作，每年资助1人，受资助者则由我国相关部门进行遴选。沈寅初将这一信息告知化工部，化工部上报了沈寅初的材料，当时还有其他部也提名了人选。沈寅初是井冈霉素的发明者，此前在日本理化研究所研修的半年中就发现一个新抗生素——磷氮霉素，而且回国后长时间致力于中日科研合作研究，成效显著，无可争议地成为资助计划的第一人选。于是我国将沈寅初作为资助计划的人选报到日本，见里朝正先生在日本有很大的影响力，资助计划很快就得以通过，日方无偿资助化工部上海生物化学工程研究中心总价4000万日元的仪器设备。

沈寅初敏感地意识到自己的研究不能囿于生物农药领域，必须进军生物化工领域，致力于生物化工技术的研究与开发。正是这种对科学研究的前瞻性思维、对行业前沿的精准把握和对创新的执着追求，使得沈寅初在后来的科研历程中取得了一系列生物化工领域的重大成就。

生物技术在化工领域中属于前沿研究，要进入生物化工这个领域，首先就要寻找突破口，沈寅初认为这个突破口就是社会的重大需求，于是通过查阅资料、企业调研等寻找这种需求。他去上海金山石化调研，在与一个在金山石化工作的复旦大学校友探讨工作中获知，金山石化生产腈纶需要一种叫做丙烯腈的原料。丙烯腈是一种石油化工产品，当时我国已经具有丙烯腈的化学合成技术。而万吨级的丙烯腈合成过程会产生废水，废水如何处理，一直是困扰着金山石化的一个难题。

沈寅初查阅文献后发现丙烯腈在当时是一个热点，研究者众多。丙烯腈是一个有毒有害的物质，在废水处理过程中一定要把残留的丙烯腈分解掉，这就必须用一种微生物。寻找到一种能分解丙烯腈的微生物，是解决残留丙烯腈的关键，分解丙烯腈的产物丙烯酰胺又是另一种重要的化工原料。

以丙烯腈作为原料，通过生物技术的方法，用微生物转换产生丙烯酰胺，这就是生物催化技术，这个酶就是水合酶。沈寅初查阅了大量文献，并撰成文献综述，供课题组成员学习。法国学者早在1952年就发现了可以把丙烯腈变成丙烯酰胺的水合酶，这个科学发现一直没有得到应用。日本学者同时也在做这项研究。事实上，很多微生物都能产生丙烯腈水合酶，找到这个酶并不难，就像淀粉酶每个人都有，找到能产淀粉酶的微生物并不难，但是要找到一个能够生产成产品的微生物就不容易，因为产淀粉酶的微生物产酶量有多有少、有质量好坏等差异。丙烯腈水合酶也有好多种，日本研究者已经在土样中找到一种微生物，能够生产丙烯酰胺，把丙烯腈变成丙烯酰胺，当时，日本的这个研究正在进行中。

沈寅初首先要估量丙烯酰胺这个产品的价值。他再度翻阅很多文献，获知丙烯酰胺是工业中一个大吨位的产品，一个丙烯酰胺的分子量是71，聚合到2000万级的聚合物用途广泛，主要用于油田的三次采油阶段。在一次采油阶段，石油可以依靠油井内部的压力喷出地面；二次采油阶段，是通过向油层中注气或注水提高压力来采油；当二次采油方法提高原油采收率的能力受到限制时，就需要通过物理、化学和生物等技术，提高原油采收率，这就是三次采油。我国多数已经开发的油田正趋老化，三次采油技术的运用与开发是保持我国原油稳产的战略需要。而聚丙烯酰胺能够改变原油的黏度，降低被岩石吸附的强度，提高原油的流动能力，从而提升原油产量，因此，油田的三次采油阶段大量使用到聚丙烯酰胺。聚丙烯酰胺还可以应用于环保等其他领域，比如可以用于污水处理，污水中加入聚丙烯酰胺就可以把污水中污染物聚凝起来并沉下去。

沈寅初立即着手调研国内丙烯酰胺的生产与应用情况，得知井冈霉素的一个协作厂江苏昆山生化厂附近有一个化工厂生产丙烯酰胺，该厂用的是化学方法，就是用硫酸或金属催化剂水解而制得。化学法丙烯酰胺含有微量铜离子和其他的金属离子，产品纯度不高，转化率低，环境污染严重，成本也高，所以该厂丙烯酰胺的年产量只有1000吨左右。

在实地调研的同时，沈寅初继续查阅文献，全面了解国际上丙烯酰胺的生产情况。"1964年美国氰氨公司首先开发了硫酸水合法生产丙烯酰胺的技术，实现了丙烯酰胺的工业化生产，在此后的近20年中一直是丙烯酰胺的唯一工业化生产方法。由于它工艺复杂，产品精制困难，环境污染严重，人们在不断寻找新的方法。20世纪70年代初日本和美国同时开发了以铜为主的各类催化水合法生产丙烯酰胺，由于它和硫酸法相比有很多优越性，纯度和转化率都有很大的提高，环境污染少，成本低，在70年代中期基本取代了硫酸水合法。"最早发现丙烯腈水合酶的是法国研究者Galzy及其研究组，他们在1952年发现了一种能催化腈水解的微生物*Brev. bacterium* R312。还有其他很多文章都称发现的微生物能产生这种酶，但是都未能产业化。1985年，日本日东公司采用日本京都大学山田研究室的成果，在横滨建成世界上第一个微生物法生产丙烯酰胺的工业性试验装置，年产4000吨，使丙烯酰胺的工业化生产技术更加先进[沈寅初、张国凡、韩建生《微生物法生产丙烯酰胺》，工业微生物，1994,(02)]。

通过大量的调研和查阅文献工作，沈寅初心中更加坚定地将以生物技术的方法生产丙烯酰胺作为接下来的主攻方向，理由是：一、与传统的方法相比，微生物法生产丙烯酰胺有很多优点，"在整个生产工艺中微生物法可省去丙烯腈回收工段和铜分离工段，而且反应在常温、常压条件下进行，降低了能耗，提高了生产过程的安全性，丙烯腈的转化率可高达99.9%，产品纯度高。据估计，新建一个丙烯酰胺的工业性生产装置的设备费用仅为化学合成法的1/3。"[沈寅初、张国凡、韩建生《微生物法生产丙烯酰胺》，工业微生物，1994,(02)]二、我国丙烯酰胺实际需要量至少30万吨，而全国丙烯酰胺的厂家都是年产1000吨上下规模的小厂，总产量只有12000吨左右，都是用这种落后的化学方法生产的，缺口部分则要靠进口。三、当时日本虽然已经开发了以生物技术生产丙烯酰胺的方法，但尚在中试阶段，年产尚未达到万吨级。

沈寅初时常说自己是一个急性子，他一旦寻找到正确的方向，就会开足马力快速向目标推进。他将自己调研与查阅文献的收获以及自己的分析总结撰写成开题报告，发给团队的每个成员。此时，沈寅初已经与科技部、化工部中相关部门的负责人建立了很好的互相信任关系，在与科技部中国生物技术发展中心以及化工部科技局的负责人进行沟通后，沈寅初提交了可行性报告。

沈寅初的可行性报告恰逢其时，因为当时的生物化工技术属于前沿研究，科技部主管全国生物技术研发的中国生物技术发展中心设立了生物技术在化工领域中的应用研究专项，沈寅初的丙烯酰胺课题就入选了专项，当时入选的共有4个项目，这4个项目均为"七五"（1986—1990年）国家科技攻关计划项目。这个重大课题是沈寅初科研历程中唯一的一项没有预试验成果，而是仅凭一个可行性报告立项的，当然沈寅初此前所取得的井冈霉素等成果及其带来的影响力和科研信誉是拿到这项课题的重要保证。因为沈寅初负责的课题较多，同时为了调动研究团队的积极性，申报这个课题时，沈寅初让研究组的一个成员作为课题主持人，但科技部生物技术发展中心将材料退了回来，指定要沈寅初本人主持这项课题。

"七五"国家科技攻关计划项目设立的宗旨是为国家经济建设与发展提供新技术、新产品、新设备，实施时间为1986—1990年。

本年，赴日本参加联合开发农用抗生素工作讨论会。

1986年 48岁

筛选到一株高活性的丙烯腈水合酶产生菌株，编号86-163。

与日本理化研究所合作研究出了变构霉素的结构。

"七五"国家科技攻关计划项目立项后，沈寅初制定了《丙烯酰胺研究方案》，该方案非常详尽地说明了包括土样采集、菌种分离、纯种培养、发酵、酶活力测定、有效菌种的分类鉴定等环节在内的步骤与方法。

首先必须寻找到能产生这种酶的微生物，于是沈寅初及其研究室成员开始到全国各地采集土样，土样必须在较少受人的因素干扰的地方即人烟稀少的地方甚至是深山老林采集，有一段时间课题组临时聘请既喜欢旅游又愿意帮助采集土样的人员，他们采集到土样后，给他们报销差旅费。

采集来的土样中有很多微生物，常规操作是用无菌水稀释1000万倍，不然就是各种各样的微生物挤在一起，根本分不清。问题是在这么多的微生物里很难分辨出哪一个微生物能够产生这种酶，因此沈寅初设计了特有的两个实验来筛选，大大提高了效率。第一个是在培养基上加入丙烯腈，土样中的菌很多，绝大部分在这个培养基里活不下来，因此用这个办法可以找出能够在丙烯腈里活下来的微生物。第二个就是要找到能在丙烯腈里存活但不能吃丙烯腈的微生物。沈寅初做了两个培养基，一个是常规的有葡萄糖的营养培养基，另一个则是不放葡萄糖只放丙烯腈的培养基。把上一步骤中在丙烯腈里活着的微生物放在这两个培养基当中，如果在只有丙烯腈没有葡萄糖的培养基里能够存活的菌，说明它要吃丙烯腈，就予以排除。沈寅初通过这个方法找到只吃葡萄糖不吃丙烯腈却能够在丙烯腈环境里活下来的微生物。在此后的科研与教育工作中，沈寅初经常分享这一筛选方法，他来到浙江工业大学工作后指导的第一个博士生、2017年当选中国工程院院士的郑裕国，在实验中就经常设计这种筛选方法来研究有用微生物。

本年底，课题组在泰山脚下采集到的土样中，筛选到一株高活性的丙烯腈水合酶产生菌株（编号为163），它具有活性大、转化速度快、效率高的特点，因为是在1986年找到的，这个菌种的编号为86-163，方仁萍所在的三人小组对86-163号菌株进行了分类鉴定。方仁萍在研究中还发现其中有一个共生菌，必须将两个菌分开，处理掉其中的一个菌，使其成为纯种菌。经过课题组的分离鉴定，该菌株属诺卡氏菌，证明该菌株能产生可催化丙烯腈水合成丙烯酰胺的腈水合酶。

这一菌种的发现，为我国用生物技术生产丙烯酰胺打下了基础。

本年前后，沈寅初与日本理化研究所合作研究出了变构霉素的结构。20世纪60年代末，上海市农药研究所让沈寅初及其农抗组开展防治粮、棉、油（油菜）病虫害的农用抗生素研究，方仁萍等在从江苏采集到的土样中筛选到一种能有效防治油菜菌核病的抗生素，菌核病是影响油菜产量的主要病害，因为没有研究出它的结构，就给它一个代号1223，这也是农抗组发现的第一个抗生素。油菜开花前（通常在3月份），方仁萍等研究人员就要到油菜田开展试验工作，一直到6月份油菜收割，要查清油菜秆里有多少菌核病的病菌，为此，方仁萍经常要出差，有时候一出差就是两三个月。在油菜田里试验时取得很好的效果，但始终研究不出它的结构。后来和日本理化研究所开展科研合作后，沈寅初派农药研究所的赴日研究人员将其带到日本，利用日本实验室的先进实验条件研究它的化学结构，可是始终没有取得突破。沈寅初修改其代号，再次带到日本，进行实验，依然没有得出结论。沈寅初再次修改代号，第三次派人将其带到日本，进行研究，最后终于搞清楚这种抗生素的化学结构，因为其化学结构不断在发生变化，所以日本学者将其命名为"变构霉素"。获得研究成果后，沈寅初与日本理化研究所学者小林由美子、矶野清合作发表了学术论文《变构霉素》[The J. Antibiot，1987,40(6)]，引起了日本学界的重视。后来，又与日本学者小林由美子、矶野清等合作发表了《变构菌素》[The J. Antibiot，1989,42(1)]。

后续的研究证明变构霉素还具有抗肿瘤的活性、抗排异的功能以及其他的药用价值，所以在日本引发研究的热潮。变构霉素结构确定后，由日本的株式会社生产试剂，中方获得了一定的专利费。说起变构霉素的研究过程，沈寅初说："当时把微生物带到日本，手续非常地繁琐，要进行各种申报，需要极大的耐心和韧劲才能坚持到底。"

之后，国家有关部门又将变构霉素有关的后续研发课题交给沈寅初课题组进行研究。

6月，被评为上海市化工局优秀党员。上海市化工局党委对沈寅初的评价是："一、多年努力，成绩显著。该同志从事农用抗生素研究已廿余年，不仅发明了我国第一个农用抗生素——井冈霉素，同时，建立了反映农用抗生素研究规律的农用抗生素的研究体系，为发展我国农用抗生素科学事业奠定了基础。二、为提高发展农药新水平而努力工作。近年来，该同志除领导科学实验外，以更大的精力开拓国际科技合作之路，已取得一批有国际影响的科技成果，为我所在国际上赢得了荣誉，最近，美、英、法等国家主动表示合作的意向。三、努力培养青年一代。对青年同志的培养关系到我们的事业是否后继有人的问题，近年来，他花了大量精力，关心、培养青年同志的成长，'大胆放手、精心辅导；身教言传，严格要求'是他提出的措施。四、以身作则、先人后己。该同志的工作一心为公，置家庭于不顾，他住房条件很差，但从不向组织伸手，而关心其他住房困难的同志。"

7月29日至31日，参加由中国科学院主办、日本三得利股份有限公司资助的在北京举行的"中日应用微生物学术讨论会"。以日本东京大学名誉教授有马启为团长的日本代表团一行22人和以中国科学院上海植物生理研究所研究员焦瑞身为团长的中国代表团80人参加了会议，15位日本学者和12位中国学者在会上作了学术报告。日本东京农业大学教授、日本农药学会日中农药学术交流委员会主任见里朝正参加了会议，并作了《微生物用于杀虫》的学术报告[见居乃琥《1986年中日国际应用微生物学学术讨论会简介》，食品与发酵工业，1986,(06)]。

11月7日至9日，参加在北京举行的第三届中日农药学术交流会。本次会议由中国化工学会主办，中日双方共有140余位农药研究领域的专家和企业界人士参加了会议，中国农药学会副理事长祁林森主持会议，中国农药学会副理事长李正名、日本农药学会日中农药学术交流委员会主任见里朝正致辞[见赵华君《第三届中日农药学术交流会在京召开》，浙江化工，1987,(01)]。

12月13日至22日及次年1月6日至2月1日，参加化工部有关局、上海化工研究院和上海市农药研究所等单位人员组成的生物化工技术考察组，先后赴英国、日本，对两国化工企业中的生物技术开发和研究状况进行考察，了解了英、日两国生物化工技术的发展现状与趋势。考察组访问了英国Sittingbourne研究中心（简称SRC）、英国Sturge生物化学公司、日本理化研究所、日本大阪大学、日本筑波微生物工业研究所、日本协和发酵株式会社、日本三得利研究中心、日本日东化学株式会社、日本钟渊公司等大学、科研单位及工厂企业[陈大昌《英、日生物化工技术考察简介》，化工进展，1987,(06)]。沈寅初在此次出国总结中写道："感到意外的是：在最近两年来，英国、日本的化工企业研究生物技术也在花很大的力气，而且研究领域很宽，在考察过程中努力吸收国外在科研方向和具体技术关键的知识，结合自己的科研工作不仅完成了预定的考察任务，还对自己和本所科研工作的方向、选题及攻关项目中关键技术的解决，都有很大收益。"

本年，担任第一届中国化工学会生物化工专业委员会第二任轮值主任。中国化工学会生物化工专业委员会成立于1985年，第一届挂靠单位是上海市农药研究所，每届四年，每年由一位专家担任轮值主任。

1987年 49岁

晋升为高级工程师。

找到了高活性的丙烯腈水合酶产生菌株，课题组就已经完成了"七五"国家科技攻关项目。沈寅初开始着手丙烯酰胺的产业化研究，并计划将这个项目单列为"八五"国家科技攻关计划。"八五"攻关计划的目标就是要实现产业化，而产业化的硬指标是必须通过中试，1986—1990年这几年，要为这一目标做好充分的准备。于是，沈寅初团队开始进行"八五"攻关计划的预备性试验，在实验室里设定的指标是要达到能产业化的最低生产成本线，能够到工厂里去做中试。因此，沈寅初团队在找到菌种后，围绕提高这株微生物菌株的产酶水平、降低生产成本，做了大量研究工作。

4月，合作翻译出版日本学者见里朝正《植物保护的新领域》（见里朝正著，梁来荣、沈寅初翻译，广东高等教育出版社出版）。

5月，合作发表《生物技术在化学工业中的应用》一文[沈寅初、朱道荃，上海化工，1987,(02)]。该文介绍现代生物技术在化学工业中的主要应用领域以及可供我国借鉴的实例，文章在介绍应用生物技术的化工工艺基础上，对我国化学工业发展生物技术提出了建设性的策略。

12月5日至19日，应Du Pont Company（杜邦公司）的邀请，与上海化工局副局长秦炳权、上海市农药研究所所长朱道荃以及副总工程师邓传铮一同赴美参观访问。沈寅初等参加了在杜邦公司总部所在地特拉华州惠明顿市举行的工作会议，会议讨论拟定了1988年度合作研究计划，共商了新生物活性物质的合作研究与开发，参观了杜邦集团农药合成研究室和药效筛选装置，参观了新建的生物技术研究中心。沈寅初在工作会议上介绍了上海市农药研究所的生物农药研究工作、历年开发成功的农用抗生素品种以及近年在生物化工方面的研究进展。还访问了生产农药的Rohm Haas（罗姆-哈斯）公司、加州大学洛杉矶分校和河边分校以及加州水果保鲜研究和保鲜剂供应中心，与上述机构进行了专业性的学术交流和学术讨论。这是沈寅初第一次去美国，美国之行拓展了视野，他亲眼见到美国是如何研究生产农药的，杜邦公司的研究院令沈寅初等大开眼界，其中有一幢楼叫"未来科技研究部"，研究人员可以在这个部研究一些异想天开的设想。本次赴美访问开启了杜邦在上海成立生产农药合资公司的合作谈判。

此次访问杜邦集团的缘起是日本《朝日新闻》等媒体报道了见里朝正推动的上海市农药研究所与日本理化研究所合作的消息，上海市农药研究所在欧美国家有了影响力。美国杜邦公司农化部经理是美籍华人刘元虎，曾于1985年11月访问上海市农药研究所，希望能在相关领域开展合作，并邀请上海市农药研究所赴美国杜邦公司访问。

本年，参加在日本举行的中日联合开发农用抗生素工作讨论会。

1988年 50岁

完成7051杀虫素的小试研究任务，并证明其与美国

Merck公司开发的avermectin（阿维菌素）为同一结构的化合物。

20世纪70年代初，沈寅初在阅读文献过程中了解三共株式会社发表的一项关于milbemycin（米尔贝霉素）的专利，从中得到启发，萌发了研发杀虫抗生素的念头。此时，沈寅初的研究室已经拥有杀虫、杀菌、除草等多个实验平台，他选择螨虫为对象，因为螨虫为害很多农作物，当时又没有对付它的理想药物，而且筛选方法可以高通量，设备技术要求相对简单。三共株式会社米尔贝霉素为他们立了一个目标，米尔贝霉素是一个超高效的杀螨药，沈寅初理想中的目标药杀螨活性应不低于米尔贝霉素，这样就把入选菌种的门槛提高到米尔贝霉素的量级，大大减少了筛选的工作量。1984年，课题组成员刘俊士等在广东揭阳地区的土样中获得了7051菌种，其主要活性就是阿维菌素，但当时不知其为阿维菌素的产生菌种。其后，课题组成员杨慧心等经过分离鉴定证明该菌株与阿维菌素（avermectin）的化学结构相同。阿维菌素是由日本北里大学大村智等和美国Merck公司首先开发的一类具有杀虫、杀螨、杀线虫活性的十六元大环内酯化合物，由产阿维菌素链霉菌（*Streptomyces avermitilis*）发酵产生。大村智在1979年发现，后与美国默克（Merck）公司合作，1985年美国默克公司首先作为一个杀虫剂登记生产，阿维菌素（avermectin）被誉为20世纪自青霉素发现以来对人类贡献最重大的发明之一，大村智因为在治疗盘尾丝虫病和淋巴丝虫病（象皮病）

方面作出的贡献于2015年获得诺贝尔生理学或医学奖。

之后，课题组对阿维菌素进行了大规模的开发研究，1986年开始在浙江和广东进行大田试验，试验表明阿维菌素对多种虫害有效。本年，完成7051杀虫素（粉剂）的小试研究任务，证明链霉菌7051生产的7051杀虫素与美国Merck公司开发的avermectin为同一结构的化合物，是同一个非常有实用化前景的农畜两用抗生素。沈寅初课题组的这一发现为中国能开发生产这一生物农药奠定了基础。阿维菌素对动物寄生虫及多种农业害虫有很强的杀虫作用，沈寅初意识到这是一个非常有研究开发价值的课题，他组织了一个专题组开始研究7051的产业化技术。

1989年 51岁

产丙烯腈水合酶微生物菌株的研究通过"七五"国家科技攻关计划项目鉴定。

1月，7051杀虫素由上海市化工局主持通过小试鉴定，并于当年10月被上海市科委列入重点中试开发项目。

本年，产丙烯腈水合酶微生物菌株的研究在江苏昆山举行"七五"国家科技攻关计划项目鉴定会，沈寅初团队因为成功筛选到了能产生使丙烯腈变成丙烯酰胺的酶的菌种，项目通过了小试鉴定，成为"七五"国家科技攻关计划项目生物技术专项的4个子项目中完成度最高的项目，时任化工部科研总院副院长兼总工程师成思危参加了鉴定会，并对其寄予很高的期望，此后成思危一直关注沈寅初的这项研发工作。

沈寅初团队的"七五"攻关项目以高质量通过了验收，这个项目是"七五"国家科技攻关计划项目生物技术专项中的一个子项目，沈寅初的目标是要使丙烯酰胺的产业化研究能够成为"八五"国家科技攻关计划的单列项目。在"八五"开始之前，很多准备工作要完成，沈寅初制定了具体的实施方案，比如实施的步骤、要解决的问题、人员的配置、与企业的合作等等。因此，这个课题组一直处于紧张状态，成员也很有行动力。

4月24日至10月23日，受日本Suntory（三得利）公司基础研究所邀请，担任该公司的客座研究员，赴日本进行为期半年的"从微生物中筛选生理活性物质的合作研究"。

日本研究所学者60岁退休，可以选择到大学教书，至65岁退休，从大学退休后可以去企业做顾问，直到70岁。见里朝正是一个精力旺盛的人，他60岁那年即1985年从日本理化研究所退休，去大学教书，同时兼任了很多企业的顾问。日本三得利公司的副总裁是见里朝正的同学，他邀请见里朝正去公司当技术顾问，见里朝正就邀请沈寅初去三得利研究所开展微生物源生理活性物质研究。沈寅初也很想了解日本企业研究室的情况，就接受了导师的邀请。

当时，三得利研究所生物有机合成实验室主任是田中隆治，沈寅初与他结下了深厚的友谊。在这半年中，田中隆治经常陪同沈寅初去日本的大学与科研机构参观访问，其中包括2015年获得诺贝尔生理学或医学奖的大村智的实验室，结识了很多日本科学家。田中隆治先生是见里朝正的学生，与他老师一样，也是对中国很友好的人士。见里朝正去世后，田中隆治继承了他老师的事业，致力于促进中日友好交流与合作。2001年，沈寅初担任了浙江工业大学校长，而田中隆治后来担任日本金泽大学副校长，两人在中日友好合作方面做了很多工作，促成了浙江工业大学与日本金泽大学、星药科大学之间的长期交流与合作。田中隆治先生从20世纪90年代起至2017年前后因病不能远行为止，先后78次到中国进行交流活动，为中日科研与教育的合作作出了很大贡献。

10月23日，从日本归国。

日本方面提出沈寅初在日本工作一年，鉴于国内的研究工作很繁忙，沈寅初在三得利工作了半年。在三得利公司担任客座研究员期间，沈寅初充分利用该公司的条件，夜以继日地开展研究工作，对20余种化合物用2520株微生物进行了生物转化研究，选出了343株有效菌株，并鉴定了31株微生物产生的已知活性物质，提纯了11株微生物产生的活性物质。三得利公司研究室的管理和设备都很先进，沈寅初谈起在三得利公司的高效率时说："用半年的时间做了三年的工作。"

在三得利公司，沈寅初对日本员工对企业的忠诚度印象很深，有一次沈寅初参加公司组织的员工旅游，他看到同事即便出门在外，购买的饮料也都是本公司出品的。在与他们的交谈中，沈寅初才知道，员工们家里喝的酒水饮料等全都是三得利公司生产的，从来不购买其他公司生产的饮品。员工们去外面饭店吃饭，如果这个饭店不经销三得利的酒水饮料，他们就不在这家饭店用餐。

本年住进新房，一家人终于搬离仅16平方米、没有独立厨房与卫生间的简陋蜗居。

1990年 52岁

晋升为教授级高级工程师。

微生物法生产丙烯酰胺单列为"八五"国家科技攻关计划项目。

完成"七五"国家攻关计划项目浏阳霉素的研究开发。

3月，上海市农药研究所、上海农药厂与美国杜邦（中国有限）公司签署投资2500万美元合资合同。1987年，沈寅初与上海化工局、上海市农药研究所等单位负责人一起赴美访问期间，美方提出了该项目的合作意向。这个项目在当时对上海市引进外资起到积极的推动作用，时任上海市市长朱镕基对这个合作项目高度重视，专门作出批示。沈寅初及其团队的科研成果以及中外合作研究的影响力是促成合作的关键因素之一，他本人在这一过程中发挥了重要作用，并起草了《中国上海农药研究所与美国杜邦公司关于联合研究农用化学品的协议》，这份协议的手稿现在依然保存在他的办公室。

7月，在上海化工局的协调下，7051杀虫素小试技术以大约15万元价格转让给了上海化工局的直属企业上海溶剂厂。10月，在上海溶剂厂进行了7051杀虫素的中试，并建成5吨发酵罐规模的中试发酵车间，试车后三批平均发酵单位达到313微克/毫升，超额完成了考核技术指标。

自从在取自泰山的土样中找到86-163菌种后，虽经多年的努力，微生物法生产丙烯酰胺尚没有达到最低的生产成本线，大约还相差10倍。根据成本，沈寅初课题组的目标是这个微生物的酶活力强度要达到100万单位，但他们的实验只有9万到10万单位，距离目标还很远，大家难免有点信心不足。

此时，"八五"攻关项目申报在即，心急如焚的沈寅初想调动妻子方仁萍小组的力量共同来攻关，方仁萍起初并没有参与微生物法生产丙烯酰胺的项目。沈寅初召集方仁萍小组的人开会，让他们暂停手上的其他工作，作为预备组承担项目的这部分工作。沈寅初的想法是两个组同时做，无论如何要赶上"八五"国家科技攻关计划的答辩。准备申报"八五"项目伊始，沈寅初就做了很细致周密的实验方案，列举了实验清单，要求课题组成员按照这个实验清单一个一个地做。韩建生组日夜加班，按照实验清单仔细核查了所做的实验，发现漏做了氯化钴实验，这是其中很主要的一项实验，沈寅初制定的实验清单要做钴、镁、钙、钾等各种金属离子实验，以测定究竟是哪个离子对酶活性有促进作用，他们组已经做了很多金属离子的实验，偏偏漏做了钴离子。于是韩建生组就补做了这项实验，惊喜地发现加入氯化钴后酶活性提高了10余倍，这表明钴离子对酶活性的促进作用非常大。

回忆起这一过程，沈寅初深感遗憾地说：1991年前后，他看到日本学者1989年发表了关于钴离子能促进酶活性的文章，而他们则遗憾地与新发现的世界纪录失之交臂。

丙烯酰胺的产业化研究项目申报"八五"国家科技攻关计划的过程一波三折，因为当沈寅初团队发现钴离子对酶活性有很大作用之时，"八五"国家科技攻关计划项目论证已经结束。沈寅初马上联系科技部中国生物技术发展中心，向中心主任徐庆毅说明自己没有赶在截止时间前申报，是因为对这个课题完成产业化指标尚无把握，而此时已经完全有把握，咨询是否有补救的办法。因为此前沈寅初主持的"七五"国家科技攻关项目在当时的生物技术专项四个子项目中完成度最高，因此在中国生物技术发展中心以及同行业中有很高的科研信誉度，中国生物技术发展中心的领导也高度信任沈寅初，就破例组织专家召开电话评审会，一致通过将丙烯酰胺的产业化研究列入"八五"国家科技攻关计划项目，这是一个单列的专项项目。

9月3日至8日，随同上海市农药研究所所长郭庆铭、倪长春，化工部徐立欣、赵忠华等人访问日本，参加上海市农药研究所与日本理化研究所合作研究第七次定期讨论会。双方于1983年起开始共同研究开发新农用抗生素，1988年原协作期满后，在浙江省桐庐召开的定期合作总结会上双方一致同意将协作期间延至1992年3月31日，本次会议为协作延期后举行的有关新农用抗生素开发研究的合作讨论会。双方汇报了一年多来的工作进展，中国方面提交了5项研究报告：1. 1988年第六次定期合作会议以来新农用抗生素筛选研究报告；2. 初筛合格50株菌株的生物活性及初步理化性质研究；3. 变构霉素毒性研究；4. 变构霉素与变构菌素化学结构研究（在日本理化研究所进行）；5. 变构霉素在中国田间药效试验研究。日本方面也提交了5项研究报告：1. 变构霉素抑止蛋白磷酸化酶的研究；2. 1988年上海市农药研究所提供的50株初筛有效菌株复筛研究；3. 变构霉素抗菌核病药效的研究；4. 变构霉素提取及制剂的研究；5. 有希望的3种新抗生素研究。期间，沈寅初陪同化工部外事司科技合作处副处长徐立欣与日本三得利基础研究所所长等商谈了双方进一步合作的可能性。

1991年 53岁

获批享受国务院政府特殊津贴。

与桐庐农药厂合作开展微生物法生产丙烯酰胺的中试。

用于畜牧业的"灭虫丁"（7051杀虫素）通过上海

市科委、化工局主持的鉴定。

微生物法生产丙烯酰胺上年单列为"八五"国家科技攻关计划项目，"八五"攻关计划的实施时间为1991年至1995年。

自从找到能够使丙烯腈变成丙烯酰胺的微生物后，沈寅初预感到它应该可以做到万吨级的生产规模，于是带领团队一直致力于产业化研究。"八五"攻关项目就是要实现产业化，基本目标是每吨价格达到15000元，因为丙烯腈是每吨10000元，丙烯酰胺至少要达到15000元一吨，才有利润空间，项目的研发要达到这个指标，企业才愿意接受这个产品。沈寅初经常强调，搞科学研究的人必须要具备经济观念，要会核算成本与利润，要了解市场和企业的生产实际，不能止步于做几个试验或发表几篇论文。

单列为"八五"国家科技攻关计划项目后，沈寅初就着手寻找合作企业。此前，丙烯酰胺都在化工厂生产，但化工厂的人不懂得生物技术，且化工厂的设备也不一样，因此无法与化工厂合作；而做生物行业的企业又不懂化工，沈寅初一时找不到协作单位。

沈寅初想到可以再次与桐庐农药厂合作。沈寅初对桐庐农药厂作出过巨大贡献，桐庐农药厂至今的主要产品依然是沈寅初研究团队发明的井冈霉素。因此，当沈寅初提出合作要求后，桐庐农药厂二话不说就答应了，并且无偿提供中试所需的全部设备、人工、原料等等。丙烯酰胺的中试目标是研发50吨生产装置，桐庐农药厂对一些设备稍作改进或组装，调集若干技术工人，沈寅初和车间主任等技术骨干本来很熟悉，因此很快落实了中试的相关工作，丙烯酰胺的中试就这样开始了。中试完成时，达到了年产400吨的规模，超额实现了目标。

7051杀虫素研究被列入"八五"国家重点攻关项目。沈寅初研究团队从工程工艺、方法、质量标准、毒性毒理等方面对7051展开全方位的研究。杨慧心是这个项目的具体负责人，沈寅初是总指挥。

起初，7051杀虫素的产量上不去，成本降不下来。成本高，价格就高，一款农药如果农民买不起就无法在农业中推广。沈寅初决定采取三条线同时作战的战略：一是寻求在用药成本耐受度较高的畜牧业率先实现产业化，二是农业领域的产业化也同步跟进，三是与企业合作优化生产方法。

第一步就是要在畜牧业领域率先实现7051杀虫素的产业化，于是沈寅初联系在江苏省农科院畜牧兽医研究所工作的老同学黄夺先，他也认为这是一个很好的项目，两人一拍即合，于是沈寅初研究团队开始与江苏省农科院畜牧兽医研究所一起合作进行7051杀虫素在畜牧业上应用的试验。沈寅初又调动了研发井冈霉素时的企业资源，这些企业一直都很感激沈寅初对于科研成果的无私分享，大家都愿意提供帮助。沈寅初找到昆山生化制药厂，昆山生化制药厂表示可以无偿地为沈寅初团队提供帮助。沈寅初就派了实验员到昆山生化制药厂，和企业合作赶制出了7051杀虫素样品。

在7051杀虫素中试过程中，昆山生化制药厂和上海溶剂厂共提供约5吨中试样品，供江苏省农科院畜牧兽医研究所试验，该所和全国多地畜牧业有关研究所、牧区有很多羊都患有寄生虫病，给这些病羊用上7051杀虫素，试验结果证明7051杀虫素的杀虫效果非常好，以每公斤家畜体重0.2毫克给药能防治多种体内外寄生虫。

10月，用于畜牧业的"灭虫丁"（7051杀虫素，avermectin）在上海市科委、化工局的主持下正式通过鉴定，并组织大量投产。经内蒙古畜牧场试验，每头羊仅需0.1毫克"灭虫丁"（当时约为0.1元），就可以杀掉羊体内外的寄生虫，大大提高了羊过冬的成活率（见《上海科技报》1991年11月16日第1版《上海农药研究所总工程师、教授级高级工程师沈寅初获国家科技特别津贴》）。

10月，合作发明的成果"新抗生素SR-1223的制备方法"获发明专利授权，专利权人：上海市农药研究所、日本理化研究所，发明人：成杏春、方仁萍、梁凤群、戴仙文、沈寅初、朱道荃、矶野清、山口勇、黄耿堂、木原刚、日下部宽男、见里朝正。摘要如下：

> 本发明提供了一种新抗生素SR-1223的制备方法。该抗生素对某些植物病原性系状菌显示出很强的生长抑制作用，可望成为一种农用抗生素药剂。本抗生素通过培养链霉菌SR-1223（*Streptomyces* sp. SR-1223）而制得。

11月，经国家劳动人事部批准，沈寅初享受国家级科技特别津贴，这是国家对有突出贡献的科技人员的一种特殊奖励。

本年，在日本研修期间的合作导师见里朝正因车祸去世。

自1980年赴日本理化研究所进修以来，10余年中沈寅初与见里朝正建立了深厚的情谊和深度的科研合作关系。见里朝正40余次来到中国，为中日在农药领域的科技合作、共同进步作出了杰出贡献。1990年，上海市农药研究所将见里朝正为两国合作研究与开发农药以及对上海市的农药工业所作出的贡献上报给市政府，上海市授予其国际友好"白玉兰奖"，这是上海市政府为表彰那些为上海市经济繁荣、国际关系等作出卓越贡献的外籍友人而设立的一个奖项，之后，见里朝正先生成为国家级的国际友谊奖的候选人。但是，国家级的评奖尚未开始，见里朝正不幸因车祸去世。

1992年 54岁

本年，沈寅初课题组与桐庐农药厂合作研究开发工程化技术，优化工艺，建成了年产量440吨微生物法生产丙烯酰胺的生产线，这是我国第一套利用生物技术生产大宗化工原料的工业化装置，开创了生物催化在化工行业中应用的先河。

4月，沈寅初与黄夺先以及昆山生化制药厂厂长陶康明带着样品赶到内蒙古牧区，进行7051杀虫素的大批量畜牧试验。在内蒙古牧区，一般每年的6月至9月适合放牧，秋天之后羊群陆陆续续就要进棚过冬。羊在这几个月时间里吃的都是干草，而且羊一般在每年的9月至10月间膘肥体壮时配种，春节前后即2月至3月间下羊羔。假如羊肚子里有寄生虫，死亡率就很高。因此，必须在秋冬之际将寄生虫杀掉，这样羊群可以健康地过冬。沈寅初他们就选在这个时间段带着7051杀虫素样品，星夜兼程，抵达内蒙古牧区。

到了牧区，沈寅初看到棚里的羊因为缺少营养或有寄生虫病，大多很瘦弱。他一头钻进羊棚，将生病的羊一只一只找出来，然后将7051杀虫素注射进病羊体中或喂给病羊，沈寅初读中专的时候就有了一针见血的打针技术，因此自己动手给病羊打针，又快又准。用药后进行观察，化验羊的粪便，这些在别人眼里又累又脏的活沈寅初都亲力亲为。

在内蒙古牧区进行的试验结果表明，7051杀虫素对羊的寄生虫病疗效显著。那些原本快要病死的羊，用了7051杀虫素后健康状况明显好转。有的羊本来身上长满螨虫，羊毛一片一片地脱落，用药后就痊愈了。有几头用药前病恹恹的羊病愈后在沈寅初脚边转来转去，发出"咩咩"的叫声，仿佛要表达感激之情。几十年之后，沈寅初回忆起这一幕，很感慨地说："羊也是很有情感的动物。"

7051杀虫素在全国包括新疆、内蒙古、东北、宁夏等地进行了大批量的防治家畜寄生虫病的试验，均取得了很理想的效果，受到牧民以及畜牧医师的好评与欢迎。7051杀虫素在内蒙古以"灭虫丁"的试用名获得临时药证，并进行较大规模的试用。灭虫丁（畜用）在内蒙古牧区大面积试验取得成功后，获得了兽药生产许可证，实现了兽药的产业化。灭虫丁作为家畜驱虫剂，可治疗家畜多种体内外寄生虫病，具有高效、安全、无副作用且能使家畜增重显著等特点。

7051杀虫素（灭虫丁）在畜牧业产业化之后，于1995年获得上海市科学技术进步奖一等奖，第一获奖人为杨慧心。

沈寅初始终将7051杀虫素的产业化目标瞄准在农业领域，因为畜牧业的用药量相比起农业来，实在太少。灭虫丁获得兽药生产许可证后，上海市政府要求在上海实现7051杀虫素在农业领域的产业化，并要求上海市农药研究所与上海溶剂厂进行合作，7051杀虫素小试成功后，上海市农药研究所以15万元的价格转让给了上海溶剂厂。上海溶剂厂虽然规模很大，但这家厂以生产溶剂为主，不具备生产农药和兽药的资质，也缺少设备、技术等相关基础，7051杀虫素生产的技术难度比井冈霉素高很多，厂里的负责人对此没有积极性，而且此前两家单位没有任何合作基础，因此协作不是很顺利。

该项目已经列入化工部"八五"科技中试攻关项目，上海溶剂厂无法完成，但是作为国家科技攻关项目的总指挥，沈寅初必须对国家负责，眼看着项目结题时间一天天临近，沈寅初焦急万分。国家重点攻关项目必须完成，这是沈寅初面对的硬任务。

正在此时，浙江海门制药厂的负责人白骅来到上海市农药研究所，提出愿意出100万元的技术转让费。此前，白骅看了相关报道，知道阿维菌素是一个很好的品种，就开始寻找生产技术的研发机构。他了解到国内有北京农业大学、上海医药工业研究院、上海市农药研究所3家单位正在研发阿维菌素，经过一番调研与权衡，他选择了上海市农药研究所。

白骅第一次到上海市农药研究所，沈寅初出差了，所里负责成果转让与经营的同事接待了白骅，并向其介绍了沈寅初团队的成果。大约10来天后，沈寅初出差回来，白骅赶到上海，见到了沈寅初。两个人一拍即合，白骅认为上海市农药研究所很可信，对阿维菌素的研究具有前沿性；而沈寅初觉得这个人很实在，也非常有诚意，既然在上海溶剂厂难以完成攻关任务，加上上海溶剂厂本身就没有生产农药和兽药的资质及市场开拓能力，即便把7051农药样品做出来也无法产业化，于是就产生了与浙江海门制药厂进行合作的意向。上海市有关方面自然不同意这个做法，但是这个项目是化工部立项的，对化工部而言，只要沈寅初团队完成项目，并不介意与哪个省市的企业合作。经上海化工局的多次协调，在化工部的鼎力支持下，上海市农药研究所成功地与浙江海门制药厂签订了合作协议，以100万元的转让费将技术独家转让给浙江海门制药厂，协议签订后浙江海门制药厂立即支付了60万元。浙江海门制药厂派了4个员工到沈寅初团队的实验室，一是验收菌种和技术，二是学习提取、发酵、分析技术。

之后，7051课题组的沈寅初、杨慧心、刘俊士三人进驻浙江海门制药厂。沈寅初回忆第一次去浙江海门制药厂，厂长白骅亲自到上海接，他们乘坐一辆破旧的桑塔纳轿车，早上6:00就从上海出发，一直到晚上9:00才到达台州。抵达目的地时，大家都饿坏了，就在街边的一个小饭店随便吃了晚饭，当天的晚饭有一盘炒螺蛳，沈寅初在忙碌中享受到了童年时的美味，因此至今记忆犹新。

浙江海门制药厂的所在地其实就是海门港的渔村，厂房非常简陋，屋顶上铺的是油毛毡，当时正值冬天，北风呼呼地刮进厂房，穿的衣服不耐寒冷，人被冻得发抖。沈寅初团队对厂里的技术设备等进行了简单的改造，就着手进行中试。沈寅初与课题组成员既当技术人员，又当工人，五十几斤重的原料他们都是自己扛，用酒精提取的过程中，他们自己拿着棒子使劲搅拌。

沈寅初等人在浙江海门制药厂蹲点时间总计大约三个月，其中最长的一次连续在厂里待了一个多月，一直到制成高纯度的阿维菌素晶体，三人才离开浙江海门制药厂。项目的目标是做到100单位就可以，这是应用的成本下限。在沈寅初团队的指导下，浙江海门制药厂的工人很快就掌握了熟练的技术，他们操作娴熟，在较短的时间里做到770单位。做到这个指标，产品就有很高的利润。沈寅初课题组和浙江海门制药厂负责人等都很兴奋，为了庆祝成功，晚上7个人喝了14瓶黄酒，沈寅初也兴奋地喝了至少2瓶黄酒。

本年前后，浙江海门制药厂厂长白骅带着与沈寅初团队合作研发制造的高纯度阿维菌素晶体参加了在哈尔滨举行的全国医药展销会，阿根廷的金武公司驻香港办事处人员看到了纯度98%以上的晶体产品，惊喜地说他在中国找了两年，这个产品终于找到了。白骅给了他2包阿维菌素结晶样品，让其带回去检验。3个月后，对方反馈回产品合格的消息。对方一次性给了50公斤的订单，一公斤价格35000元，一下子就打开了国际市场。浙江海门制药厂成为我国第一家生产合格的能够出口的阿维菌素的企业。因为订单太多，根本来不及生产，价格由每公斤35000元飙升到45000元。1993年，浙江海门制药厂销售额达到1.1亿。之后，上海市农药研究所、中科院上海有机所与浙江海门制药厂合作，合成了双氢阿维菌素，也就是伊维菌素。浙江海门制药厂自此腾飞，1998年更名为浙江海正药业股份有限公司，2000年在上海证券交易所上市。白骅回忆起这段经历时说："当时伊维菌素一公斤价格为85000元，价格最高时达120000元，赚钱赚得太过瘾了。阿维菌素使我们站起来，伊维菌素使我们富起来，沈总就是我们的金手指。"

通过对阿维菌素发酵工艺的不断改进，阿维菌素的发酵单位达到2500，获得了国家农业进步奖。江苏省农科院畜牧研究所承担了阿维菌素在畜牧业中的应用研究，取得了畜牧业上应用试验的成功。此时，阿维菌素主要用于内蒙古的畜牧业上。

11月，被评为上海市化工局优秀科技工作者。

本年，上海市农药研究所与日本理化研究所农用抗生素合作研究结束。进入二十世纪九十年代，农药研究已经不属于日本技术发展的前沿领域，日本已经不把农药研究列入国家的战略研究课题，取消了理化研究所有关农药的研究所（室），改成生物科学研究所（室），日本理化研究所面临转型，农用抗生素合作研究工作随之结束。

上海市农药研究所与日本理化研究所关于农用抗生素的合作研究取得了丰硕成果。根据沈寅初1990年2月撰写的《中日两国进行农用抗生素共同研究的汇报》（手稿），上海市农药研究所自1983年3月起陆续选派了16人，携带经过国内初步筛选有效的微生物共306株，前往日本理化研究所开展合作研究，当然也参与到日本的农药研究课题中。派出人员的科研能力得以提高，科研视野得以拓展，极大地提高了上海市农药研究所的整体水平。沈寅初在这份手稿中总结了1983年3月至1990年2月的主要收获：

> 一、双方共同申请了38项专利。我方带往日本做进一步研究的306株菌株，在日本理化研究所经过双方科技人员的共同研究，发现了7种新抗生素，属世界首创，已在中日两国申请了专利。1. Albopeptin（白肽霉素），对稻瘟病、纹枯病、黄瓜炭疽病、灰霉病等病原菌有作用。2. Tautomycin（变构霉素），

对油菜菌核病为代表的多种菌核病有强烈的抑止作用，并对各种灰霉病有强烈的抑止作用。3. Xanthostatin（制黄杆菌素），对水稻白叶枯病为代表的黄杆菌有强烈的抑止作用。4. Sp-1223，是由编号为Sp-1223的链霉菌产生的新抗生素，对菌核病和灰霉病有良好的防治效果。上海市农药研究所从1968年起开始研究，历经该所数十人协同攻关，并和国内其他先进研究所合作研究，均未能阐明其化学结构的新颖性，与日本理化研究所开展合作后，上海市农药研究所派出2名研究人员在日本理化研究所用一年多的时间阐明了其新颖性。5. Sp-8410，是由链霉菌Sp-8410产生的抗生素，对水稻纹枯病和菌核病有良好的防治作用。此外，还发现了Tautomycin（变构霉素）的抗癌作用，Tautomycin（变构霉素）原本是作为农用抗生素开发研究的，在研究过程中发现该抗生素对肿瘤细胞在很低的浓度下即有致畸变的能力，有可能发展成为抗癌剂，据此申请了专利，有关应用可能性的研究尚在进一步进行。

二、扩大了上海市农药研究所，尤其是抗生素研究团队在国际学术界的影响。上海市农药研究所的派出技术人员在日本理化研究所勤奋工作的态度、扎实的技术基础、独立研究的能力受到对方的好评，沈寅初与同事在日本病理学会、农业化学学会、农药学会、抗生素学会、微生物学会及国内外有关抗生素杂志上共发表论文近20篇。在取得第一项共同研究专利Sp-120（Albopeptin）后，日方在东京举行了盛大的庆祝活动，并在东京广播、电视和8种重要报刊等媒体上加以报道，《人民日报》（海外版）也刊登过这条科技信息，当时的日本科技厅厅长官竹内黎之后在来华访问时特地要求参观访问上海市农药研究所。第二项专利Tautomycin（变构霉素）的发表也受到同行的高度评价，在美国召开的国际抗生素学会上报告了关于Tautomycin（变构霉素）化学结构阐明的研究工作。这一系列成果与国际科技交流活动，引起了国内外同行的关注，大大提高了上海市农药研究所抗生素研究团队的国际影响力，欧美国家一些研究机构和企业主动来人来函希望开展科研合作。

三、培养了一批中青年科技人员。合作期间，日本农药学会理事长见里朝正，日本理化研究所抗生素研究室主任矶野清和副主任浦本昌和、微生物制药研究室主任山口勇等近10位著名学者专家来上海市农药研究所开展短期工作或进行讲学，他们的学术报告内容广泛，拓展了我方科研人员的视野。我方派出人员在日本理化研究所学到了许多新的知识与技能，尤其在微生物筛选、分离、育种以及抗生素的发酵和提纯鉴定等方面技术有很大的提高，回国后成了所里的科技骨干，极大地提升了上海市农药研究所开发抗生素的能力。

四、为国内的研究提供了一批课题。通过联合研究，获得了一批属国内外首创的新抗生素，Tautomycin（变构霉素）已经单独列为化工部重点科研项目，同时获得了一批对国外来说是老抗生素但对我国而言还属首次发现的新抗生素，通过在国内的进一步研究均有可能开发成为具有实用价值的农用抗生素。其中7051杀虫素在"七五"期间列为上海市科委的重点课题，经过初步研究表现出很好的开发前景，每公斤体重注射0.2mg制剂即能防治大部分家畜寄生虫病，田间使用浓度约5ppm即可防治多种植物虫害，特别是螨类，课题组正在积极开发争取列入"八五"攻关项目，有望在近期实现产业化。

五、获得了一批国外的技术装备与经济资助。日方为在理化研究所的合作研究支付了2亿日元的研究经费。1987年日方通过日本国际事业协力团无偿捐赠给上海市农药研究所4000万日元的科研仪器设备，大大改善了该所的技术装备。自1989年后延长期内日方每年提供2万美元的科研经费，解决了该项目在该所日常研究经费不足的问题。

［以上材料见《中日两国进行农用抗生素共同研究的汇报》（手稿），有删减］

本年，国家科学技术委员会发布《国家高技术研究发展计划管理办法》，"国家高技术研究发展计划（'863'计划）是经党中央、国务院批准的国家指令性中长期研究发展计划。实施计划的目的是：集中一部分精干的科技力量，在几个最重要的高技术领域，跟踪国际水平、缩小与国外的差距，并力争在我们有优势领域有所突破，为本世纪末、下世纪初的经济建设和国防安全服务。""'863'计划选定七个领域，由国家科委和国防科工委分别负责组织实施。国家科委负责生物技术、信息技术、自动化技术、能源技术和新材料五个领域的组织实施。"其中生物技术被列于首位[摘自《国家高技术研究发展计划管理办法》（1992年5月24日国家科学技术委员会发布）]。

1993年 55岁

7051杀虫素取得农药药证。

1月，被评为1992年度亚太农用化学（集团）公司优秀科技工作者。

本年，上海暴发蔬菜小菜蛾虫害，而且小菜蛾对多种农药具有耐药性，严重影响了蔬菜供应，当时，没有针对小菜蛾虫害的农药。沈寅初从文献资料中查到7051杀虫素可以治这种虫害，就突击赶制出一批。植保站先搞了一个大田试验，大田试验在上海郊区进行，试验结果证明在患有小菜蛾虫害的蔬菜地，每1亩用药0.5克，小菜蛾就被杀死，蔬菜地呈现出绿油油的景象。很多人去试验田参观试验结果，路上汽车排成了长队，场面热闹非凡，当时分管农业的上海市副市长孟建柱也莅临试验田，查看试验效果，电视台等媒体也到了现场，进行了报道。

虽然试验效果很好，但是没有药证不能生产。而且还有一个很大的问题就是这个药的毒性很高，半数致死量（Ld50）是13毫克/千克体重，这个指标已经属于剧毒农药。1971年日本的北里研究所发现了阿维菌素的类似物，1975年日本发现了阿维菌素，但是因为其很高的毒性，按照日本的法律不能在日本进行生产，但美国没有这样的法律规定，于是美国默克公司与日本的公司合作，1985年开始在美国生产阿维菌素，而日本一直没有生产。日本人对阿维菌素的结构进行了改造，加了2个氢，变成双氢阿维菌素，也就是现在的伊维菌素，大大降低了其毒性，但其药效也相应减弱了一半。

在试验现场，沈寅初接受电视台记者采访，记者问及7051杀虫素的毒性，他回答记者说："我可以把这一亩地蔬菜用的杀虫素全部吃光，也不会中毒。"为什么这么说？沈寅初表达了毒性和有效剂量这两个概念。这个农药虽然毒性高，但是有效剂量很小，1亩地大约有8000斤至10000斤蔬菜，用药剂量只需0.5克，即便再多点也只需要1克至2克。这样的用药剂量即便蔬菜上少许残留，人也只吃进零点几毫克，这是很安全的剂量。

试验取得成功后，时任上海市副市长孟建柱作了批示，并指示上海市植保站紧急联系农业部，加上当时已经获得很多数据，7051杀虫素在几天内就取得农药药证。

至此，7051杀虫素就有了兽药和农药两个药证。

11月，合作发明的成果"新抗生素胞变菌素的制备方法"获发明专利授权，专利权人：上海市农药研究所、日本理化学研究所，发明人：成杏春、梁凤群、方仁萍、周钰、沈寅初、朱道荃、矶野清、山口勇、黄耿堂、木原刚、日下部宽男、见里朝正。摘要如下：

> 本发明提供了一种新抗生素胞变菌素及其制备方法。本抗生素是继抗生素制黄杆菌素之后，通过培养链霉菌SR-44（*Streptomyces sp. SR-44*）而制得的又一个新活性物质。它对黄单胞菌属（*Xanthomonas*）的细菌具有特异的强生长抑制作用，故而可望成为一种新农业用抗生素。

同月，合作发明的成果"新抗生素制黄杆菌素的制备方法"获发明专利授权，专利权人：上海市农药研究所、日本理化学研究所，发明人：成杏春、矶野清、梁凤群、山口勇、方仁萍、黄耿堂、周钰、木原刚、沈寅初、日下部宽男、朱道荃、见里朝正。摘要如下：

> 本发明提供了一种新抗生素制黄杆菌素及其制备方法，还提供了有效成分为制黄杆菌素的农业园艺用杀菌剂，它既有强选择性，又有高度安全性，对施用人员毫无影响，并且无任何药害。本抗生素通过培养链霉菌SR-44（*Streptomyces sp. SR-44*）而制得。

12月，合作发明的成果"农业园艺用新抗生素SP-120组合物的制备方法"获发明专利授权，专利权人：化学工业部科学技术局、日本科技厅，发明人：戴仙文、谢松元、沈寅初、倪长春、黄瑞珊、杨慧心、见里朝正、矶野清、黄取堂、浦本昌和、日下部宽南、小日间君代。摘要如下：

> 本发明提供了一新抗生素SP-120、SP-120A、SP-120B及其制备方法，还提供了有效成分为SP-120、SP-120A、SP-120B或其复合体的农业园艺用农药。它们具有强选择性，又有高度安全性，对施用人员毫无影响并且无任何药害。是通过培养链霉菌SP-120（ *Streptomyces* sp. SP-120）来生产本发明的物质。

12月，发表《农用抗生素的新进展》[独著，农药译丛，1993,(06)]，叙述了农用抗生素筛选方法的发展，包括杀虫、杀螨素的筛选，除草素的筛选，病害抗生素的筛选；介绍了几种新农用抗生素。文章分析了农用抗生素开发的三个难度：

> 1. 作用对象为群体
>
> 由于农用抗生素应用于农作物，因此人或其他生物都可能直接或间接摄入，这与医用抗生素有所不同。故而，作为农用抗生素必须更多地从正常人或其他生物的角度予以考虑。
>
> 2. 经济性要求高
>
> 鉴于农用抗生素主要用于防治农作物的病虫草害，这就必须考虑它的投入与产出之比。由于经济的原因，使某些性能良好的药剂，也无法予以实际应用。

3. 生物间相互作用的关系复杂

农用抗生素的开发和实用化必须考虑到害物、植物、人类、动物、环境等各方面的因素，这就更加增加了它的复杂性。

文章又提出：

它也有比医用抗生素有利之处。在进行筛选和研究时，能较方便地直接在生物体上进行。同时，还可借鉴医用抗生素研究开发的经验，提高筛选的能力，从而发现更多的新抗生素。

1994年　56岁

本年，任上海市农药研究所所长。

微生物法生产丙烯酰胺通过"八五"国家科技攻关项目验收。

1月，担任上海市农药研究所所长，9月卸任。

上海市农药研究所在推选新所长人选时，所里职工很信任沈寅初的能力与品德，尤其是敬重他的为人正直、廉洁自律，都一致推选了他，但沈寅初表示自己已经56岁，长期在一线从事科学研究工作，不擅长行政管理，因此不愿意接受这一职务。在上海化工局的一再要求下，沈寅初承诺担任半年所长，后来担任了9个月。

本年，微生物法生产丙烯酰胺在桐庐农药厂通过"八五"国家科技攻关项目验收。沈寅初把当时的科技部中国生物技术发展中心负责人徐庆毅等请到桐庐农药厂，召开现场鉴定会。鉴定会后，中国生物技术发展中心将微生物法生产丙烯酰胺作为典型的产业化项目，拟在桐庐农药厂投资6700万元（无息贷款），支持该项目的产业化。但因为桐庐位于富春江流域，浙江省出于环境保护原因，没有批准这个项目。

在微生物法生产丙烯酰胺这个项目的研发上，沈寅初的初心是要将成果运用于油田，因为丙烯酰胺最大的用处是用于油田的三次采油中。沈寅初初心不改，矢志要将成果推广到油田，于是联系胜利油田，当时胜利油田已经决定引进欧洲的化学法生产丙烯酰胺技术，但油田领导还是决定给沈寅初团队一个机会，购买了沈寅初团队"八五"攻关的成果，让他们搞了一个小的生产装置，结果证明沈寅初团队的微生物法生产丙烯酰胺技术无论是产品质量还是生产成本均达到了当时油田拟引进的生产技术指标。

"微生物法生产丙烯酰胺"被化工部评为"九五"期间重点推广科技成果，并被推荐为1995年度国家十大优秀科技成果候选项目。

6月，合作翻译介绍综述文章《杀虫抗生素Avermectin的开发及特性》[沈寅初、杨慧心，农药译丛，1994,(03)]。avermectin是1979年日本北里大学大村智等和美国Merck公司合作开发的一种十六元大环内酯抗生素，对动物寄生虫及多种农业害虫有很高的杀虫作用。文章介绍了avermectin的开发沿革历史，并从avermectin产生菌的形态学特征及生理生化特性，avermectin的生物合成、理化性质、分析方法、生物学性质等六个方面进行了详尽的综述。

同月，合作发表《微生物法生产丙烯酰胺》[沈寅初、张国凡、韩建生，工业微生物，1994,(02)]。该文回顾了世界丙烯酰胺生产技术的发展，比较了微生物法和铜催化法生产丙烯酰胺的不同工艺，介绍了丙烯酰胺在石油、造纸、采矿、洗煤、冶金、制糖、化学、水处理等工业领域中的广泛应用，提供了美国、日本、西欧生产丙烯酰胺的主要企业及其生产能力的翔实数据，叙述了微生物法生产丙烯酰胺的各种工业化条件。文章分享了上海市农药研究所微生物法生产丙烯酰胺的成果：

> 我所1986年在泰山的土壤中找到了163菌株，经多年来菌种选育和培养条件的研究，经700L～1000L发酵罐试验，产酶活力可达2857单位，与日本1991年用于工业生产的*R.rhodococcus* J1的产酶水平处于同一水平上（注：*R.rhodococcus* J1最高酶单位可达到2480，该菌种于1991年起替代了*Pseudomones chlororaphis* B23，成为日东公司微生物法生产丙烯酰胺的生产菌种，使原来设备的生产能力扩大到20000吨/年），是迄今为止所见报道中产酶水平最高的菌种。

文章指出：

> 国外微生物法生产丙烯酰胺是在化学合成法已经形成大规模生产的基础上发展起来的，要建立全新的生产装置需要一定的时间。我国丙烯酰胺的产量和我国大国的需要还很不相称，尚需建立新的丙烯酰胺生产装置，目前上海生物化工研究中心拥有的生产技术已达到国际先进水平。

10月，合作发明的成果"一种含有浏阳霉素的杀虫杀螨组合物"获发明专利授权，专利权人：上海市农药研究所，发明人：应松鹤、沈寅初、尚家兰、江泉、华世豪。摘要如下：

> 本发明提供了一种以浏阳霉素（macrotetrolide）类抗生素与磷酸三苯酯或亚磷酸三苯酯为有效成分的农用杀螨、杀虫复合制剂，该制剂不仅对人畜、天敌昆虫安全，无环境污染作用，而且成本低廉、效果卓越，为使用无公害农药提供了一个良好的典范。

沈寅初研究团队一直致力于拓展井冈霉素的应用领域。本年，上海市农药研究所张国凡、缪晓鹏等首先发现井冈霉素对多菌灵的增效作用。井冈霉素的少量加入可以提高多菌灵的防效3～4倍，这一发现不仅降低了多菌灵的用药量，而且降低了防治其他病害的药量，进一步开拓了井冈霉素的应用市场。近年来井冈霉素和其他防治药剂的混配制剂陆续出现，使井冈霉素在我国农业发展中发挥更大的作用（沈寅初《井冈霉素研究开发二十五年》，全国生物防治学术讨论会论文摘要集，1995年10月）。

1995年 57岁

至本年，井冈霉素开发已经25年，为我国的民生福祉作出了巨大贡献。沈寅初被誉为"井冈霉素之父"。

25年来，井冈霉素经久不衰，成为最受农民喜欢的生物农药之一，我国种水稻的农民都知道井冈霉素，井冈霉素为我国水稻的高产稳产作出了巨大贡献。

"灭虫丁"（畜用）成果获上海市科学技术进步奖一等奖。

7051杀虫素通过"八五"国家攻关项目的验收。

5月，国家南方农药创制中心成立。该中心由上海、江苏、湖南和浙江四个基地组成，分别依托于上海市农药研究所、江苏省农药研究所、湖南省化工研究院以及浙江省化工研究院，领导小组由这四个省市分管副省长或副市长、科技部与化工部的副部长等构成，这是国家"九五"科技攻关的重点项目。四省市的基地各有研究重点，其中上海基地以生物农药为主。

至此，沈寅初的两个研究方向生物化工与生物农药分别被国家化工部与科技部作为依托成立了研究中心（化工部生物化学工程研究中心成立于1985年）。

5月29日至6月2日，应桐庐农药厂与越南合资的农药公司邀请，与桐庐农药厂厂长倪正刚一同参加越南井冈霉素应用及越南植物病虫害防治学术讨论会，并在会上作了生物农药现状及我国井冈霉素研究的学术报告，和越南相关领域的专家教授交流了水稻病虫害的状况，了解了越南对农药的需求。

8月2日，7051杀虫素在浙江海门制药厂通过"八五"国家攻关项目的验收，次年被评为"八五"攻关项目A级重大成果。

同月，合作发明的成果"新抗生素拟鲋霉素的制备方法"获发明授权权利，专利权人：上海市农药研究所、日本理化学研究所，发明人：倪长春、方仁萍、祁秀明、沈寅初、朱道荃、矶野清、山口勇、黄耿堂、木原刚、日下部宽男、风里朝正。摘要如下：

> 本发明提供了一种新抗生素拟鲋霉素及其制备方法，还提供了一种有效成分为SR-10的农业园艺用杀菌剂。它既有强选择性，又有高度安全性，对施用人员毫无影响，并且无任何药害。本抗生素可通过培养链霉菌SR-10（*Streptomyces* sp. SR-10）而制得。

10月15日，参加全国生物防治学术讨论会，并作了题为《井冈霉素研究开发二十五年》的报告[《全国生物防治学术讨论会论文摘要集》，又见《植物保护》，1996,(04)]。该报告是沈寅初对井冈霉素研究开发与产业化过程的一个全面回顾与总结，全文如下：

> 从我国井冈山地区发现一株微生物菌株对水稻纹枯病有极好的防治作用至今已有25年了，由于它出身于井冈山地区，我们把这种微生物产生的农用抗生素定名为井冈霉素。25年来井冈霉素经久不衰，已成为我国农民家喻户晓的理想生物农药，对我国水稻的高产稳产做出了重大的贡献。近十年来我国井冈霉素的年产量均稳定在30000～40000吨之间（以5%制剂计），供1.5亿～2亿亩水稻田防治纹枯病使用。根据我所1973年和广东省农科院在广东地区800亩水稻田测产结果，使用井冈霉素每亩可挽回粮食损失73斤计算，每年可挽回稻谷损失100余亿斤。

1. 一个理想的生物农药

井冈霉素具备高效、经济、安全以及和环境相容性的特点，是一个非常理想的生物农药。

1.1 高效性 在20多年前农药每亩地的用量都在几十克甚至几百克的年代，而井冈霉素防治水稻纹枯病的用药量当时就只需3～5克，已是一个非常高效的农药。全国十来个省市的大田试验结果一致证明每亩用药3～5克即可达到90％左右的防治效果。

1.2 持效期长 大田试验证明井冈霉素一次用药可维持20～30天的效果，比一般化学农药都长，和有机砷制剂的持效性相当。只要合理掌握用药时机，整个水稻生育期用药一次即可达到防治纹枯病的目的。

1.3 耐雨冲刷 纹枯病的发病季节正逢阴雨绵绵，很多药物因此而降低防治效果。井冈霉素施药后一旦被菌丝体吸附即有较强的耐雨性，从而保持它的优异防治效果。

1.4 有治疗作用 大多数农药均为保护剂，井冈霉素可在水稻发病率在15％时用药最为经济有效。15％以下的发病一般不影响水稻的产量，发现病害后施药具有更好的经济性。

1.5 对作物无药害 我们用有效剂量的30倍对水稻也是安全的。这一性能大大地优于原来用于水稻纹枯病防治的有机砷制剂，有机砷制剂极易造成药害。

1.6 毒性低 井冈霉素对哺乳动物毒性极低，对小白鼠的Ld50都在每公斤10000毫克以上。

1.7 对环境安全 井冈霉素在环境中易被分解。对有益生物及水生动物均无显著毒性，是一个非常安全的生物农药。

井冈霉素的这些特性显示它是一个非常理想的生物农药，特别在安全性、高效性和对作物无药害这些性能大大优于当时用于水稻纹枯病防治的有机砷制剂。

2. 技术不断进步，成本不断下降

一个性能完善的农药如果它的经济性不能战胜竞争者，不能达到农民用药的经济阈值，最终农民还是无法接受。这是农药开发比医药品难度更高的一个关键问题。从井冈山土壤中分离出的原始菌种每毫升每小时只能产生1个单位的井冈霉素，按此计算每亩的用药成本将达到100元以上。为了降低成本，我们在菌种选育、发酵条件、提取技术及制剂加工诸方面做了大量的研究，终于使每小时每毫升井冈霉素的生产量提高了300倍。这一发酵水平在整个抗生素行业中也是最高的。终于研制成功了一整套发酵单位高、能耗低、工艺简单、不易染菌的生产工艺，为井冈霉素的大规模生产奠定了基础，同时还成功地开发了工艺简单、成本低廉、稳定性好，又有增效及增产作用的制剂。20余年来的实践证明这一制剂为井冈霉素的稳产、推广起了重大的作用。由于技术的不断进步，成本不断下降，到80年代初期井冈霉素已成为农药中每亩用药成本最低的农药品种；由于技术进步，消化了各种涨价因素，目前的价格还低于20年前的市场价格。井冈霉素以它优良的性能和廉价的成本为广大农民所接受。它不但战胜了在水稻纹枯病防治中的其他各种手段，而且近十余年来新出现的许多防治手段均无法和井冈霉素防治纹枯病的各项指标相比拟。

3. 耐药性至今未发现

这样一个优良的生物农药，企业家和工人爱护它，农民爱护它，都担心它的长期使用是否会产生耐药性。作为科研工作者必须及早准备，一旦抗性出现能够提出对策。我们对井冈霉素的耐药性也进行了一些研究。我们曾在实验室中不断驯化和突变培育纹枯病的抗性品系，发现对井冈霉素的敏感性没有显著改变。我们又从长期用药地区的水稻田中采集纹枯病菌测定对井冈霉素的敏感性，也没有改变。结合有关文献报道，可以认为至今尚没有发现水稻纹枯病菌对井冈霉素发生耐药性。分析其原因是纹枯病菌对药物产生抗性一般均难以发生。已经报道，多氧霉素和多菌灵对其他病原菌已有耐药性发生，但没有发现纹枯病对它们有耐药性。长期用于水稻纹枯病防治的稻脚青、田安等药剂也未发现耐药性的报道，可见纹枯病菌一般难获得耐药性突变菌系。此外井冈霉素的高浓度用药量和它的独特的作用机制亦不利于抗性的发展。井冈霉素对纹枯病菌没有杀死作用，它能使纹枯病菌丝体形成不正常分枝而影响纹枯病菌的致病力，因此它本身没有对抗性菌株的筛选作用，一旦井冈霉素作用消失，纹枯病菌仍能恢复正常生长。即使在纹枯病群体中出现少量抗性菌种也很难因药物的筛选作用而使整个群体成为抗性群体，因此目前纹枯病菌尚没有产生对井冈霉素的耐药性。

4. 拥有一个稳定的市场

任何一个农药或是农用抗生素，要开发成为一个商品都有大体相类似的研究开发过程，要解决相似的产业化问题，也要投入大体相似的人力和物力。因此研究者在研制一个生物农药时，必须考虑这个品种开发成功后将拥有多大的市场，可能的销售额是多少。在同一领域中竞争的各种病虫害防治措施的状况，井冈霉素的主要防治对象是水稻纹枯病，纹枯病是水稻的常发病多发病，是我国水稻稳产高产的主要障碍，而且我国水稻播种面积很大，达4亿多亩，多种高产措施很多都会导致纹枯病的发生。水稻抗性品种培育虽在不断进行，对于纹枯病的高产实用化水稻品种尚未形成。长期以来用于防治水稻纹枯病的有机砷农药，由于它对水稻可能产生的药害，以及环境和安全性方面的问题，需要更好的品种来替代，但有机砷农药的廉价性对井冈霉素的竞争带来极大的困难。只有井冈霉素的生产技术达到相当高的水平，使井冈霉素的用药成本基本上和有机砷农药相当时，井冈霉素才有可能取代有机砷。经过多年的努力，井冈霉素的价格终于能与有机砷制剂竞争，使井冈霉素几乎成为整个纹枯病防治的用药。由于防治纹枯病的稳定需要，井冈霉素每年都有一个相当大的稳定市场。由于井冈霉素性能优良，价格低廉，我们一直在开拓井冈霉素的应用范围。1994年我所张国凡、缪晓鹏等首先发现了井冈霉素对多菌灵的增效作用。由于井冈霉素的少量加入可以提高多菌灵防效3～4倍，不仅降低了多菌灵的用药量而且降低了防治其他病害的药量，进一步开拓了井冈霉素的应用市场。近年来井冈霉素和其他防治药剂的混配制剂陆续出现，使理想经济的生物农药井冈霉素发挥更大的作用。

5. 井冈霉素的生命期

很多人对井冈霉素的生命期都非常关心，这是很有道理的，全国有近30家工厂生产井冈霉素，很多工厂是生产井冈霉素的专业生产厂，如果井冈霉素一旦生命期结束，此类工厂和就业人员将另谋生计。植保工作也很关心，因为目前防治水稻纹枯病几乎完全依靠井冈霉素，而水稻纹枯病又是水稻的主要病害，发病面积大，危害度大，而且年年发生，如果没有井冈霉素，拿什么来替代。一个农药的生命期大体由以下因素决定：

5.1 安全性问题　随着研究的深入，以前没有发现安全性方面的问题。有许多化学农药都因为这样而被停止使用，如六六六、DDT、杀虫脒等。井冈霉素经过长期多方面的研究，至今均未发现有安全性的问题，目前的研究结果表明它是一个非常安全的微生物农药。

5.2 防治对象消减　防治对象消减甚至消灭，相应的农药当然就无用武之地了，特别是那些防治范围比较狭窄的农药更会失去市场。井冈霉素主要用于水稻纹枯病的防治，如果水稻纹枯病被消灭，井冈霉素将失去主要市场。从目前情况看，井冈霉素对纹枯病的作用机制特殊，它不能消灭病原菌，而只能使病原菌失去致病性，一旦药物消失，病原菌即恢复正常，因此药物无法使纹枯病消失。可能在水稻抗病品种的研究获得重大进展，培育出既高产又抗纹枯病的水稻新品种，从目前研究情况来看，这方面尚未取得实用性的进展。

5.3 产生耐药性、药效减退　许多农药由于长期使用，防治对象对农药产生了耐药性，有效浓度提高几个数量级，就必须有新的农药来代替。井冈霉素的特殊作用机制和它的特殊防治对象，很难产生耐药性，经过我所长期观察至今尚未发现抗性品系，因此耐药性的问题尚不能对井冈霉素的前景产生威胁。

5.4 有更好的新药来代替　如果有安全性、经济性更好，更高效的新农药出现，老品种即可被逐步替代，井冈霉素是目前防治水稻纹枯病菌剂中最安全、最经济、最有效的微生物农药，它在20余年中战胜了各种纹枯病的防治手段，而被广大农民所接受，至今尚未发现一种在总体性能上超过井冈霉素防治纹枯病的菌剂。即使目前已发现一个化合物具有优良的性状，有可能和井冈霉素竞争，但实现产业化也至少需十年时间。

从以上分析可见，井冈霉素虽然已使用了很长时间，但经久不衰的局面还将会继续下去。

　　11月，合作完成的"灭虫丁（畜用）"成果获得上海市科学技术进步奖一等奖。沈寅初把自己的名字列在获奖人的最后一位，五位获奖者依次为：杨慧心、刘俊士、陈祥健、李蜀生、沈寅初。

　　12月2日至13日，应三得利公司基础研究所的邀请，赴日本参观该公司建立的医药有机生化研究所，交流了该所正在与日本三共株式会社合作开发的抗生素磷氮霉素的研究情况，该抗生素是沈寅初在日本理化研究所研修时首次发现的。访问期间，还参观了日本大阪大学、玉川大学，了解了日本农药研究的最新动态；前往日本理化研究所，探讨了拓展新的合作领域的可能性，进一步商讨了有关环境微生物及包括农药在内的有害化学物质的微生物降解的协作可能性；访问了日本医药公司，就上海市农药研究所开发的农畜两用抗生素进入日本市场的问题进行了商谈。

12月，合作发表《天然杀虫素Avermectin的结构改造产物——伊维菌素（Ivermectin）》[朱兆璋、李骥联、沈寅初，农药译丛，1995,(06)]。自天然杀虫素avermectin问世以来，世界上不少科学家对其结构进行了各种改造，合成上万个化合物，其中伊维菌素（ivermectin）对线虫和节肢动物的寄生虫具有卓越的灭杀活性，因此被广泛用于畜牧业和宠物保健领域。文章叙述了伊维菌素（ivermectin）的开发沿革过程及其理化性质、合成路线、生物活性、毒性、分析方法等。

沈寅初一直注重培养和提携科研人才，本年之后申报国家项目，基本上都让团队的其他成员担任项目负责人。

1996年 58岁

本年，被提名为中国工程院院士候选人。

获国家"八五"科技攻关突出贡献先进个人，微生物法生产丙烯酰胺被评为"八五"科技攻关计划优秀项目。

此前，出于环境保护的原因，浙江省没有批准桐庐农药厂上微生物法生产丙烯酰胺项目，沈寅初只得重新寻找合作企业。本年，上海市农药研究所与江苏如皋化肥厂、江西农业大学化工厂达成合作协议，当时的目标是达到1500吨的年产值，两家企业均很快达到这个目标。因为这是第一个将生物技术的方法用于化工产业的上规模的项目，时任化工部副部长成思危到江苏如皋化肥厂，考察了微生物法生产丙烯酰胺的产业化。

10月，获国家"八五"科技攻关突出贡献先进个人。

当时科技部要求上海市农药研究所推荐一名国家"八五"科技攻关突出贡献先进个人候选人，上海市农药研究所请沈寅初推荐人选，沈寅初就推荐了课题组成员韩建生，因为当时研究进展受困于9万至10万单位时，韩建生睡在实验室，夜以继日地做实验，终于发现了钴离子对酶活性的作用，虽然实验是沈寅初设计的，但他这种忘我投入的工作状态让沈寅初很感动，所以希望他能入选国家"八五"科技攻关突出贡献先进个人，但科技部反馈要求提名沈寅初。

11月12日，中宣部、国家科委、国家计委、财政部在京联合召开"八五"科技攻关计划总结宣传大会，沈寅初团队的微生物法生产丙烯酰胺项目被评为优秀。沈寅初作为在国家"八五"科技攻关中作出突出贡献的先进个人在会上发言，受到江泽民同志的接见。

12月，获得中国工程院院士候选人（上海市人民政府）提名，提名单位上海华谊（集团）公司。

上海华谊 （集团） 公司	前身是上海市化学工业局，1995年改制为上海化工控股（集团）公司，1996年与上海医药局联合重组改制为上海华谊（集团）公司。上海市农药研究所于1993年改制为上海市农药研究所有限公司，隶属于上海华谊（集团）公司。

1997年 59岁

本年，当选中国工程院院士。

"九五"期间，万吨级微生物法丙烯酰胺生产技术列入国家重点科技攻关项目。

"微生物法生产丙烯酰胺"成果获上海市科学技术进步奖一等奖。

"7051杀虫素"成果获化学工业部科技进步一等奖。

实现万吨级微生物法生产丙烯酰胺始终是沈寅初的梦想，但寻找合作企业并不是很顺利，因为万吨级生产对企业的各方面要求都很高。本年前后，一家民营企业的老板郭文礼了解到沈寅初的微生物法生产丙烯酰胺技术，并表现出浓厚的兴趣。郭文礼的企业一直在用化学法生产丙烯酰胺，规模仅为1000吨左右，他到已经使用沈寅初技术的企业购买了该产品，并进行分析化验，确定了产品的品质，于是就与上海市农药研究所达成初步的合作意向，课题组带着菌株到该厂进行了试验，结果令郭文礼很满意，于是顺利签订了技术转让合同。郭文礼是一个很有抱负的企业家，此时的他对沈寅初团队的技术已经非常信任，对产品的未来也充满信心，于是在北京通州地区征地100亩，创建北京恒聚油田化学剂有限公司，建设万吨级微生物法丙烯酰胺的生产装置，通州区政府大力支持这一项目。从工厂的建设开始，沈寅初就带着团队骨干成员薛建萍、陈祥健等到恒聚公司指导生产技术，在协作步入正轨后，具体的工作就留给薛建萍负责。此后，双方仅用了一年的时间，就在恒聚公司建成投资1亿元、年产2.5万吨至3万吨的微生物法丙烯酰胺生产线，并顺利投产。除了恒聚公司，胜利油田也是万吨级微生物法丙烯酰胺生产技术"九五"攻关项目的合作企业。由韩建生负责采用在桐庐农药厂攻关成果"固定化酶工艺"。值得一提的是，在"九五"期间，沈寅初、薛建萍等人又对技术进行了革新，采用了"游离细胞路线"，并在恒聚公司实施，极大地优化了技术，提高了产量。

2月23日至3月4日，受日本医药工业株式会社的邀请，参加由浙江省医药保健品进出口公司组织的访日代表团，同行的有浙江海门制药厂白骅等。代表团与日本医药工业株式会社商讨了灭虫丁进入日本市场的途径及技术问题，与日本动物药公司签订了在日本合作开发灭虫丁的协议；参观了日本不同规模的制药厂的研究设施以及符合GMP（药品生产质量管理规范）标准的生产设施。

4月，合作发明的成果"一种新农业园艺用杀菌剂"

获发明专利授权，专利权人：上海市农药研究所、日本理化学研究所，发明人：倪长春、王宝女、倪振富、沈寅初、郭庆铭、矶野清、山口勇、长田裕之。摘要如下：

> 本发明提供了一种对防治水稻稻瘟病菌等植物病原丝状菌有效的农业园艺用杀菌剂，其以含有白环霉素（albocycline）及其至少一种以上白环霉素的衍生物作为有效成分。这些有效成分可通过培养链霉菌RS-31菌株而制得。

6月，参加在浙江海正集团有限公司（现海正药业）召开的中国化工学会生物化工专业委员会三届一次会议。

11月，当选中国工程院院士，是中国工程院第一位生物化工领域的院士。

中国工程院要求每个新当选的院士写一篇主题为"给你留下深刻印象的人和事"的文章，沈寅初撰写了《民以食为天》一文（见《中国工程院院士自述》，上海教育出版社，1998年版）。2017年4月27日，浙江工业大学为沈寅初录制口述史时，沈寅初读了这篇文章，依然无比感怀，一度哽咽落泪。全文如下：

> 民以食为天，许多国家都把农业作为所有产业中的第一产业，经历了60年代三年自然灾害的人对农业重要性的体会特别深刻。
>
> 1962年我从复旦大学生物化学专业毕业，受学校和老师的影响，对遗传学和生命活动的化学过程发生了兴趣，毕业后继续

攻读微生物生化遗传专业的研究生课程。由于刻苦攻读加上自然灾害引起的严重营养不良，身染肺结核病而中途辍学。在医院病休疗养期间，能吃上几个鸭头已是有营养的美味佳肴了，据说那鸭头以外的部分都出口去偿还外债去了。经过短期疗养后，病况基本好转，但要坚持完成繁重的研究生课程已是不可能的了，我被分配到为了加强农业而刚成立不久的上海市农药研究所工作，一心想搞有关遗传物质基础研究的我，经过困难时期和病休的切身体会，感到从事农业有关的研究正是我国面临的重要课题，是其他各行各业能够发展兴旺的根本。决心为此而努力。

水稻是我国粮食作物中的主要品种，多数国民的主食。要使水稻稳产高产，涉及各个学科的研究成果。水稻也和人一样要生病，为水稻常见病多发病的防治，研制有效的药物就是我们的任务。老所长告诉我，水稻纹枯病是水稻的重要病害，每年发病面积上亿亩，越是高产密植的措施，发病越严重，成了我国水稻高产稳产的严重障碍，而且没有特效药。我就被分配到这个研究组跟随老一辈专家一起研究，在老所长老专家的亲自领导下，经过无数个日日夜夜的努力，终于找到一种以砒霜为原料合成的化合物能够防治水稻纹枯病，很快就在上海市郊区和全国范围内推广。不久，一场"史无前例的文化大革命"爆发了，老所长、老专家都成了走资派和反动学术权威，被当作牛鬼蛇神关进"牛棚"，农村的植保系统也遭到破坏，什么时期用药，用药量要多少，无人指导，原来我们用砒霜为原料研制的药用少了治不好病，用多了水稻也要中毒，用早了病还没有发透，用迟了水稻就只有空壳而其中没有米，由于用药指导系统被全面砸烂，这一年郊区水稻出现了大面积的空壳无米，剩下一堆稻草。老所长和研究室主任再一次被拉去批判斗争。我一直在想，如果我们研制的药不要用砒霜做原料，工人生产就安全得多；如果我们研制的药，即使用少了一些也能治病，用多了也没有害，什么时候有病就什么时候用药，那有多理想。此时的研究所，从所长到研究室主任以至年龄大一些的课题组长都已被打倒，比较"革命"的都搞斗、批、改去了，剩下一批当时的"修正主义苗子""走资派的社会基础"，除了陪斗、陪批、接受再教育以外倒还逍遥，实验室很少做实验的人，仪器设备也都空着，我在下放农村劳动回所后就和几个学生物出身的人开始了生物农药的研究。

我们的研究所经过几年的发展在化学农药研究方面已经有了一定的基础，但生物农药的研究还得重新开始。在那"革命大批判"的年代，搞科研搞生产都成了罪人，但我们总想无论搞什么，饭总是要吃的！我们只好白天跟着搞革命，晚上继续促生产，我们连最基本的微生物培养用的摇床都没有，我们每天都要脚踏黄鱼车把准备好的微生物样品送到兄弟单位的摇床上去培养，然后再取回来。为了寻找有效的微生物，我们像地质勘探人员那样跑遍了祖国的山山水水，我们曾经在原始森林中迷路。我们曾经误闯入两派武斗的战场，感受到武斗的恐怖气氛。每天我们身背一把水壶和几个馒头在人烟稀少处行程数十里采集一份份的土样，在成千上万份土壤中寻找发现有用的微生物。经过几万次的试验，终于我们发现了一株微生物，它的产物能非常有效地防治水稻纹枯病。在上海刚过完春节的时候，我们已在海南岛开始了在水稻上的大田药效试验。在半年多的时间里，我们从海南岛经过广东、广西、江西、浙江、上海、江苏、安徽，完成了大面积的大田试验，肯定了它的优良性能。这种微生物产物一亩地只要用3～5克就能防治水稻纹枯病，和当时许多农药每亩要用十克几百克相比是超高效的了，即使每亩错用误用了几十克也对水稻无毒无害。而且对人畜非常安全，是一种理想的无公害农药，800亩田的测产证明每亩可增产70斤。由于这种微生物是在井冈山地区的土壤中发现的，我们给予了一个当时非常响亮的名字——井冈霉素。

井冈霉素是一个非常理想的无公害生物农药，但在当时要生产它还是一件很困难的事，每亩地用药的生产成本上百元，降低成本、提高生产水平成了我们研究组的又一攻关任务，我们足足花了7年的时间，使生产水平提高上百倍，创造了抗生素行业中单位时间生产量的最高纪录，把每亩地的用药成本降低到0.5元，成为现在最便宜的农药。

20多年来种水稻的农民几乎都知道井冈霉素，我们吃的大米几乎都用过井冈霉素，全国有30多家工厂生产井冈霉素，每年产量可供全国4亿亩水稻田使用，而且培养了一批批的企业家和领导干部，有的工厂已发展成为上市公司。

从土壤中开始寻找产生井冈霉素的微生物到建立30余家生产厂的10多年里，我们走南闯北，从实验室到工厂到农村，我们和工人一起生产井冈霉素，我们和农民一起应用井冈霉素，在"文化大革命"结束后我们的研究成果获得了上海市首届科技进步奖一等奖和国家技术发明奖三等奖，我们这个研究集体被评为上海市劳动模范集体。以后的年代里，我们的研究组虽然再获得过几个上海市科技进步奖一等奖和化工部科技进步一等奖的科研成果，但在回忆人生往事的时候，最最使我感到回味无穷而又不能忘却的还是那个井冈霉素。这不仅是因为她20多年来一直在保护着我国水稻的稳产高产，每年可减少几十亿斤的水稻损失，20多年来在价格和性能上还没有一个超越她的新农药，她为人们提供了上万个就业岗位，没有大年小年，年年都有上万人为她忙碌；使人感到回味无穷的还在于她出生在一个特殊的年代，像一个在战乱时代出生的体弱多病的婴儿，为了她的成长母亲为她付出了太多太多而特别宠爱她，她是我的处女作，在研制的全过程中我既当指挥员又当战斗员，我为她倾注了全部的心血，我的喜怒哀乐几乎都拴在试验的成功和失败上，为了她我放弃出国进修的机会，为了她我不得不把自己的小孩全托给别人领养，有时甚至几个星期也不能见上一面，正如我们老院士朱洗先生说过的那样"搞科学工作需要人的全部生命，八小时工作制是行不通的"。只有把探索未知的事业认为是人生最大乐趣的人才有可能在科学上有所作为，即便许多科学家的研究成果当它被获得社会承认的时候他已是耄耋老人了，即使有更多的科学家甚至在他活着的时候看不到社会的承认，但他们已经在探索未知的过程中感受到了常人无法感受到的乐趣，科学还是吸引着一代又一代为它贡献的人们。

人们常说老人爱回忆，此时此刻我又想起了青少年时代读过的一部小说《钢铁是怎样炼成的》，其中有一句名言："人的一生应当怎样度过，当他回首往事的时候，他不致因为虚度年华而悔恨，也不致因为过去的碌碌无为而羞愧。"这是我在青少年时候就记住的一句名言。

11月，"微生物法生产丙烯酰胺"成果获得上海市科学技术进步奖一等奖。

同月，化学工业部召开专家组会议，评审通过沈寅初为南京化工大学（2001年与原南京建筑工程学院合并组建为南京工业大学）化学工程博士点博士生指导教师（兼职）。

12月，"7051杀虫素"成果获化学工业部科技进步一等奖。

12月，发表《农用抗生素研究开发新进展》[独著，植保技术与推广，1997,(06)]。文章概述20世纪60年代至90年代实用化农用抗生素的发展和近年来发现的一些正在研究实用化可能性的农用抗生素，并介绍了一些通过化学合成改造结构、在农业中实现应用的农用抗生素。文章提出：

> 农用抗生素的开发研究不仅直接为农作物病虫的防治提供了新品种，而且为化学家开发新的化学农药提供了先导化合物，为开发更优良的新农药提供了样板，学科间的渗透和结合创造出更优异的成果，许多生物农药包括像Bt这样的生物农药，从其本质来说是通过它的活性物质如Bt的毒蛋白作用于靶标的，通过和生物的结合及化学农药研究开发本身的进展，化学农药已不再是高毒、低效、不安全、污染环境的代名词了。

1998年 60岁

本年，获上海市科技功臣称号。

"上海市科技功臣奖"是对上海科技工作者的最高荣誉，旨在表彰有突出贡献的科技人员。

获何梁何利基金"科学与技术进步奖"。

"微生物催化法生产丙烯酰胺"成果获国家科技进步奖二等奖。

4月，被评为上海医药（集团）总公司1997年度先进工作者。

同月，发表《农用抗生素研究开发的新进展》[独著，国外医药（抗生素分册），1998,(02)]，该文叙述了农用抗生素实用化的进展、近年来发展的一些新农用抗生素以及天然农用抗生素的结构改造。

6月，发表《胆固醇合成抑制剂的研究开发》[独著，上海化工，1998,(11)]，综述了胆固醇生物合成过程及生物合成过程中关键酶抑制剂的研究开发现状，为研究抑制胆固醇合成药作列题准备。

同月，发表《生物技术在化学工业中的应用》[独著，上海化工，1998,(12)]，阐明生物技术在化工产品中应用的几大特点：原料为可再生性资源、生产过程温和、反应单一性、设备同一性、可进行高难度的化学反应、三废污染少。概述了生物技术在化学品生产中的三大类成就：生物体直接生产化学品、利用生物酶催化合成化学品、为化学合成新产品提供原料。分析并阐述了生物技术在化学品产业中应用所面临的问题及其应用前景：

> 传统的生物技术把希望寄托在一株高性能的微生物，或是发现一种高性能的酶和高效率的生产工艺。而现代生物技术的研究是从本质上解决生物技术在化学品生产中的问题。目前人类基因组计划、水稻基因组计划和微生物的基因组计划已在一些国家的多个实验室付诸实施。这些计划的完成将为我们阐明基因结构和功能的关系，阐明生命活动过程的调控，以及在生物体内化学变化的启动、加速、抑制等过程的本质。这些研究工作的进展将培育出高效率地进行光合作用的高产农作物，通过基因工程组建能高效率转化与生产有用物质的生物体，有控制地生产所需的化学品。到那时，将建立起一个利用可再生资源、可持续进行的化学工业新体系。

8月，合作发明的成果"农业园艺用杀菌剂新抗生素RS-28A的制备方法"获发明专利授权，专利权人：上海市农药研究所、日本理化学研究所，发明人：倪长春、高伟明、王知惠、张云桦、沈寅初、郭庆铭、矶野清、木原刚、长田裕之、山口勇、有江力、清水俊行。摘要如下：

> 本发明提供了一种新抗生素RS-28A及其制备方法，还提供了一种有效成分为RS-28A的农业园艺用杀菌剂。它对防治黄瓜炭疽病、菌核病等具有卓效，既有强选择性，又有高度安全性，对施用人员毫无影响，又无任何药害。本抗生素可通过培养链霉菌RS-28（Streptomyces sp. RS-28）而制得。

9月，合作发表《一株产丙烯腈水合酶菌株的研究》[张云桦、方仁萍、沈寅初，工业微生物，1998,(03)]。论文记载：

> 从山东省泰山的土壤中分离到一株编号为86-163的菌株，能使丙烯腈转化为丙烯酰胺，经过分离纯鉴定，该菌株属于诺卡氏菌，能产生可催化丙烯腈水合成丙烯酰胺的腈水合酶。

该文报道了86-163菌株的生物学鉴定及其对丙烯腈有关酶活性的研究成果，研究结果表明：

> 86-163菌株只具有使丙烯腈转化为丙烯酰胺的丙烯腈水合酶，不存在腈酶和酰胺酶。这一特性对该菌株的实用化十分有利，便于通过诱变育种提高产酶量达到高转化率和高纯度的生产要求。

研究组对86-163菌株与Nocardia 775、Nocardia corallina进行了比较，得出结论：

> 86-163菌株可能是诺卡氏菌第一类群中的一个新种，暂定为Nocardia sp. 86-163。

9月，担任新成立的浙江工业大学生物工程研究所首席教授（跨单位工作）。

　　沈寅初早就有退休时到高校工作的想法。沈寅初早年在日本理化研究所研修，之后又进行了长期合作，了解该所学者的职业生涯特点，他们60岁退休，退休后有的学者就应聘到大学从事几年教学与科研工作，沈寅初的导师见里朝正就是如此。日本学者尤其是见里朝正的职业道路给了沈寅初很大启发，沈寅初由此想到，他到一定年龄后，研究的敏感性和创造力相对而言会趋弱，但是他积累了丰富的科学研究的经验，可以在大学里培养人才。

　　还有一个重要原因是，当时上海市农药研究所正在改制，沈寅初在科学研究中积累了不少很有前景的题目，但缺少科研团队和得力的科研助手，很难付诸实现。郑裕国回忆说："沈院士当时来浙江工业大学，主要目的就是要把几个正在做的很有价值的项目继续向前推进，因为上海市农药研究所当时正面临改制。他有几个愿望，一是他在研究中发现，井冈霉素具有进一步研究开发的价值，不仅可以抗菌，而且可以开发其他的功效，井冈霉素已经是一个农药的民族品牌，希望能够继续开发出新的产品；二是生产丙烯酰胺的腈水合酶，可以向腈水解酶及腈酶的研究领域拓展，因为腈水解酶和腈酶也具有很广泛的用途。此外还有抗氧化剂虾青素等课题。而这些课题都需要有团队去做。"

　　上年，沈寅初已经向上海市农药研究所提交了退休申请，农药研究所已经予以批准。几所高校获悉后均向他伸出了橄榄枝，他选择了浙江工业大学。时任浙江工业大学党委书记王国榜讲述了邀请沈寅初加盟学校的经过。其时，该校正致力于引进高层次的领军人才，校友、浙江新安集团总经理季诚建推荐了沈寅初。大约在本年6月，王国榜到上海拜访了沈寅初，并力邀其到浙江工业大学工作。8月10日，王国榜与时任校长吴添祖向沈寅初发出书面工作邀请。邀请函如下：

> 沈院士：
>
> 盛夏时季，蒙受校友引见，与先生聚会，十分有幸。敬仰先生的学识，得知先生正在办退休手续，请允许我们冒昧地邀请先生能来我校共创新业。
>
> 我校是地方重点工科大学，近几年顺应社会发展和经济建设的需要，经过全校一万师生员工的加倍努力，有了较快的发展。在上水平、抓质量、求特色、创效益的过程中，我校迫切需要加强学科建设，特别是高起点的学科，以促进教育面向现代化的进程，更好地为地方经济建设服务。我校已有生物与环境工程学院，在生物、化工、制药及农药的研究方面有一定基础。生物制药亦是浙江省要重点发展的高科技产业。如您能来我校工作，我们将成立浙江工业大学生物制药工程研究所，恳请您来主持研究所的工作。
>
> 如先生能来我校工作，我们将为您努力创造良好的工作与生活条件，包括研究开发启动资金、人员配置、实验研究用房及有关生活保障等方面的条件，具体可面议。
>
> 恭候先生的佳音。

82岁的王国榜在接受笔者的采访时，谈起20多年前引进沈寅初的往事，依然历历在目，感动不已。他说：

"邀请沈院士来浙江工业大学工作的过程非常顺利，沈院士自始至终没有提过任何关于待遇、经费、房子等方面的要求，学校提出要给他人才引进的补贴以及科研启动费等待遇，沈院士都予以拒绝。他只提出一个要求，就是要有教师尤其是年轻教师真正愿意跟着他一起做科学研究。"浙江工业大学向沈寅初提供了生物工程及相关学科教师的科研情况清单。王国榜一再说："沈院士的人品真的是太好了！他不追求任何物质利益，来浙江工业大学一心只想着做事业，是一个真正的大科学家。"

为什么选择到浙江省的高校？沈寅初说："我是浙江人，大部分科研成果又在浙江实现产业化，所以有着浓厚的浙江情结。"浙江日报2001年10月5日第4版刊登的报道《高新技术在浙江能得到很好运用》（记者 金海忠）回答了这一问题。兹录报道全文如下：

"浙江有较强的经济实力，而且近年来又十分重视发挥高新技术在发展经济中的作用，所以，我感到高新技术在浙江能得到很好的运用。"谈起对浙江的印象，中国工程院院士、浙江工业大学校长沈寅初颇有感慨地说。

说起与浙江的合作，沈寅初院士显得十分激动。他说："我的科研工作，得到了浙江许多企业的支持，研究成果出来以后，又在浙江的企业中得到了很好的转化。所以，我对浙江有说不完的感激。"事实上，早在1976年，沈寅初就把他主持开发的第一个生物农药产品——井冈霉素放在了我省的海宁农药厂（注：桐庐农药厂和海宁农药厂）等企业生产。1991年，沈寅初又把另一个生物农药产品——杀螨杀虫抗生素放在了椒江的海门制药厂等企业生产。由于有了高科技产品的支持，近年来海宁农药厂、海门制药厂都获得了快速发展，并成为各自行业的龙头。

在多年的工作中，沈寅初院士感到，浙江省对人才的渴求十分强烈。所以，如何为家乡多培养人才成为一段时间沈院士考虑最多的一个问题。也正是在这样的情况下，当浙江工业大学提出请沈院士到浙江来工作时，沈院士欣然同意。沈寅初院士的到来，使浙江工业大学的学科建设、科研水平得到了显著提高。2000年，在沈院士的指导和关心下，浙江工业大学的科研经费到款突破5000万元，为历年之最。

"不是我有多少本事，而是浙江对高科技的科研项目实在太重视了。"说起这方面的情况，沈寅初十分谦虚。他说，事实上，这几年，浙江工业大学已先后与杭州市上城区、下城区和舟山市普陀区等共建高科技园区，另外，还与20多个市（县）的800多家企业建立了科技合作关系。

由于工作的关系，沈院士到过浙江的许多地方。他说，这几年，浙江的变化实在太大了，特别是城市化建设，更是鼓舞人心，比如椒江、海宁、桐庐和嵊州，现在再去，有时都不敢相信自己的眼睛了。

10月22日，获何梁何利基金"科学与技术进步奖"，并参加在北京举行的颁奖典礼。

何梁何利基金 香港爱国金融家何善衡、梁銶琚、何添、利国伟先生基于崇尚科学、振兴中华的热忱，各捐资1亿港元于1994年3月30日在香港注册成立的社会公益性慈善基金。其宗旨是通过奖励取得杰出成就的我国科技工作者，促进中国的科学与技术发展，倡导尊重知识、尊重人才、崇尚科学的良好社会风尚，激励科技工作者不断攀登科学技术高峰，加速国家现代化建设进程。基金设有"科学与技术成就奖""科学与技术进步奖""科学与技术创新奖",其中"科学与技术进步奖"授予在特定学科领域取得重大发明、发现和科技成果者。

10月24日,出席浙江工业大学建校45周年庆祝大会。

加盟浙江工业大学生物工程研究所后,沈寅初立刻投入到该校的科学研究与人才培养工作中。本年12月,沈寅初在该校子良楼会议室为相关学科的教师作了学术报告,报告非常具有前沿性,沈寅初讲述了他的科研经历与经验,并分享了20余个较有前景的题目。聆听了这次讲座的郑裕国回忆说:"沈院士当时讲了20多个题目,其中包括井冈霉素从杀菌剂到杀虫剂的延伸研究,腈水合酶向腈水解酶及腈酶的拓展研究,抗氧化剂虾青素的研发等等。至于是否做,则完全由老师自己决定。"

此后,沈寅初每一两周来一次浙江工业大学,每次来都召集课题组教师召开学术例会,老师们汇报各自的研究进展,沈寅初进行点评,对他们的选题与研究方法等进行指导。时任该校生物与环境工程学院党委书记黄海凤教授回忆:"沈院士1998年下半年到学校后,工作非常投入,每次来学校都要给学科教师开学术例会。"老师们也铆足了劲,该学院的科研工作在短短几年内取得了突飞猛进的进步。

12月,"微生物催化法生产丙烯酰胺"成果获国家科技进步奖二等奖,沈寅初虽然是总负责人,但申报时将自己的名字列在第五。这是沈寅初科研历程中非常重要的一项科研成果，2001年2月11日《中国化工报》发表的《沈寅初与三大步》（记者　赵晓强）报道了沈寅初及其团队实现微生物法生产聚丙烯酰胺技术产业化的历程。报道全文如下：

> 1986年，化工部上海生物化学工程研究中心（下简称上海生化中心）科研人员在我国泰山的土壤中筛选得到一株高活性的丙烯腈水合酶生产菌株，正是这一菌株日后改变了我国聚丙烯酰胺的生产技术，使我国聚丙烯酰胺生产技术跳过化学法，实现跳跃性进步，走在世界的前列。
>
> "七五"期间，由上海生化中心承担的微生物法生产丙烯酰胺就被国家科委列为小试攻关项目。该项目1989年通过小试鉴定。1991年年产50吨规模的微生物法生产丙烯酰胺技术被国家科委列为中试科研项目。
>
> 沈寅初预感到这株菌株可能会有万吨级的工业生产规模，于是他率领他的研究小组走上了一条不平坦的产业化之路。
>
> 他们首先找到了当时的化工部聚合物中心，向其推销自己的技术，又找了当时的浦东化肥厂、上海太平洋化工公司，一直没有结果。直到1992年他们找到了桐庐农药厂，厂长为回报沈寅初为该厂井冈霉素生产作出的重要贡献，同意先付20万元购买该技术，生产效果好后再付20万元。新技术搭上人情被推销出去了，沈寅初的产业化之路终于迈出了艰难的第一步。这一步从1989年到1992年，历时3年。
>
> 该厂与上海生化中心合作建起了440吨/年的生产线，超额完成了"八五"攻关任务，经专家鉴定，评审该项目达到国际先进水平。一时，桐庐这个小城热闹起来，全国科技界、企业界的代表纷至沓来。
>
> 到1993年，该项目已被科技部列入火炬计划，并获得无息贷款。遗憾的是，由于该厂所在地富春江被国家列为重点旅游保

护区，不允许上工业项目，该项目被迫放弃。

440吨，离沈寅初的万吨级规模还差得远。他们又开始寻找企业。应该说，这时的技术已初具规模，并蕴含着巨大的商机，但还是没有企业愿意出钱。经过3年，到1996年，沈寅初幸得欧阳平凯（著名生物化工专家，南京化工大学校长）的介绍，与江苏如皋南天化工厂达成成果转让协议，以50万元转让了该技术。知识的价值终于得到了体现。同年，该项目被评为国家"八五"科技攻关A级重大科技成果，该技术已扩大到千吨级规模，沈寅初的产业化之路迈出了可喜的第二步，这一步历时4年。

知识的价值一旦被人们所认识，立即备受瞩目。在这以后，全国出现了一轮购买该技术（千吨级）的热潮，江西、张家口、山东等地的企业陆续上了生产线；再后来，甚至有人跳窗到生物化学工程研究中心偷窃该技术，被发现后底片被当场曝光。

沈寅初仍执着于他的万吨级梦想。"九五"期间，万吨级微生物法丙烯酰胺生产技术被列入国家科技攻关重中之重项目。上海生化中心用一年的时间就完成了技术攻关，接下来又是老问题——产业化。上万吨级的生产线，企业家需要更强的资金实力和更大的魄力，沈寅初再次走上了寻寻觅觅之路。

这一次，郭文礼出现了。郭文礼哈工大毕业，先在一科研单位从事科研工作，后下海从事实业。郭文礼是聚丙烯酰胺方面的专家，此前他一直从事化学法生产聚丙烯酰胺。接触到沈寅初的技术后，他表示了极大的兴趣。他到已采用该技术的企业购买产品进行分析化验，在确定了产品的优良性能后，达成了与上海生化中心的合作意向。生化中心本着认真负责的态度，带着菌株到设备厂做试验，结果令郭文礼满意后，与郭文礼签订了技术转让合同。郭文礼征地100亩，创立北京恒聚油田化学剂有限公司，在通州区建立万吨级微生物法丙烯酰胺生产装置。郭文礼对新技术的敏感和较高的专业素质对这次合作有决定性的作用。

通州区政府"要酱油给酱油，要醋给醋"，大力支持高新技术发展的政策为该项目的实施无疑是烧了一把火。在通州计委、行业主管部门、金融部门和地方政府的大力支持下，恒聚公司投资1亿元的2.5万吨/年～3万吨/年微生物法丙烯酰胺生产线在不到一年的时间内顺利投产，并通过了国家验收。当年曾负责过这一项目技术鉴定的成思危副委员长特别向沈寅初表示祝贺。沈寅初迈出了关键性的第三步，圆了他的万吨级梦想，也使我国聚丙烯酰胺生产技术实现了跳跃性进步，走在了世界前列。这一步从1996年到2000年，历时4年。到今天，这一技术已在江苏、江西、山东、河北、大庆、北京等地建成了六套生产装置，年生产能力可达6.8万吨；加上广东一套在建的装置，全部完成后年生产能力可达7.5万吨。装置全部投产后，如果以生产聚丙烯酰胺计，销售额可达近16亿元。

回首往事，沈寅初不胜感慨，这一技术历经"七五""八五""九五"15年，沈寅初也已成了华发老人。15年前泰山脚下的菌株终于走出实验室，在工业生产中大放异彩。沈寅初说，他永远不会忘记桐庐农药厂、南天化工厂、恒聚油田化学剂公司，这三家企业在该技术的产业化进程中起到了决定性作用，是这些企业家对知识的尊重、对高技术的敏感、敢于承担风险的魄力和对事业的献身精神才使这一技术成果日趋成熟，产生出巨大的经济价值。我们同样应该感谢沈寅初，是他15年对产业化之梦的执着和对该技术的不断完善，才有今天该技术在国际上的领先。

这是生物化工领域非常重量级的一个成果，具有显著的经济效益和社会效益。至2010年前后，沈寅初团队的万吨级微生物法丙烯酰胺生产技术已经得到全面推广，全国丙烯酰胺的产量，达到30万吨，完全能够满足国家需要，还实现了出口。目前，中国丙烯酰胺约90%都使用微生物法生产，我国已成为全球丙烯酰胺生产技术最先进、产量最大的国家。沈寅初为中国的聚丙烯酰胺工业的发展作出巨大的贡献，他的微生物法生产丙烯酰胺的工业化技术被称为"中国生物催化技术产业化成功应用的典范"。沈寅初由此成为中国生物化工产业的奠基人，2021年11月举行的全国功能高分子行业委员会年会上，沈寅初荣获全国功能高分子行业发展突出贡献终身奖。沈寅初总是说，这是他最得意的一项科研成果。

1999年 61岁

本年，"7051杀虫素"成果获国家科技进步奖二等奖。

研究团队继续进行"酶拆分-化学转位法制备S-烯丙醇酮"项目工业化生产的研究开发工作。据本年5月发表的《酶拆分-化学转位法制备S-烯丙醇酮初探》[张育雷、薛章荣、缪利明、沈寅初、张一宾，上海化工，1999,(10)]一文报道：

> 上海市农药研究所从1997年开始从事具有光选择性水解乙酰烯丙醇酮酯酶的微生物菌种筛选工作；于次年从云南西双版纳采集的土壤中分离得一株具有此种活性的#301菌种，经过纯化，再通过对发酵培养条件及水解反应的研究，使烯丙醇酮的水解转化率达到45%以上，化学收率和光学纯度均达90%左右。目前正在进行工业化生产的研究开发中，开发成功后将会产生巨

> 大的经济效益。如以年产20吨S-烯丙菊酯为例，现在ES-烯丙菊酯（EBT）的市售价为180万元（人民币）/吨，而本法生产的S-烯丙菊酯的生产成本仅为65万元（人民币）/吨，这样每年就可获得2000万元（人民币）的毛利。此外，上海市农药研究所还准备将此法应用于生产另一重要卫生用拟除虫菊酯类杀虫剂——炔丙菊酯中间体炔丙醇酮的拆分。此项技术还可进一步开发应用于其他拟除虫菊酯类中间体的拆分，将可能获得更大的社会和经济效益。此外，此项技术亦能进一步研究应用于医药或其他精细化工品的光学活性体的开发。

该文还归纳了卫生用拟除虫菊酯类杀虫剂丙烯菊酯主要中间体之一——S-烯丙醇酮的合成方法：不对称合成法、化学拆分法、酶拆分法，重点介绍通过酯酶拆分后再经化学转位的生产方法。

6月23日，参加浙江工业大学生物与环境工程学院1999届本科毕业论文答辩。该学院裘娟萍教授回忆："沈院士全程参加了本科毕业论文答辩，对本科毕业生及其导师进行了细致的指导。"

裘娟萍还讲述了沈寅初注重本科生教学的其他细节："沈院士亲自给本科生上课；去听老师的本科生课，每次都要听满两节课；与老师一起录制本科生课程'微生物学'（国家精品课程视频）；经常为本科生作讲座等等。"

8月5日，参加浙江工业大学生物与环境工程学院"微生物反应制备生理活性物质——虾青素"成果鉴定会。该成果在沈寅初指导下完成，浙江海正药业股份有限公司资助10万元的科研启动经费，项目于本年3月28日启动。项目负责人为郑裕国，成员有汪钊、陈小龙、裘娟萍、王普、许培雅、应国清、张赛萍、何金华、张崇生等。

海正药业肯定了该项目取得的成果，并表示将进一步向产业化推进。双方签订后续合作的协议书。虾青素，3,3-二羟基-4,4-二酮基-β，β-胡萝卜素，是一种非维生素A原的天然类胡萝卜素，在动物体内不能转变为维生素A，但它有极强的抗氧化性能。动物试验表明它有抑制肿瘤发生、增强免疫功能、抗氧化、猝灭自由基等多方面的生物学功能，虾青素对由糖尿病引起的眼病也有较好的防治作用，因此在功能食品和医药方面有广泛的应用前景。同时，虾青素又是一种良好的着色剂，是鲑鱼等鱼类的主要色素，而动物缺乏合成类胡萝卜素的能力，因此，虾青素在水产养殖方面具有重要价值，有广阔的市场前景。

"虾青素的微生物发酵"是沈寅初担任浙江工业大学生物工程研究所首席教授后，带领团队所获得的第一项重要成果，浙江工业大学成为全国第一个获得虾青素产业化技术的单位。据《我校引进"共享院士"初尝甜头　高品质虾青素样品为学校赢得合作开发良机》一文（2000年3月17日《浙江工业大学报》，记者　朱毅灵）报道：

> 微生物合成虾青素的成功开发，只是我校引进沈寅初院士尝到的第一个甜头。据郑裕国副教授介绍，沈院士虽然奔波于上海

与杭州之间，每个月只有一周的时间在我校工作，但他每次一到工大就忙着奔实验室，及时传递最新的学术信息，把握整个课题乃至学科的发展方向，其敬业的工作态度和踏实的工作作风对青年教师触动很大。沈院士的目标是，将我校的生物化工学科逐步引入全国的最高学术圈，使生物化工学科的发展能进入一个较高水平，有一两个产品实现产业化、创造比较大的经济效益，培养出几个在全国有知名度的中青年教授。

9月，在新中国成立50周年之际，被评为上海市经济产业系统50名有功人员。

12月，主持的"微生物反应制备生理活性物质"项目获省科技厅立项，项目金额：7.3万元，主要参与人：郑裕国、汪钊、裘娟萍、王普、应国清、陈小龙、许培雅，该项目于次年12月通过验收。

12月，"7051杀虫素"成果获国家科技进步奖二等奖。

"7051杀虫素"成果完成人：张国凡、杨慧心、陶正利、刘俊士、沈寅初、陈祥健、杨星、李蜀生、吕红妹，第一完成单位：化工部上海生物化学工程研究中心，合作单位：浙江海门制药厂、上海溶剂厂。简介如下：

7051杀虫素是一种新型抗生素生物农药，是从中国土壤中分离到的近万株土壤微生物中，通过生物测定筛选发现的第7051株菌株代谢活性产物。它的化学结构与美国Merck公司Avermectin产品结构相同，均为十六元大环内酯结构。经过生物学分类鉴定，7051菌株是一株链霉菌（Streptomyces 7051.S.O.），并将其代谢活性产物定名7051杀虫素。经田间应用试验证明，7051杀虫素对多种常见的难治害虫均具有优异的防治效果，而且具有用量低（仅为0.2～0.5克）、在自然界易分解、残留低、顺应环境等优点。7051杀虫素经过高单位菌种选育、生物发酵工艺、化学工程及应用技术等关键性技术的研究。它的技术特点，是由多种边缘学科融合一体的生物技术，是利用价廉的农副产品生产高附加值产品。于1995年8月在浙江海门制药厂通过"八五"攻关中试技术鉴定。同年投入中试生产，并于1995年和1997年相继建成年产10吨的原药生产线，大部分产品出口创汇。自1998年6月，累计新增产值10.52亿元，新增利税1.604亿元，创汇0.3986亿美元，累计推广防治面积近1亿亩次，取得良好的经济效益和社会效益。1996年被评为"八五"攻关A级重大成果。1997年获化工部科技进步一等奖（2006年1月录入知网科技成果库成果）。

上年，上海农乐生物股份有限公司以浙江海正药业的阿维菌素原药生产制剂，应用于水稻杀虫，成为第一个取得7051杀虫素水稻上应用药证的企业，在阿维菌素的生产及应用历程中迈出了重大的一步。随着我国阿维菌素生产的不断发展，我国有数十家相关的企业与多家上市公司，形成了我国阿维菌素产业链。市场价格由过去一公斤几万元降至500元左右，美国默克公司不再生产阿维菌素，转而从中国买进。据袁杨、杨红艳2022年6月发表于《南方农业》的《我国生物农药发展历程及应用展望》一文称："阿维菌素年产值约15亿元、年出口约7亿元。"

本年下半年至2000年上半年，郑裕国团队就井冈霉素的酶解过程与浙江钱江生物化学股份有限公司签订协议，项目目标是把井冈霉素从农药变成医药中间体，

2003年完成了该项目的小试，并移交了菌种和技术。当年，高纯度井冈霉素生物催化生产井冈霉醇胺技术在钱江生化开始进入产业化研究，使浙江省成了全球井冈霉素的生产基地及技术研发中心。至此，郑裕国团队在沈寅初的指导下，成功完成井冈霉素高值化与绿色化的技术开发，建立了井冈霉素从生物农药到生物医药的产业链。"高纯度井冈霉素生物催化生产井冈霉醇胺的产业化技术开发"成果后来获得2008年度国家技术发明奖二等奖。

2000年 62岁

本年，担任浙江工业大学校长。

"九五"国家攻关重点项目"万吨级微生物法聚丙烯酰胺产业化"通过国家验收。

3月，主持开发的虾青素样品通过三得利公司总部的检测，其品质得到日方科研人员的高度肯定。

4月，浙江工业大学生物化工学科被确立为第四批省级重点扶植学科。

4月21日至25日，接待日本三得利公司专务田中隆治教授和国际著名微生物学专家、大阪大学微生物学系主任浜田茂幸教授一行，与日本考察团交流了有关虾青素的研究开发情况。田中、浜田两位教授认为，沈寅初团队提供的虾青素样品之含量和品质已远超世界先进水平。三得利公司表示愿意向浙江工业大学沈寅初团队提供一定数额的研究经费和数百万元的仪器设备，并购买虾青素产品（见2000年4月28日《浙江工业大学报》）。

9月，主持的浙江省院士基金项目"微生物反应制备生理活性物质——虾青素"通过浙江省科委组织的鉴定，省内外专家认为该研究成果达到国内领先水平，接近国际先进水平，已具备推向产业化的条件（见2000年9月29日《浙江工业大学报》）。

12月，合作发表《红发夫酵母高产虾青素突变株的选育方法》[裘娟萍、沈寅初，工业微生物，2000,(04)]，文章叙述和评价了20世纪90年代以来国内外关于提高红发夫酵母产虾青素能力的多种选育方法及其效果，并通过比较发现红发夫酵母经NTG诱变后应用筛选剂筛选红色色度高的菌落是最有效的选育方法。

12月，担任浙江工业大学校长。

12月29日，"九五"国家攻关重点项目万吨级微生物法聚丙烯酰胺产业化在恒聚生物化工厂通过国家验收。一直关注着沈寅初团队这一研究项目的成思危（时任全国人大常委会副委员长）发来了贺信。

本年，沈寅初、张一宾合作编著的《生物农药》一书由化学工业出版社出版发行，该图书属于国家重点图书中的"高新技术科普丛书"，并于2005年10月获中国石油化学工业科技进步一等奖。

本年，指导并参与的"微生物催化法生产维生素PP（烟酰胺）研究"列入国家"十五"期间攻关项目，这是丙烯腈水合酶生产技术的衍生项目，负责人是上海市农药研究所薛建萍。在"万吨级微生物法丙烯酰胺生产技术"获得成功后，沈寅初规划了腈水合酶在多种含腈化合物转化成酰胺类化合物应用中的研究，该项目为其中的一项。

自本年起，在沈寅初指导下，郑裕国团队与海正药业合作开展腈化合物转化酶的菌种筛选等工作，后来的合作研发聚焦于"亚胺培南/西司他丁钠化学－酶法合成关键技术及产业化开发"，2005年投入生产，该成果2009年获中国石油和化学工业协会科技进步一等奖，继而获得2010年度国家技术发明奖二等奖。郑裕国说："该成果标志着沈院士开创的腈转化酶研究从非手性化合物的生产拓展到了手性化合物的生产。我们传承了沈寅初的科研事业，并在传承中实现了创新，在创新中获得了发展。"

2001年 63岁

"微生物催化法生产丙烯酰胺和聚丙烯酰胺"成果获中国石油和化学工业协会科技进步一等奖。

被选为中国化工学会副理事长。

1月，以上海市农药研究所为依托的国家南方农药创制中心（上海）通过国家科技部验收，进入运行状态。

同月，主持的"假氨基糖酶抑制剂药物的新生产工艺研究"获杭州市科技发展计划项目立项，项目金额：15万元，主要参与人：郑裕国、汪钊、陈小龙、陈振明、王远山、胡忠策、朱健、倪文跃。

同月，指导并参与的课题"酶基因克隆技术裂解有效霉素制备糖苷酶抑制剂"获浙江省自然科学基金项目立项，项目金额：50万元，负责人：郑裕国。

同月，指导并参与的"微生物发酵法生产虾青素"获浙江省科技计划项目重大专项立项，项目金额：50万元，负责人：郑裕国。

2月，合作发表《虾青素生产技术及其应用》[郑裕国、沈寅初，化工科技市场，2001,(02)]。主要内容如下：

> 虾青素有很强的抗氧化功能，"对紫外线引起的皮肤癌有很好的治疗效果"，"还能显著地促进淋巴组织抗体的产生，特别是与体内T细胞相关抗原的抗体产生。虾青素与脂肪酸结合形成的酯比脂肪酸与其他类胡萝卜素形成的酯稳定，不易被氧化。"虾青素可以用化学合成法和生物合成法生产，而生物合成的虾青素其安全性和性能均优于化学合成的虾青素，因此，生物合成法已成为虾青素生产的主要发展方向。该文综述了虾青素的生产方法与技术以及在医药、食品、日用化工、饲料等各个领域的应用。"作为一种新的生物化工产品，国内虾青素的研究开发还刚刚起步，市场上对虾青素的认识还不是很深，市场上尚无产品供应，而国外如欧美市场每年的需求量在几十吨以上，需求额达十几亿美元。加强研究与开发虾青素产品和虾青素的应用领域具有非常广阔的前景。虾青素的生产方法主要是生物合成法，我们已经得到稳定的虾青素高产菌，通过工艺条件的优化研究和用先进的生物分离技术已获得稳定优质的虾青素产品。"

6月，合作发表《分光光度法测定红发夫酵母中虾青素含量》[许培雅、郑裕国、沈寅初，浙江工业大学学报，2001,(02)]。论文摘要如下：

建立了测定红发夫酵母胞内虾青素含量的前处理工艺及分光光度分析方法。其前处理工艺一次提取率达96.2%，提取液在480nm处有最大吸收，建立的分光光度法加标回收率为100.2%～104.1%，标准偏差为0.21%～0.43%，表明该分析方法准确性高，重复性好，且简便、快速，可以作为菌种筛选、发酵条件优化过程中快速测定菌体中虾青素含量的方法。

同月，合作发表《微生物转化甘油生产1,3-二羟基丙酮的菌株筛选》[郑裕国、张霞、沈寅初，浙江工业大学学报，2001,(02)]。摘要如下：

对不同地区的土壤进行菌种筛选，得到30余株可将甘油转化为1,3-二羟基丙酮的菌株，其中3株转化活力较高，本文仅对其中ZW12菌株的培养和转化条件进行了初步研究，在较优的培养条件下，甘油到1,3-二羟基丙酮的最高转化率可达16%。

同月，合作发表《虾青素高产菌种的选育》[裘娟萍、王普、沈寅初，工业微生物，2001,(02)]。摘要如下：

以红发夫酵母（*Phaffia rhodozyma*）AS2.1557为出发株，经诱变育种总色素含量提高8.5倍，总色素产量提高2倍。用生长弱、含量高的突变株与生长快、含量低的野生型进行原生质体融合，融合子产量比高产亲株提高169%。应用体细胞交换技术、单元化处理技术获得单倍体融合子可大大提高融合子的稳定性。

6月15日，出席浙江工业大学2001届本专科学生和研究生毕业典礼并讲话。沈寅初向毕业生提出三点希望："第一，希望你们学会思考，成为理想远大、思想丰富的人；第二，要勇于创新，成为具有竞争能力和协作精神的人；第三，要不断学习，成为全面发展、适应时代需要的人。"

7月9日，出席浙江省生物技术及产业发展研讨会，并作专题报告。

9月，合作发表《红发夫酵母的生物学特性》[裘娟萍、沈寅初，工业微生物，2001,(03)]。摘要如下：

> 红发夫酵母以单细胞为主，有时能形成假菌丝。菌落因菌体产生虾青素等类胡萝卜素而呈红色，类胡萝卜素均匀地分布于细胞脂质中。红发夫酵母为专性好氧菌，细胞产生类胡萝卜素需要大量氧气。葡萄糖和蔗糖为最佳碳源，酵母膏是最佳氮源。红发夫酵母具克拉布特里（Crabtree）效应。红发夫酵母生长温度范围为4~27℃，属于兼性嗜冷的低温型微生物。最适生长pH为6.0，色素形成的最适pH为5.0。

9月20日，参加浙江工业大学2001级新生开学典礼并致辞。沈寅初在致辞中勉励新同学："大学生不但要学习书本上的知识，更要努力提高自己的综合素质和创新能力。通过大学阶段的学习、磨炼，努力把自己造就成为具有较高的政治素质、工程素质、科学素质、经济素质、人文素质的高级人才。"（2001年9月21日《浙江工业大学报》）

11月，出席浙江工业大学药学院成立仪式。

2002年 64岁

本年，获"侯德榜化工科学技术奖"与"杜邦科技创新奖"。

1月21日，参加浙江省委、省政府召开的在浙"两院"院士和中青年科技工作者座谈会并作为院士代表之一发言。

同月，主持的"微生物酶解井冈霉素制备酶抑制剂的酶催化过程"项目获国家基金立项，项目金额：20万元，主要参与人：郑裕国、汪钊、陈小龙、陈振明、胡忠策、王远山、黄隽，该项目于2004年12月结题。

同月，指导并参与的"新型食品及饲料添加剂开发利用——发酵法生产虾青素"获国家"十五"攻关项目立项，项目金额：65万元，负责人：郑裕国。

同月，指导并参与的"新型生物杀虫剂刺糖菌素生产工艺研究"获省科技厅项目立项，项目金额：10万元，负责人：王普。

同月，合作发表《农用抗生素刺糖菌素（Spinosads）的研究进展》[陈小龙、郑裕国、沈寅初，农药，2002,(01)]。文章"综述了农用抗生素刺糖菌素的研究进展，主要论述了它的理化性质、生理特性、发酵生产、分离提取、分析检测、活性谱和Ld50，旨在为刺糖菌素的研究开发提供参考"。

2月，合作发表《高产虾青素的红发夫酵母菌种的选育》[王普、裘娟萍、郑裕国、沈寅初,微生物学报,2002,(01)]。摘要如下：

> 红发夫酵母（*Phaffia rhodozyma*）是发酵法生产虾青素的优良菌株。本文采用Cs137-γ射线重复辐照，并交替进行亚硝基胍（NTG）诱变处理，选育得到一株高产虾青素的红发夫酵母YB-20-29突变株。该菌株摇瓶发酵的生物量达36.32g/L，总色素含量为1216.0μg/g，较原始菌株提高308%，虾青素产量达30.9μg/mL，是一株很有开发前景的虾青素高产菌株。

3月，国家和上海有关部门提出让沈寅初出面重组整合国家南方农药创制中心（上海基地），沈寅初推荐钱旭红教授兼任中心主任，建议并支持钱旭红推动整合建立民营非企业的"上海南方农药中心"。

钱旭红　1962年生，江苏宝应县人。华东化工学院（现华东理工大学）博士，德国维尔茨堡大学洪堡基金博士后。长期从事有机化工领域的研究与教学，两次担任国家"973"计划项目首席科学家，作为第一完成人先后获得3个教育部科技进步奖一等奖、1个国家科技进步奖二等奖和1个上海市自然科学奖一等奖。2011年当选中国工程院院士。现任华东师范大学校长。兼任国家自然科学基金化学部专家咨询委员会委员、中国化工学会副理事长、亚洲及太平洋化工联盟主席、德国洪堡基金会中国学术大使等职。

4月，合作发表《微生物发酵生产虾青素》[郑裕国、沈寅初，生物工程进展，2002,(02)]，论文"对微生物发酵法生产虾青素的微生物菌种、生物合成代谢途径、发酵工艺条件优化和提取分离检测方法等方面的研究现状进行了综述"，描述了"微生物发酵法生产虾青素的前景"：

> 虾青素具有抗氧化、抗癌变、增强免疫等功能，可用作抗癌变预防治疗剂、抗衰老剂、饲料添加剂、食品和化妆品的着色剂，是一种具有很大发展前途的生物工程产品。随着医药保健工业、食品工业、水产养殖业等迅速发展，对虾青素的需求必将越来越大。但目前国内虾青素的研究开发刚刚起步，还没有生产虾青素的工厂企业，市场尚无产品供应，而国外仅欧美每年的需求额就达到十几亿美元。加紧研究与开发微生物虾青素产品具有非常广阔的前景。利用遗传改良的方法提高红发夫酵母（*Phaffia rhodozyma*）胞内虾青素的含量，得到稳定高产菌株，改进发酵工艺提高虾青素的产量，用先进的生物分离技术获得虾青素产品，是将微生物法生产虾青素推向产业化必须要做的工作。

5月中旬，会见日本足利工业大学校长吉田忠雄一行4人，两校签署了2002—2003年度交流备忘录。

5月18日至20日，出席中国化工学会生物化工专业委员会主办、浙江工业大学承办的中国化工学会生物化工专业委员会三届四次会议，当选为新一届全国生物化工专业委员会副主任。大会主题是生物分离技术与设备，基因工程与组织工程，生物发酵与反应器，酶制剂与酶工程，植物、动物与藻类细胞培养，生物产品开发与生物技术等。沈寅初、毛江森、欧阳平凯三位院士作了学术报告。

5月20日，为浙江工业大学研究生作题为"时代对我们的要求是什么"的报告。在报告中，沈寅初阐述了科技创新对当今世界的影响及我国科技创新能力的国际地位，他希望大家能够做对人类、对社会负责的研究生。他叮嘱研究生要培养"三心"：一、责任感和事业心。研究生是千里挑一选拔出来的，应当为社会创造出更多的物质财富和精神财富，为科技创新、科技进步和社会发展作出贡献。二、好奇心。只有对未知世界充满强烈的好奇心，对从事的事业发生浓厚的兴趣，才能有所发现、有所突破，从而取得成果。因此研究生们要培养对科技创新的浓厚兴趣，把精力投入到科学探索和科学研究的事业中。三、自信心。自信心是成就事业的重要条件之一，那些诺贝尔奖获得者除了拥有超凡的智慧，都有一个共同特征，就是始终坚信自己的事业能够成功。他鼓励研究生们，只要在科学的道路上不断努力，就一定会在从事的领域中取得成就，一定能为实现中华民族的伟大复兴贡献力量（徐晋《校长沈寅初院上作专场报告，希望研究生具备——事业心　好奇心　自信心》，见2002年5月31日《浙江工业大学报》）。

5月22日，获第二届"侯德榜化工科学技术奖"，并参加在北京人民大会堂举行的颁奖仪式。该奖项是为纪念著名的化学家、我国制碱工业的先驱和奠基人侯德榜一生为化学工业和化工科技事业发展所做的贡献，并为激励我国化工科技工作者投身化工事业，由中国科学技术发展基金会和侯德榜科技发展基金管理委员会设立的我国化学领域权威奖项。本届有3位科学家获此殊荣。沈寅初获此奖项是由于他为我国的生物化工和生物农药事业的发展做出了卓越的贡献。

6月18日，在浙江工业大学之江学院作题为"教师如何按时代的要求来培养学生"的报告。

7月，出席浙江工业大学2002届研究生学位授予典礼并讲话，为浙江工业大学培养的第一个博士生史鸿鑫颁发学位证书。

9月15日，出席浙江工业大学2002级新生开学典礼并致辞。沈寅初向新同学提出两点希望：一、要树立起高远的理想，做一个目标明确、学习刻苦的人，努力把自己锤炼成为高水平的精英人才。二、要锤炼成为高水平精英人才，关键在于学会为人、学会认知、学会做事。首先要学会为人，就是要使自己个人素质与品格德行日臻完善，学会认识自己，发现他人，强化协作、合作的意识。其次要学会认知，不但重视系统化专门知识的获取，更要掌握认知的手段；要深入学习本专业、本学科的知识，又要广泛学习其他领域的知识，努力构建合理的知识结构，着力培养思维能力和应用知识的能力。最后要学会做事，不仅要具备从事专业工作的能力，还应该努力培养自己的创新能力、交际能力和组织管理能力（2002年9月20日《浙江工业大学报》）。

9月，郑裕国和许丹倩攻读浙江工业大学工业催化专业的博士，师从沈寅初。

同月，合作发表《农用抗生素94166-Ⅱ、Ⅲ的提取、分离、纯化及结构鉴定》[刘明周、伍学纲、陶黎明、顾学斌、沈寅初，农药学学报，2002,(03)]。文章记载：

> 在创制农用抗生素科技攻关筛选中得到一株放线链霉菌，菌号为SPRI-94166，通过发酵、吸附、提取等手段分离得到5个活性化合物，经UV、IR、MS、NMR等手段鉴定，现其中活性组分94166-Ⅱ、Ⅲ为黄酮类化合物。

11月，被授予"杜邦科技创新奖"。该奖项由杜邦公司设立，在2000年至2002年间，每年评选1次，每次评选10人，用于奖励在生命科学或材料科学领域做出突出贡献的科技创新项目。

12月，合作发表《长川霉素的研究》[陶黎明、顾学斌、倪长春、王磊、徐文平、沈寅初，农药，2002,(12)]。摘要为：

> 从一株链霉菌的培养基中，经溶剂萃取、硅胶柱层析、TLC、HPLC等方法，分离得到SPRI-2098纯样品，根据其物化性质以及各类图谱分析得知：SPRI-2098和Ascomycin为同一个化合物（我们命名为长川霉素），该化合物具有很强的抗真菌活性，对许多植物病害真菌有很好的防治效果。

本年，在沈寅初的推动和指导下，浙江工业大学开始筹建投资500万元的制药工程中心。该中心建成后，将作为向浙江省医药企业开放的一个公共技术平台，对制约浙江省医药化工行业发展的一些共性技术进行攻关，也将推动浙江工业大学药学、生物化工和化工等学科的协同和快速发展（浙江日报/2002-12-10/第8版）。

2003年 65岁

本年，指导年轻教师陈小龙在"Chemical Reviews"（《化学评论》）上发表综述论文。

担任以钱旭红教授为首席科学家的"973"计划项目科学顾问，并率浙江工业大学郑裕国团队承担该项目的课题。

1月，指导并参与的"二羟基丙酮的微生物法生产的研究"获浙江省科技计划项目公益技术立项，项目金额：10万元，负责人：胡忠策。

同月，指导并参与的"生物源饲料添加剂维生素B_2新菌种的筛选及中试"获浙江省科技厅计划项目立项，项目金额：15万元，负责人：裘娟萍。

2月，参加教育部主持的由江南大学和浙江杭州鑫富药业股份有限公司共同承担的"十五"国家重点科技攻关项目《微生物酶法生产D-泛酸和D-泛醇》成果的技术鉴定，担任鉴定委员会主任。

同月，合作发表《新型生物杀虫剂——刺糖菌素》[李荣贵、王普、梅建凤、沈寅初，微生物学通报，

2003,(01)]。

3月，参加浙江工业大学国家级重点实验室培育基地建设工作会议并讲话。沈寅初强调学校争取到国家级重点实验室培育基地来之不易，除做好基础建设工作外，各方向负责人、技术骨干集中精力，要专注于科学研究，在自身的研究领域争取到大项目，多出高水平论文，多获高层次奖项，不断提高研究水平和学术层次；各方向要抓紧人才引进工作，加大对年轻学术骨干的培养力度，加强人才梯队建设，为科学研究的延续和发展提供强有力的人才保障（2003年3月28日《浙江工业大学报》）。

4月，合作发表《生物农药米尔贝霉素的研究进展》[陈小龙、郑裕国、沈寅初，农药，2003,(04)]。论文"综述了米尔贝霉素（milbemycins）的研究进展，主要阐述了米尔贝霉素的重要组分及结构、发酵生产、分析检测和分离纯化，旨在为米尔贝霉素的开发研究提供参考"。

5月，在"Chemical Reviews"（《化学评论》）第5期上合作发表"Properties and Production of Valienamine and Its Related Analogues"（《井冈霉烯胺及其衍生物的性质与生产》）（陈小龙、范永仙、郑裕国、沈寅初），文章综述了井冈霉烯胺研究领域的世界最前沿内容，主要介绍了井冈霉烯胺及其衍生物的发现、生物活性、制备方法等。

"Chemical Reviews"是全球化工领域的顶尖杂志，上一年，其影响因子在全球被SCI收录的5748种杂志里排名高达第17。从论文选题、思路、修改到成文的全过程，沈寅初给予了多方面的指导。1999年，陈小龙与课题组成员一起，在沈寅初的指导下，开始井冈霉烯胺的研究。2001年，该研究项目得到国家自然科学基金和浙江省自然科学基金的支持。2002年3月，课题组向"Chemical Reviews"提出就井冈霉烯胺研究作一篇综述的建议，"Chemical Reviews"请5个国际权威专家对这一建议进行评审。写作建议得到通过后，陈小龙等完成了论文，并于当年12月再次通过5名国际知名专家的评审。本年5月，论文发表。这是以浙江工业大学为第一作者单位首次在"Chemical Reviews"上发表论文，论文的发表代表着浙江工业大学在井冈霉烯胺研究领域的国际领先地位。

6月14日，出席浙江工业大学2003届学生毕业典礼并致辞。沈寅初送给毕业生"厚德健行"四个字，他希望毕业生能够谨记"厚德健行"的校训，成为具有远大理想、视野开阔的人，品德高尚、知识常新的人，进取创新、勇于实践的人，为社会创造更大的财富，超越先辈，为母校争光（2003年6月20日《浙江工业大学报》）。

下半年，浙江省中长期科技发展规划的研究工作启动，成立由潘云鹤（时任浙江大学校长）、沈寅初两位院士分别领衔的两大课题组，两大课题组同步推进，预计次年7月完成研究报告，转入规划编制。

10月8日，由浙江工业大学生物工程研究所与浙江海正药业股份有限公司共同承担的国家"十五"科技攻关重点项目和浙江省重大科技攻关项目"发酵法生产虾青素"课题，通过国家科技部和浙江省科技厅的鉴定。该课题组经过几年的努力工作，筛选到产量高的菌种，并在国内率先建成虾青素生产线，其生产技术和规模处于国际领先水平，开发成功高纯度的虾青素产品，质量得到国际著名跨国公司的认可。鉴定委员会认为该研究成果已达到国际领先水平。中国工程院院士、时任南京工业大学校长欧阳平凯教授担任鉴定委员会主任（金利群《"发酵法生产虾青素"通过国家和省级鉴定》，2003年10月31日《浙江工业大学报》）。

10月18日，出席浙江工业大学建校五十周年庆祝大会并讲话。

为浙江工业大学五十周年校庆文集《百名教授话师德》撰写《教师的气度》一文，全文如下：

> 大学之大，不在大楼，而在大师。大师何以谓之？我以为，除了高深的学术造诣，更应具有宽宏的气度，这是高尚师德的重要内涵。
>
> 所谓气度，就是人的气魄和表现出来的度量。关于气度，孟子就曾提出"浩然之气"，成为古人追求理想人格的一种境界。今天，对于我们这些被喻为"人类灵魂的工程师"的教育工作者而言，气度就是要有甘当扶梯的精神和教学相长的理念。
>
> 教师的气度首先表现在甘当扶梯的精神中。
>
> "青，取之于蓝，而青于蓝"，荀子在《劝学》中的这句名言已流传了几千年，至今依然是广大教师激励学生的座右铭，也是许多教师教书育人的追求目标。但在现实中，教师不是生活在真空中，教师的价值取向也必然会受到社会生活变化的冲

击，少数教师的职业道德出现了下滑趋势，出现了所谓"人生理想趋向实际、价值标准注重实用、个人幸福追求实在、行为选择偏重实惠"的倾向，而把如何培养好学生的主要职责抛在了脑后，"青出于蓝而胜于蓝"往往也就成了一句空话。

我觉得一个教育工作者"学高为师、身正为范"，更不能把追求自身利益放在崇高的职责感之上。衡量一个教师的价值，不只在于他自身的学术达到怎样的水平，更在于他培养的学生是否取得比他更大的成就。因此，学生的成材才是教师最大的成就。换言之，衡量一个老师能力好坏的标准，就是看他的学生，如果教出来的学生无法超越老师，那么这个老师也只能是个庸师。因此，如何当好学生成材过程中的扶梯，使之青出于蓝而胜于蓝，是我们每个教师都应认真思考的重要问题。我想，其中尤其需要的就是教师应具有甘为人梯的气度和敢于让学生超过自己的胆识。

我们的先哲是鼓励超越的。鲁迅先生曾说过："师如荒谬，不妨叛之。"他说的着眼点就在于让学生敢于超越老师。牛顿说的"站在巨人的肩膀上"，表达的也是类似思想。艺术家里流行一句名言："学我者生，似我者死。"任何一种艺术都是在超越中得到发展、提高和升华的。

我们鼓励学生勇于超越老师，就要反对学生亦步亦趋跟在老师的后面。鼓励学生超过老师，胜过老师，不仅因为老师所知有限，重要的是鼓励学生养成独立思考的能力与习惯。古人说："经师易遇，人师难遭。"大学的老师要做传授知识的"经师"，更要做善于育人的"人师"，以自己良好的思想和道德风范去影响和培养学生。在日常工作中，我们应把自己全部的知识和人格魅力毫无保留地展现给学生，鼓励学生敢于质疑、勇于突破、善于超越，在执教中提炼师艺、升华师技，并能甘于寂寞、淡泊名利、力戒浮躁，为学生的成材提供广阔的舞台，使自己真正成为学生成长道路上的奠基石。在看到学生超过自己时，应感到万分欣慰，而绝不能有任何惶恐和不安。这就是教师应具有的气度。记得教育家狄德罗说过一句话，"知道事物应该是什么样，说明你是聪明的人；知道事物实际是什么样，说明你是有经验的人；知道怎样使事物变得更好，说明你是有才能的人。"看来，能让学生成长得更快更好，甚至超过自己的教师，才是真正有才能的老师。

教师甘为人梯的气度渗透在无私的师爱中。记得有句名言是这样说的，美好的人生是为爱所唤起并为知识所引导的。从这一角度讲，学生美好人生的开始掌握在我们教师手中。因此在一定程度上，热爱学生就是热爱教育事业。师爱是一种最无私的爱。无私在于，师爱是不求回报、不计个人得失的，正如陶行知先生所说的"带着一颗心来，不衔半根草去"。学生一旦体会到这种感情，就会"亲其师"，从而"信其道"，也正是在这个过程中，教育实现了其根本功能。

教师的气度其次表现在教学相长的理念中。

在鼓励学生超越自己的同时，我们不能片面地理解"师道尊严"，而应树立教学相长的观念。韩愈认为，教师虽有传道、授业、解惑的使命，但真理并不永远在老师手里，师生的关系是随"闻道"的先后而变化的。"道之所存，师之所存也"，谁掌握了"道"，谁就是老师。他还说："弟子不必不如师，师不必贤于弟子，闻道有先后，术业有专攻，如是而已。"韩愈的这种朴素的唯物辩证思想，至今仍令人深思。

儒家所说的德，同样也不是机械的而是辩证的。比如"当仁不让于师"，就主张学生不必随老师亦步亦趋，面对实行仁德的事，要勇敢地走在老师前面。

教学相长，反映了中国古代文化对教学规律的认识，看到了教与学双方在提问、答疑、解惑和讨论切磋过程中，使对问题的思考更加深入，也使师生双方都受到启发，特别是学生在提问中迸发出的思想火花往往又是创造新知识的源泉。

但现实我们看到的是：美国的学生上课不仅可以随时发言，而且还可以同老师辩论，老师和学生没有上下之分，而是平起平坐，充满着宽松和谐的气氛；然而在中国，由于"师道尊严"的影响，学生上课只能俯首帖耳，不能乱说乱动，学生上课要想发言，必须是在老师提问时，并经过老师的允许。

因此，只有期待着"青出于蓝"并相信"后生可畏"的老师，才能躬行真正的教学相长原则。在教育过程中，教师是主导，学生是主体，教与学，互为关联、互为依存，一个好教师会将学生放在平等地位，尊重他们，用自己的信任与关切激发他们的求知欲和创造欲，将他们作为自己的朋友和共同探求真理的伙伴。在这教学相长的过程中，散发出的也正是教师的气度。

只有在有气度的人身上，我们才能看到睿智和理性发挥出伟大而高尚的作用。自古以来，以身作则、为人师表、严谨治学被作为教师个人品德的典范，我们今天要做一个好教师，不仅需要具备教师的传统美德，更需要有良好的气度。教师的气度，是教师人格魅力的集中体现，也是学生成长过程中的宝贵财富和有力榜样。正如俄罗斯教育家乌申斯基所强调的："在教育工作中，一切都应以教师人格为依据。因为，教育力量只能从人格的活的源泉中产生出来，任何规章制度，任何人为的机关，无论设想得如何巧妙，都不能代替教育事业中教师人格的作用。"

同月，受浙江工业大学生物与环境工程学院指派，傅正伟教授协助沈寅初与日本三得利公司专务田中隆治教授之间的对接交流工作。沈寅初担任浙江工业大学校长后，致力于拓展该校与日本高校在科研与培养人才方面的合作，本年从日本回国的学者傅正伟协助沈寅初开展中日双方的科研与教育交流工作。

傅正伟 | 1998年获东京农工大学博士学位，之后作为日本学术振兴会（JSPS）外国人特别研究员、日本国家生物技术产业结构研究员、东京大学外籍副教授在东京大学开展科研与教学工作。2003年回国后进入浙江工业大学工作至今。现为浙江工业大学资深教授、博士生导师，日本金泽大学及星药科大学兼任教授，浙江省"新世纪151人才工程"第一层次培养人员。

同月，指导的课外学术科技作品在全国大学生"挑战杯"课外学术科技作品竞赛中荣获三等奖（获奖人：薛亚平，作品：复合碳源虾青素发酵生产技术）。沈寅初到浙江工业大学工作后，指导郑裕国团队开展虾青素发酵法生产的研究。2000年，薛亚平到浙江工业大学攻读生物化工专业硕士学位，参与到该课题的研究工作中，本年在沈寅初和郑裕国的指导下，参加全国大学生"挑战杯"课外学术科技作品竞赛，并获奖。

11月，以华东理工大学教授钱旭红为首席科学家、李正名和沈寅初两位院士为顾问的《化学农药先导结构及作用靶标的发现与研究》被国家科技部批准为"973"计划项目，该项目于2008年12月完成。沈寅初率浙江工业大学郑裕国团队承担了其中的一个课题研究。

"973"计划即国家重点基础研究发展计划，"是具有明确国家目标、对国家的发展和科学技术的进步具有全局性和带动性的基础研究发展计划，旨在解决国家战略需求中的重大科学问题，以及对人类认识世界将会起到重要作用的科学前沿问题，提升我国基础研究自主创新能力，为国民经济和社会可持续发展提供科学基础，为未来高新技术的形成提供源头创新。1997年，中国政府采纳科学家的建议，决定制定国家重点基础研究发展规划，开展面向国家重大需求的重点基础研究。这是中国加强基础研究、提升自主创新能力的重大战略举措。'973'计划的实施，实现了国家需求导向的基础研究的部署，建立了自由探索和国家需求导向'双力驱动'的基础研究资助体系，完善了基础研究布局。"（摘自百度百科）

2004年 66岁

被上海医药（集团）有限公司授予"科技功臣"荣誉称号。

1月，主持的"微生物法生产井冈霉醇胺"获国家科技重大专项立项，项目金额：50万元，主要参与人：裘国寅、陈小龙、薛亚平、金利群、王远山、胡忠策、王雪刚、严红、姚辛化、傅业件、叶小英。

同月，指导并参与的"新型食品与饲料添加剂开发应用——发酵法生产虾青素（国家科技攻关）"获国家科技重大专项立项，项目金额：60万元，负责人：郑裕国。

同月，指导并参与的"以井冈霉素等为先导化合物的优化研究"获国家科技重大专项立项，项目金额：60

万元，负责人：许丹倩。

同月，合作发表《催化水解法制备单糖和无糖阿维菌素B₁》[吴庆安、徐振元、郑鹏、许丹倩、陈正晖、沈寅初，农药，2004,(01)]。论文摘要为：

> 在H_2SO_4浓度分别为5%（V/V[1]）和10%（V/V）的THF-H_2O溶液中对阿维菌素B₁（Ⅰ）进行水解，相应得到了单糖AVM B₁（Ⅱ）和无糖AVM B₁（Ⅲ）；向反应体系中加入0.4%（mol/mol[2]）的四丁基溴化铵后，（Ⅲ）的收率由原来的50%提高到60.6%；通过改用混合溶剂萃取和增加盐水洗涤步骤，消除了后处理过程中出现的乳化现象，顺利地实现了分离。

2月，合作发表"Production of Validamycins from Crude Substrates by *Streptomyces hygroscopicus* in an External-loop Airlift Bioreactor with a Low Height-to-Diameter Ratio"[郑裕国、陈小龙、汪钊、沈寅初，Chinese Journal of Chemical Engineering（中国化学工程学报），2004,(01)]。

3月，担任浙江工业大学绿色化学合成技术省部共建国家重点实验室培育基地学术委员会主任。

4月，合作发表《微生物转化法裂解井冈霉素生产井冈霉亚基胺A》[张宪锋、郑裕国、沈寅初，中国抗生素杂志，2004,(04)]。

---

[1] V/V指体积分数。

[2] mol/mol指摩尔分数。

5月20日至21日，参加由在浙江工业大学举行的国家科技奖励工作办公室、中国石油和化学工业协会科技办公室共同主办的催化绿色合成技术及应用专题研讨会。

7月，在"Catalysis Communications"期刊上合作发表"Resin-catalyzed degradation of validamycin A for production of validoxylamine A"（《树脂催化井冈霉素A的降解以生产井冈羟胺A》）（郑裕国、金利群、沈寅初）。

7月26日，浙江工业大学国家重点实验室培育基地通过省部级专家组验收，沈寅初出席会议并讲话。

8月18日至20日，参加浙江工业大学2004年暑期中层干部会议，作为校长作了《创建国内知名大学要思考的若干问题》的主题报告，就如何提高办学质量，创建国内知名大学，谈了几个问题：1. 学校发展定位问题，2. 提高学生素质问题，3. 建设教师队伍问题，4. 提高科研水平问题，5. 提高管理工作水平问题，6. 提高学校的知名度问题。

9月，陈小龙考取浙江工业大学生物化工专业攻读博士研究生，师从沈寅初。

10月，指导并参与的"微生物源虾青素的生物学特性研究"获浙江省科技计划项目立项，项目金额：50万元，负责人：傅正伟。

同月，合作撰写的论文《α-葡萄糖苷酶抑制剂类药物的研究与开发》（薛亚平、陈小龙、郑裕国、沈寅初）收入《首届长三角科技论坛——长三角生物医药发展论坛论文集》。摘要如下：

> α-葡萄糖苷酶抑制剂类药物通过调节体内α-葡萄糖苷酶的活性，可以治疗很多疾病，具有广阔的应用前景。本文综述了该类药物的应用及这类药物的研究开发状况，提出了从井冈霉素出发制备α-葡萄糖苷酶抑制剂类药物的思路，从而对我国新的糖苷酶的开发药物起到一定的推动作用。

同月，合作发表《假氨基糖类物质的化学修饰及其对糖苷酶抑制作用的研究》[董华平、郑裕国、沈寅初，化学与生物工程，2004,(05)]。摘要为：

> 井冈霉醇胺、井冈霉胺和井冈胺等假氨基糖类物质是新型的α-糖苷酶抑制剂，对其进行化学修饰可以得到糖苷酶抑制活性更强的N-取代假氨基糖衍生物。详细地讨论了井冈霉醇胺的N-取代化学修饰及这些物质对猪、鼠小肠的麦芽糖酶和蔗糖酶等α-糖苷酶的抑制作用。

11月，指导并参与的"安全、高效、广谱型新兽药大观霉素的研制及产业化"获浙江省科技计划项目立项，项目金额：90万元，负责人：裘娟萍。

同月，合作发明的成果"长川霉素农用杀菌剂及其制备方法和应用"获发明专利授权，专利权人：上海市农药研究所，发明人：陶黎明、倪长春、沈寅初、张云桦、顾学斌、徐文平、吴霞、王磊、祁秀明、沈宙、顾必文。摘要如下：

> 本发明提供一种以长川霉素为有效成分的农用杀菌剂及其制备方法和应用。该杀菌剂的制备方法包括先培养生黑孢链霉菌长川变种SPRI 98520 CGMCC No.0638；再将发酵培养物进行分离提取，用丙酮或乙醇将菌丝体破壁后与发酵液合并，经树脂交换分离，并用丙酮或乙醇解吸，解吸液浓缩或进而纯化得长川霉素；再添加助剂配制而得。试验结果表明，该杀菌剂特别对防治作物灰霉病、玉米小斑病等多种病害有卓越的效果。与现有药剂相比，具有用量少，农民使用成本低、使用范围广等优点，而且稳定性好，安全低毒。

同月，合作发表《腺苷蛋氨酸发酵条件及发酵培养基的优化》[陈小龙、王远山、郑裕国、沈寅初，中国生物工程杂志，2004,(11)]。该文研究了腺苷蛋氨酸发酵条件及发酵培养基的优化。

同月，浙江工业大学联合上海市农药研究所、浙江新农化工有限公司申报的"生物活性物质的化学修饰——创制新农药"获得首批长三角重大科技联合攻关项目立项。该项目在沈寅初的指导下开展，该校化材学院徐振元教授为项目负责人，研究团队由10多位生物化工、农药、应用化学和植物保护等领域的科研人员组成，目标是开发具有自主知识产权的对环境友好的新农药。该项目还将建立井冈霉素衍生物的化合物库并研究构效关系，以期对新农药的创制起到指导作用。长三角重大科技联合攻关项目由上海、江苏和浙江两省一市科技厅（委）发起（钱晓峰《我校获长三角重大科技联合攻关项目》，2004年11月26日《浙江工业大学报》）。

本年，受聘为浙江工业大学名誉校长。

国家"十五"期间攻关项目"微生物催化法生产维生素PP（烟酰胺）研究"项目通过鉴定。

1月，指导的郑裕国通过博士学位论文答辩。郑裕国的博士论文题目为《催化水解井冈霉素的研究》，主要研究化学和生物催化水解井冈霉素生产农药和医药中间体，为井冈霉素的持续发展提供理论依据和技术路线。

同月，参与的"生物活性物质的化学修饰——创制新农药"获浙江省科技计划重大招标项目立项，项目金额：60万元，负责人：徐振元。

同月，指导并参与的"清洁节能——生物法合成β-丙氨酸的研究"获浙江省科技计划项目立项，项目金额：22万元，负责人：裘娟萍。

3月，因年龄原因不再担任浙江工业大学校长。自2000年12月至2005年3月，沈寅初担任浙江工业大学校长4年有余。自沈寅初担任校长以来，学校在人才培养、学科建设与科学研究等各方面均取得了跨越式发展，确立了省属高校领先、全国知名的地位。

同月，合作发表《β-氨基丙酸的合成与应用》[罗积杏、薛建萍、沈寅初，氨基酸和生物资源，2005，(01)]，文章叙述了β-氨基丙酸的合成方法，并分析了它的应用及市场前景。

5月9日，受聘为浙江工业大学名誉校长。在聘任仪式上，沈寅初说："在高校开展研究工作是自己的一个夙愿。同时，自己是浙江人，大部分科研成果又在浙江实现产业化，所以自己有着浓厚的浙江情结，这些就是当年他作为共享院士加盟浙工大，并将其作为自己的最佳选择的原因。如今，在他加盟浙工大的第八个年头，能应聘成为学校的名誉校长，继续为浙工大的发展出力是一件令人很高兴的事。作为学校的名誉校长，今后自己一定会尽心尽责，为学校在学科建设、学术研究、青年教师培养等各方面取得更大的发展而努力。"

5月29日，指导的许丹倩通过博士学位论文答辩，论文题目为《离子液体介质中催化不对称Michael加成反应研究》。

| 许丹倩 | 1963年生，浙江杭州人，现为浙江工业大学研究员、博士生导师。长期从事绿色有机合成和精细有机化学品等领域的科学研究和技术开发工作。先后主持和完成"863"计划课题、国家"十五"至"十三五"科技攻关/支撑计划/重点研发计划课（专）题等项目7项。以第二完成人获得国家科技进步奖二等奖2项、中国专利金奖1项，主持获得省部级科技进步奖一等奖6项。入选国家"百千万人才工程"，2018年当选浙江省特级专家。 |

6月，合作发明的成果"喷雾干燥法制备丙烯酰胺干粉"获发明专利授权，专利权人：上海市农药研究所、薛建萍、沈寅初，发明人：薛建萍、沈寅初、王胜亮、李还宝。摘要如下：

> 本发明涉及有机化工技术领域。本发明公开了一种喷雾干燥法制备丙烯酰胺干粉。本发明方法割除了传统工艺中的丙烯酰胺溶液蒸发浓缩、结晶析出等工序，降低成本，提高产品质量。宜于规模化生产。

7月，在"World Journal of Microbiology and Biotechnology"期刊上合作发表"Effect of sugar-feeding strategies on astaxanthin production by *Xanthophyllomyces dendrorhous*"（《补糖策略对利用红发夫酵母生产虾青素的影响》）（胡忠策、郑裕国、汪钊、沈寅初）。

8月，合作发表《有机腈生物转化生产医药中间体》[金利群、王亚军、郑仁朝、郑裕国、沈寅初，中国现代应用药学杂志，2005,22(s3)]。论文提出：

> 生物法生产丙烯酰胺技术的成功，为腈化合物生物转化技术研究的开展提供了坚实的基础。几年来，我们一直进行腈化合物的生物催化研究，对腈水解酶和腈水合酶的提取分离纯化、生物催化过程工程、微生物细胞的选育等方面进行了较多的工作，以腈化合物为底物，生物催化和生物转化生产医药中间体前景广阔。

同月，在"Journal of Chromatography B"合作发表"Quantitative analysis of valienamine in the microbial degradation of validamycin A after derivatization with *p*-nitrofluorobenzene by reversed-phase high-performance liquid chromatography"（《反相高效液相色谱法定量分析对硝基氟苯衍生化后微生物降解井冈霉素A的井冈胺》）

（陈小龙、郑裕国、沈寅初）。

9月，在"Tetrahedron Letters"上合作发表"One-pot synthesis of dihydropyrimidiones catalyzed by strontium（II）triflate under solvent-free conditions"（《无溶剂条件下一锅法催化三氟甲磺酸锶（II）合成二氢嘧啶酮》）（苏为科、李坚军、郑裕国、沈寅初）。

9月30日，出席浙江工业大学生物化工"重中之重"学科首届学术委员会。

10月，合作完成科技成果"生物催化法生产羟基乙酸"（完成人：薛建萍、沈寅初、罗积杏、李还宝、朱健、唐璐敏、卜桂琴），成果第一完成单位为上海市农药研究所。成果简介如下：

> 该项目属生物化工领域，主要以微生物发酵得到腈水解酶，来催化羟基乙腈的水解反应，从而得到羟基乙酸产品。完成了腈水解酶产生菌的最佳发酵工艺、腈水解酶的最佳催化反应工艺以及羟基乙腈和羟基乙酸的分析方法等研究工作，并建立了年产200吨规模的微生物催化法生产羟基乙酸的工业化生产装置，并在中试生产装置上达到了预期的经济指标。指标：装置规模200吨/年；发酵酶活力，每小时每毫升5万单位；摇瓶发酵单位，10万单位；工业发酵单位，5万单位；羟基乙腈单耗，0.8吨/吨；羟基乙腈转化率，99.9%；羟基乙酸收率，92%；羟基乙酸含量，99.5%。

同月，合作发表《腈水解酶的来源、结构、作用机制及其应用》[徐建妙、郑裕国、沈寅初，微生物学通报，2005,(05)]。文章叙述了腈水解酶的来源、结构、作用机制及其工业应用。

11月，由上海市农药研究所和嵊州浙江来益生物技术有限公司共同承担的国家"十五"期间攻关项目"微生物催化法生产维生素PP（烟酰胺）研究"项目通过鉴定。成果完成人：薛建萍、金一平、沈寅初、李还宝、夏敬云、朱健、陈泉、罗积杏，成果第一完成单位为上海市农药研究所。成果简介如下：

> 该产品是辅酶Ⅰ和辅酶Ⅱ的组成成分，参与碳水化合物、脂肪和蛋白质的代谢，是人体和动物生长发育不可缺少的营养成分，具有促进新陈代谢的作用。烟酰胺在医药中可用于治疗皮肤粗糙病、舌炎、口炎、腹泻等，还可添加到食品和面粉中用于补充人体所需的维生素，其最大的应用领域是饲料添加剂。该项目完成了菌种产酶条件的研究，完成了烟腈水合酶催化反应条件的研究，建立了年产2000吨规模的微生物催化法生产烟酰胺的工业化生产装置，2018年该技术受转让方山东泓达生物技术有限公司年产量达8000吨。申请中国发明专利一项；建立了烟酰胺、烟腈、烟酸及发酵中间控制的糖、氨基氮、酶活的分析方法。该项目总体技术达到国际先进水平。

同月，合作成果《红发夫酵母中虾青素的提取方法》获中国发明专利授权，专利权人为浙江工业大学，发明人：郑裕国、陈小龙、汪钊、沈寅初、胡忠策。摘要如下：

> 一种红发夫酵母中虾青素的提取方法，红发夫酵母湿菌体与含抗氧化剂的有机酸或酸性有机溶剂搅拌混合提取虾青素，红发夫酵母湿菌体的质量与含抗氧化剂的有机酸或酸性有机溶剂的

体积之比为1kg：（2L～10L），胞内虾青素通过细胞壁释放到胞外溶液中，然后经萃取、水洗和低温真空浓缩后获得虾青素浓缩液产品。本发明用有机酸或酸性有机溶剂提取虾青素的提取收率达到90%以上，从酵母泥到虾青素浓缩液的总提取收率达到80%以上，且适合工业化生产。

12月，在"Applied Biochemistry and Biotechnology"合作发表"Preparation of trehalase inhibitor validoxylamine A by biocatalyzed hydrolysis of validamycin A with honeybee (*Apis cerana* Fabr.) beta-glucosidase"[《用蜜蜂（中华蜜蜂*Apis cerana* Fabr.）β-葡萄糖苷酶生物催化水解井冈霉素A制备海藻糖酶抑制剂井冈羟胺A》]（薛亚平、郑裕国、沈寅初）。

2006年 68岁

本年，"环醇类化学物的制备及酶抑制性能研究"项目获浙江省高等学校科研成果奖一等奖。

1月8日，"上海·院士风采馆"开馆。据北京日报2006年1月11日第9版《风采馆展现院士精彩人生》（新华社记者　王蔚）报道：

年逾古稀的老学者徐忠华，曾与沈寅初同在上海市农药研究所工作过。说起沈寅初，老人感慨地说："他所付出的是常人难以想象的心血和汗水。科学是一条充满汗水的拼搏之路，选择科学就是选择了风雨兼程。院士风采馆的建立十分必要，这既是对青少年进行爱国主义和科普教育的基地，也是对全社会弘

| 扬科学精神、提升自主创新能力的有力推动。"

后来，沈寅初陪同上海市农药研究所第一任所长徐义宽参观了该馆。

1月，在"Food and Bioproducts Processing"合作发表"Large-Scale Production of Astaxanthin by *Xanthophyllomyces dendrorhous*"（《红发夫酵母大规模生产虾青素》）（郑裕国、胡忠策、汪钊、沈寅初）。

同月，指导并参与的"生物催化技术生产降糖新药伏格列波糖"获浙江省科技计划项目重大专项立项，项目金额：100万元，负责人：郑裕国。

同月，指导并参与的"酶抑制剂类农药先导化合物的生物组合衍生及生物催化结构修饰"获浙江省自然科学基金项目立项，项目金额：5.5万元，负责人：薛亚平。

同月，指导并参与的"腈类化合物生物催化过程及催化机理研究"获教育部科技项目博士点基金立项，项目金额：6万元，负责人：郑裕国。

2月，在"Current Medicinal Chemistry"合作发表"Voglibose (Basen (R) AO-128), one of the most important alpha-glucosidase inhibitors"[《伏格列波糖 (Basen (R) AO-128)，最重要的α-葡萄糖苷酶抑制剂之一》]（陈小龙、郑裕国、沈寅初）。

3月至4月，先后在《上海化工》第3期与第4期合作发表《生物催化在精细化工产业中的应用》上下两篇[罗积杏、薛建萍、沈寅初，上海化工，2006,(03)(04)]。论文摘要为：

> 大力发展精细化工产业是现代化学工业的发展方向，而生物催化技术应用于精细化工产品的生产已成为时代潮流，生物催化吸引人的特征包括高效率、高选择性以及温和的反应条件。分析了当前生物催化技术在精细化工产业中的应用方面所取得的成就和存在的问题，并提出了发展建议。此外还以国内已获产业化的生物法生产丙烯酰胺、烟酰胺、D-泛酸、L-苯丙氨酸为典型实例，展示了生物催化在精细化工中的应用前景。

7月，指导并参与的"变构霉素（tautomycin）的结构修饰及其构效关系研究"获浙江省教育厅科研项目立项，项目金额：5万元，负责人：陈小龙。

同月，在"Applied Biochemistry and Microbiology"合作发表"Stability study on the nitrile hydratase of *Nocardia* sp. 108: From resting cells to crude enzyme preparation"（《诺卡氏菌属108腈水合酶的稳定性研究：从静息细胞到粗酶制备》）（王亚军、郑裕国、郑仁朝、沈寅初）。

同月，在"World Journal of Microbiology and Biotechnology"合作发表"Characterization of nitrile hydratation catalysed by *Nocardia* sp. 108"（《诺卡氏菌属108催化的腈水合表征》）（王亚军、郑裕国、薛建萍、沈寅初）。

8月，在"Applied Microbiology and Biotechnology"合作发表"Purification and characterization of the glucoside

3-dehydrogenase produced by a newly isolated *Stenotrophomonas maltrophilia* CCTCC M 204024"（《由新分离的嗜麦芽糖寡养单胞菌CCTCC M 204024 产生的葡萄糖苷 3-脱氢酶的纯化和表征》）（张建芬、郑裕国、薛亚平、沈寅初）。

同月，在 "Process Biochemistry" 合作发表 "Microbial transformation of indole-3-acetonitrile to indole-3-acetamide by *Nocardia* sp. 108"（《利用诺卡氏菌108将3-吲哚乙腈生物转化为3-吲哚乙酰胺》）（王亚军、郑裕国、薛亚平、沈寅初）。

同月，在 "Enzyme and Microbial Technology" 合作发表 "pH control strategy in astaxanthin fermentation bioprocess by *Xanthophyllomyces dendrorhous*"（《红发夫酵母在虾青素发酵生物过程中的pH控制策略》）（胡忠策、郑裕国、汪钊、沈寅初）。

9月，在 "Enzyme and Microbial Technology" 合作发表 "Production of valienamine by a newly isolated strain: *Stenotrophomonas maltrophilia*"（《由新分离的菌株生产井冈霉烯胺：嗜麦芽糖寡养单胞菌》）（郑裕国、薛亚平、沈寅初）。

同月，浙江工业大学 "环醇类化学物的制备及酶抑制性能研究" 项目获浙江省高等学校科研成果奖一等奖，获奖人为陈小龙、薛亚平、金利群、郑裕国和沈寅初；"微生物发酵法生产虾青素" 获该奖项二等奖，获奖人为郑裕国、汪钊、陈小龙、胡忠策和沈寅初。

同月，合作发明的成果《有效霉烯胺和有效霉胺的微生物制备方法》获发明专利授权，专利权人：浙江工业大学，发明人：郑裕国、陈小龙、薛亚平、王远山、沈寅初。

10月，在"Applied Microbiology and Biotechnology"合作发表"A screening system for active and enantioselective amidase based on its acyl transfer activity"（《基于其酰基转移活性和对映体选择性酰胺酶的筛选系统》）（郑仁朝、郑裕国、沈寅初）。

11月，合作发明的成果《β-丙氨酸的生物合成方法》获发明专利授权，专利权人：浙江工业大学，发明人：裘娟萍、沈寅初、姚燕来、韩建娜、黄海婵、汪琨。

12月，指导并参与的"腈水合酶/酰胺酶双菌双酶偶联生物催化生产手性药物中间体(S)-(+)-2，2-二甲基环丙甲酰胺"获国家"863"计划项目立项，项目金额：369万元，负责人：郑裕国。

同月，指导并参与的"环氧化物水解酶在环氧化合物手性拆分中的研究及应用"获浙江省科技计划项目立项，项目金额：12万元，负责人：朱勋。

同月，合作发表《腈水解酶产生菌游离细胞催化特性的初步研究》[罗积杏、薛建萍、沈寅初，工业微生物，2006,(04)]。摘要如下：

> 从自然源筛选到的一株腈水解酶产生菌乳酪短杆菌（*Brevibacterium casei*），能够高选择性地将腈转化为羧酸，

初步研究了该菌株所产的腈水解酶在游离细胞形态下的催化特性，包括热稳定性、pH稳定性、金属离子和添加剂的作用、溶剂耐受性及底物特异性等。结果表明：酶在45℃和pH 6.8条件下表现出最高催化活性，在20℃和pH 6.5～8.5下酶活稳定，Mn^{2+}对酶活性有轻微的促进作用，但Fe^{3+}、Cu^{2+}、Al^{3+}和Sn^{2+}强烈抑制酶，表面活性剂OP、NP10及RSO10有促进酶活作用，十二烷基磺酸钠却产生较强抑制作用，L-半胱氨酸能够减弱重金属离子对酶的抑制。该酶对芳香族腈、脂肪族腈、饱和腈与不饱和腈均能作用，并具有较好的对映体选择性。有机溶剂会使酶失活，但酶对甲醇具有一定的耐受性，在6%（V/V）浓度下，20h后酶的残留活性为98.8%。

同月，在"Chemical Engineering Communications"合作发表"Separation and Preparation of Validamycin A and Validamycin B Using Anion-Exchange Resin"（《用阴离子交换树脂分离制备井冈霉素A和井冈霉素B》）（郑裕国、吴元峰、薛亚平、沈寅初）。

本年，在"Catalysis Communications"合作发表"Production of trehalase inhibitor validoxylamine A using acid-catalyzed hydrolysis of validamycin A"（《使用酸催化井冈霉素A水解生产海藻糖酶抑制剂井冈羟胺A》）（金利群、薛亚平、郑裕国、沈寅初）。

2007年 69岁

本年，获中国农药工业协会授予的"中国农药工业杰出成就奖"。

"高纯度井冈霉素及其生物催化生产井冈霉醇胺的产业化技术开发"获浙江省科学技术奖一等奖。

指导博士生陈小龙第二次在"Chemical Reviews"（《化学评论》）上发表综述论文。

担任课程负责人的本科生课程"微生物学"入选国家精品课程。

1月，在"Pesticide Biochemistry and Physiology"合作发表"Inhibitory effect of valienamine on the enzymatic activity of honeybee (*Apis cerana* Fabr.) *α*-glucosidase"（《井冈霉烯胺对蜜蜂（*Apis cerana* Fabr.）来源的α-葡萄糖苷酶活性的抑制作用》）（张建芬、郑裕国、沈寅初）。

同月，在"Applied Microbiology and Biotechnology"合作发表"Preparation of 3-ketovalidoxylamine A C-N lyase substrate: *N-p*-nitrophenyl-3-ketovalidamine by *Stenotrophomonas maltrophilia* CCTCC M 204024"（《3-酮井冈羟胺A C-N裂解酶底物的制备：利用嗜麦芽糖寡养单胞菌CCTCC M 204024生产3-酮对硝基苯井冈霉胺》）（张建芬、郑裕国、柳志强、沈寅初）。

2月，在"Journal of Chromatographic Science"合作发表"Quantitative determination of valienamine and validamine by thin-layer chromatography"（《薄层色谱法测定井冈霉烯胺和井冈霉胺的含量》）（薛亚平、郑裕国、陈小龙、沈寅初）。

同月，合作发表《我国生物法生产丙烯酰胺的现状及研发概况》[罗积杏、薛建萍、沈寅初，上海化工，2007,(02)]。摘要如下：

> 介绍了我国生物法生产丙烯酰胺（AM）的研发概况及产业化过程与现状，并分析了其前景。我国1984年开始该项技术的研究，1993年成功实现产业化并大规模推广应用。目前国内超过10家企业采用生物法生产AM，总产能超过20万吨/年，总产量15万吨/年以上，且未来前景依然看好。

3月，在"Biotechnology Letters"合作发表"A simple method to determine concentration of enantiomers in enzyme-catalyzed kinetic resolution"（《一种确定酶催化动力学拆分中对映体浓度的简单方法》）（郑仁朝、郑裕国、沈寅初）。

同月，在"Biomedical Chromatography"合作发表"Enantioseparation and determination of 2,2-dimethy lcyclopropanecarboxamide and corresponding acid in the bioconversion broth by gas chromatography"（《气相色谱法对生物转化液中2,2-二甲基环丙烷甲酰胺和相应酸的对映体分离和测定》）（郑仁朝、郑裕国、沈寅初）。

4月，在"Research in Microbiology"合作发表"Isolation and characterization of *Delftia tsuruhatensis* ZJB-05174, capable of *R*-enantioselective degradation of 2,2-dime-thylcyclopropanecarboxamide"（《对2,2-二甲基环丙烷甲酰胺具有*R*-对映体选择性降解作用的*Delftia tsuruhatensis*

ZJB-05174的分离与鉴定》)（郑仁朝、王远山、柳志强、邢良英、郑裕国、沈寅初）。

同月，合作完成的成果"高纯度井冈霉素及其生物催化生产井冈霉醇胺的产业化技术开发"（成果完成单位：浙江工业大学、浙江钱江生物化学股份有限公司，成果完成人：郑裕国、裘国寅、陈小龙、薛亚平、傅业件、金利群、王远山、姚萍华、张建芬、虞炳钧、沈寅初）获2007年度浙江省科学技术奖一等奖。

4月19日～22日，出席在杭州召开的第三届国际分子模拟与信息技术应用学术会议。

同月，合作发表《产腺苷蛋氨酸酵母菌株的选育》[王远山、陈小龙、郑裕国、沈寅初，中国生化药物杂志，2007,(02)]。

同月，合作完成的"农用有毒化学品检验标准物质研制"通过验收。成果完成人：查月珍、马又娥、沈寅初、王虎、刘宝峰、田玉平、蔡耀耀、姚颖、杨静，第一完成单位：上海市计量测试技术研究院，合作单位：上海市农药研究所。成果简介如下：

> 该项目经过两年的研制工作，按计划任务书的要求，研究了粗品的提纯方法，共制备纯品20个品种（任务计划书所列），其纯度均达到了98.5%以上；所得到的纯品配制成100mg/L的标准参考溶液（各200瓶），经过了均匀性研究、稳定性研究，最后由8家有资质的实验室定值，不确定度达到了预定目标，均在3%以内。研究结果表明，除了100mg/L浓度的丙溴磷、克菌丹、草除灵、恶霜灵和吡氟禾草灵稳定期仅两个月外，其余15

种参考标准溶液均达到了国家级标准物质的技术要求
（JJG1006—94）；并经多家实验室试用，使用结果良好。

同月，合作发明的成果"微生物催化法生产丙烯酰
胺"获发明专利授权，专利权人：上海市农药研究所、
沈寅初、薛建萍，发明人：薛建萍、沈寅初。摘要
如下：

本发明属微生物技术领域。本发明提供了一种微生物催化法生
产丙烯酰胺的方法。本发明的方法通过发酵生产含有腈水合酶
的丙酸棒杆菌或其诱变株细胞，然后用游离细胞法或固定化细
胞法催化丙烯腈水合成丙烯酰胺，经后处理得高纯度的丙烯酰
胺产品。

4月25日，出席在浙江工业大学召开的"浙江省生物
质能源与化工论坛"，并作学术报告。参加论坛并作报
告的中国工程院院士还有闵恩泽、李大东、舒兴田、岑
可法、汪燮卿。

5月，在"Chemical Reviews"（《化学评论》）第5
期上合作发表"Natural Products with Maleic Anhydride
Structure: Nonadrides, Tautomycin, Chaetomellic Anhydride,
and Other Compounds"（《含顺丁烯二酸酐类天然化合
物：Nonadrides，变构霉素，毛酚酸酸酐等》）（陈小
龙、郑裕国、沈寅初）。

陈小龙于2004年9月考取浙江工业大学生物化工专业
博士，师从沈寅初。2005年3月，沈寅初为陈小龙确定博
士论文选题——变构霉素研究。沈寅初一直有变构霉素

的情节，1967年，沈寅初团队在筛选抗油菜菌核病生物农药时发现了变构霉素，但很难鉴定其化学结构，20世纪80年代在与日本理化研究所合作研究期间连续3次送样到日本理化研究所，才将其化学结构搞清楚。变构霉素具有很好的生物活性，获得了学术界的一致认可，但是因为它的毒性，变构霉素不能成为生物农药。沈寅初及其团队研究变构霉素近40年，但是因为其毒性太高，一直没有产业化。说起变构霉素的毒性，沈寅初强调："并非所有微生物农药都是没有毒性的，他还研究过一个微生物农药，已经到小白鼠致癌致畸试验阶段了，30个小白鼠中发现5个小白鼠肺部有囊肿，于是坚决不投入生产，国家对农药的要求是非常严格的。科学研究的过程，有成功也有失败，有时需要一点运气，但作为科研人员，不能吊死在一棵树上，所以需要一个综合性强的团队。"

但沈寅初认为，变构霉素的化学结构中有好东西，很有进一步研究的价值。沈寅初多次与陈小龙讨论，陈小龙在沈寅初的指导下，着手开展研究变构霉素的工作，寻找结构中的关键功能基团，研究其生物活性和构效关系。最终确定，变构霉素结构中的左侧基团变构酸为核心结构。经过更进一步的研究，又确定顺丁烯二酸酐结构为核心结构。进而，通过阅读大量文献资料，发现很多含顺丁烯二酸酐天然化合物均具有很好的活性。陈小龙在和导师沈寅初进行充分讨论后，决定以含顺丁烯二酸酐天然化合物为主题，综述其化学结构、性质、化学合成、生物活性等内容。经过3个月的准备，向"Chemical Reviews"编辑部提交了撰写该主题综述的建议，经5个国际权威同行专家的评审，同意撰写综述。综述成文后，再次通过5个国际权威同行专家的评审，最终于本年5月发表。

"Chemical Reviews"杂志2006年的影响因子为26.054，最新的影响因子 > 72.09。这是陈小龙与导师沈寅初、郑裕国合作第二次在"Chemical Reviews"杂志上发表论文。

论文发表后，署名方式受到广泛关注，一时成为媒体热点。据浙江日报2007年6月5日第2版《院士谦让"第一作者"》（记者　陈扬渲　通讯员　孙江丽）报道："陈小龙告诉笔者，论文完成后，他和郑裕国曾表示要把沈院士作为第一作者。不想遭到老院士的婉言谢绝，他说，应该给年轻人更多的表现机会。'沈院士是一个心胸非常开阔的人，在这个研究团队里只要自己努力，就会出成果，我们干起来也特别有劲。'陈小龙由衷地说。"其他的报道有：每日新报2007年6月6日第3版《"院士破惯例"更应成"惯例"》，2007年6月5日浙江在线《工程院院士沈寅初破"惯例"：院士谦让"第一作者"》，青年时报2007年6月6日第A2版《沈寅初院士值得尊敬》（作者：苏子川），南国都市报2007年6月7日第6版《院士打破惯例　将第一作者让给学生》等。

从上海市农药研究所到浙江工业大学，沈寅初始终坚持要给课题组成员更多的发展机会，他对年轻学者的提携让很多人感佩至深。郑裕国曾在接受记者采访时说："我们有很多论文，沈院士排名都是最后的。"

"如果没有沈院士多年的研究积累和悉心栽培及提携，我们也不可能成长得这么快、能获得这么多成果。"黄海凤谈起沈寅初的大气度时说："沈院士到浙工大来工作后，申报课题、奖项，总是把自己的名字放在后面。沈院士有一次与我聊起幸福感，说一定要和他人共同分享成果，才会真正获得成果带来的幸福感。"

5月，在"Journal of Applied Microbiology"合作发表"Isolation and identification of a novel valienamine-producing bacterium"（《一株新型井冈霉烯胺产生菌的分离鉴定》）（王远山、郑裕国、沈寅初）。

6月，在"Process Biochemistry"合作发表"Enhanced production of valienamine by *Stenotrophomonas maltrophilia* with fed-batch culture in a stirred tank bioreactor"（《搅拌罐生物反应器补料分批培养提高嗜麦芽糖寡养单胞菌产井冈霉烯胺的研究》）（薛亚平、郑裕国、沈寅初）。

7月，指导并参与的"工业生物过程的工艺条件优化和调控（子课题）"获国家"973"计划项目立项，项目金额：63万元，负责人：郑裕国。

同月，合作发明的成果《微生物裂解有效霉素生产有效霉烯胺和有效霉胺》获发明专利授权，专利权人：浙江工业大学，发明人：郑裕国、薛亚平、王远山、陈小龙、沈寅初。

8月，在"Enzyme and Microbial Technology"合作发表"Isolation of glycolonitrile-hydrolyzing microorganism based on colorimetric reaction"（《基于比色反应的羟基乙腈水解酶微生物的分离》）（胡基埂、王亚军、郑裕国、沈寅初）。

10月，主持的"生物柴油关联生产物生物加工技术开发"获浙江省科技计划项目重大专项立项，项目金额：10万元，该项目于次年9月结题。

同月，合作发明的成果《S-(+)-2,2-二甲基环丙甲酰胺的微生物制备方法》获发明专利授权，专利权人：浙江工业大学，发明人：郑裕国、郑仁朝、沈寅初。

10月30日至11月1日，第七届全国农药交流会在南京召开，会上，中国农药工业协会授予沈寅初"中国农药工业杰出成就奖"。同时获得这一荣誉的有中国工程院院士、南开大学教授李正名，国家科技部南方农药创制中心教授级高工李宗成以及江苏省农药研究所教授级高工薛振祥。沈寅初说，这个奖代表着行业的认可，因此能得到这个奖励，他很自豪。

11月27日，本科生课程"微生物学"入选国家精品课程。作为课程负责人的沈寅初主讲录制了题为"微生物学与人类健康及国民经济"的内容，他很认真地备课，完成了视频的录制。课程主讲人之一裘娟萍教授回忆："有的评委看到申报材料上写着课程负责人是沈院士，不太相信一个院士会亲自录制本科生的视频课程，在评审会议上，评委们打开链接，果然看到沈院士的讲课视频，都表示非常钦佩。"

12月，合作发表《2,2-二甲基环丙腈水合酶产生菌的氮离子注入选育及突变株产酶条件研究》[吴玉峰、郑裕国、沈寅初，高校化学工程学报，2007,(06)]。

本年，在"Food Technol Biotechnol"合作发表"Production of astaxanthin by *Xanthophyllomyces dendrorhous* ZJUT46 with fed-batch fermentation in 2.0m^3 fermentor"（《红发夫酵母ZJUT46在2.0m^{3}发酵罐中补料分批发酵生产虾青素》）（胡忠策、郑裕国、汪钊、沈寅初）。

2008年 70岁

本年，"高纯度井冈霉素生物催化生产井冈霉醇胺的产业化技术开发"成果获国家技术发明奖二等奖。

1月，合作完成以钱旭红为首席科学家的"973"计划项目子课题"生物活性物质的化学修饰——创制新农药"，成果完成人：徐振元、吴庆安、沈宙、徐群辉、杜晓华、戴金贵、刘运奎、许丹倩、浦晓莺、李俊、郑辉、沈寅初，第一完成单位：浙江工业大学，合作单位：上海市农药研究所、浙江新农化工股份有限公司。

同月，合作发明的成果《含氨基的手性离子液体、制备方法及其应用》获发明专利授权，专利权人：浙江工业大学，发明人：许丹倩、罗书平、徐振元、沈寅初。

同月，合作发明的成果《微生物法生产有效霉烯胺和有效霉胺》获发明专利授权，专利权人：浙江工业大学，发明人：郑裕国、薛亚平、王远山、陈小龙、沈寅初。

同月，在"Applied Microbiology and Biotechnology"合作发表"Isolation, identification and characterization of *Bacillus subtilis* ZJB-063, a versatile nitrile-converting bacterium"（《多功能腈转化细菌——枯草芽孢杆菌ZJB-063的分离、鉴定和表征》）（郑裕国、陈静、柳志强、吴明火、邢良英、沈寅初）。

同月，在"Journal of Biotechnology"合作发表"Amidase catalyzed kinetic resolution of racemic mandelamide to (*R*)-mandelate by *Delftia tsuruhatensis* ZJB-05174"[《利用*Delftia tsuruhatensis* ZJB-05174来源的酰胺酶催化外消旋扁桃酰胺动力学拆分生成（*R*）-扁桃酸》]（郑仁朝、郑裕国、沈寅初）。

2月，合作发明的成果"一种光学选择性酰胺酶筛选方法"获中国发明专利授权，专利权人：浙江工业大学，发明人：郑裕国、郑仁朝、沈寅初。

同月，合作发明的成果"井冈羟胺A-4,7,4′,7′-二缩醛或酮类化合物及其制备与应用"获发明专利授权，专利权人：浙江工业大学，发明人：杜晓华、徐振元、许丹倩、吴庆安、张雅凤、浦晓英、沈宙、沈寅初。

同月，合作发明的成果"多环含磷井冈羟胺A化合物及其制备与应用"获发明专利授权，专利权人：浙江工业大学，发明人：吴庆安、郑辉、俞建忠、杜晓华、许丹倩、徐振元、沈寅初。

同月，合作发明的成果"微生物法生产二羟基丙酮"获发明专利授权，专利权人：浙江工业大学，发明人：郑裕国、胡忠策、柳志强、沈寅初。

同月，合作发明的成果"微生物裂解阿卡波糖及其衍生物制备有效霉烯胺"获发明专利授权，专利权人：浙江工业大学，发明人：郑裕国、薛亚平、王远山、陈小龙、沈寅初。

3月，合作发表《蜡状芽孢杆菌ZJB-07112酰胺酶的分离纯化及其酶学性质》[张俊伟、郑裕国、沈寅初，化工学报，2008,(03)]。

同月，在"Journal of Microbiology and Biotechnology"合作发表"Improvement of amidase production by a newly isolated *Delftia tsuruhatensis* ZJB-05174 through optimization of culture medium"（《通过优化培养基提高新分离的戴尔福特菌ZJB-05174的酰胺酶产量》）（王远山、徐建妙、郑仁朝、郑裕国、沈寅初）。

同月，在"Journal of Applied Microbiology"合作发表"Improvement of astaxanthin production by a newly isolated *Phaffia rhodozyma* mutant with low-energy ion beam implantation"（《用低能离子束注入法新分离的红发夫酵母突变体提高虾青素产量》）（柳志强、张建芬、郑裕国、沈寅初）。

同月，在"Biochemical Engineering Journal"合作发表"Optimization of cultivation conditions for the production of 1,3-dihydroxyacetone by *Pichia membranifaciens* using response surface methodology"（《响应面法优化膜醭毕赤酵母生产1,3-二羟基丙酮的培养条件》）（柳志强、胡忠策、郑裕国、沈寅初）。

5月，在"Journal of Rapid Methods & Automation in Microbiology"合作发表"Ioassay method for the quantitative determination of tautomycin in the fermentation broth with *Sclerotinia sclerotiorum*"（《油菜菌核病菌发酵液中变构霉素的生物测定方法》）（陈小龙、郑裕国、沈寅初）。

6月，主持的"甘油脱氢酶整体细胞选择性生物催化过程的研究"获浙江省科技计划项目立项，项目金额：10万元。

7月，在"Biotechnology and Applied Biochemistry"合作发表"Biotransformation of *p*-methoxyphenylacetonitrile into *p*-methoxyphenylacetic acid by resting cells of *Bacillus subtilis*"（《利用枯草芽孢杆菌静息细胞生物转化对甲氧基苯乙腈为对甲氧基苯乙酸》）（陈静、郑裕国、沈寅初）。

同月，在"Process Biochemistry"合作发表"Optimization of *β*-alanine production from *β*-aminopropionitrile by resting cells of *Rhodococcus* sp. G20 in a bubble column reactor using response surface methodology"（《利用气泡塔反应器响应面法优化红球菌G20静息细胞转化*β*-氨基丙腈生产*β*-丙氨酸》）（梁璐

怡、郑裕国、沈寅初）。

同月，合作发表《氨基裂解酶及其在医药中间体生产中的应用》[何碧波、陈小龙、郑裕国、沈寅初，微生物学通报，2008,(07)]。

同月，在浙江德清莫干山举行以钱旭红为首席科学家的"973"计划项目结题会，该项目被科技部委托的验收专家组评为优秀成果。

8月，指导并参与的"顺丁烯二酸酐结构先导物生物合成及农药活性化合物创制"获浙江省科技计划项目重大专项立项，项目金额：50万元，负责人：陈小龙。

9月，在"Process Biochemistry"合作发表"Biosynthesis of *p*-methoxyphenylacetic acid from *p*-methoxyphenylacetonitrile by immobilized *Bacillus subtilis* ZJB-063"（《固定化枯草芽孢杆菌ZJB-063以对甲氧基苯乙腈为原料生物合成对甲氧基苯乙酸》）（陈静、郑裕国、沈寅初）。

同月12日，参加台州市组织的院士台州行活动。自1993年起，沈寅初及其课题组与海正、海翔、华海、新农等台州的医化企业都有联系与合作，尤其是7051杀虫素的合作取得了很大成功，该产品还获得了国家科技进步奖二等奖。

至本年9月，到浙江工业大学工作满10年。自沈寅初加盟后，浙江工业大学生物化工学科及化工、药学等相关学科获得了飞跃式发展，在他的培养与指导下，以郑裕国为代表的一批优秀科研与教育工作者迅速成长起来，他们传承并发展沈寅初的科学思想，瞄准国际前沿，对接国家重大需求，开发了多项领先国际水平的核心关键技术，为我国生物化工产业的发展作出了突出贡献。据浙江日报2008年10月16日第12版《一个院士带动了一个学科》（通讯员：孙江丽）报道：

> 生物化工学科在短短6年时间内，成长为省重点扶植学科、省重点学科、省重中之重学科。目前承担国家"973"项目、"863"项目、国家"十五"科技攻关重点项目、国家自然科学基金项目等40多项。一批年轻学者迅速成长起来，尤其是生物化工学科带头人郑裕国教授从一名普通的青年教师成长为国内生物化工领域具有一定知名度的年轻学者。
>
> 由陈小龙、郑裕国、沈寅初撰写的论文连续两次在国际顶尖专业杂志、影响因子为20.89的"Chemical Reviews"（《化学评论》）发表。这篇凝结着沈寅初院士多年心血的研究论文，他本人的署名却排在最后，前两位作者都是他的学生，第一作者还是一位年轻的在读博士生。
>
> 沈寅初院士谈起郑裕国、陈小龙等一批年轻学者，很是欣慰："我有很多想做但是没有精力做的项目交给他们时，他们都很认真地去做这方面的研究，我觉得这是我们师徒间的缘分。现在学科能够拿到国家大项目，在高水平的杂志上发表论文，甚至有的研究成果已经产业化并产生了较大的经济效益，这些都是年轻人不断努力与合作的结果。他们在帮我不断实现我们学科的研究梦。"

10月，在"Journal of Biotechnology"合作发表"Optimization of culture conditions for tautomycin production in shaking flasks with *Streptomyces spiroverticillatus*"（《螺

旋链霉菌摇瓶生产变构霉素培养条件的优化》）（陈小龙、柴小涛、郑裕国、沈寅初）。

同月，指导并参与的"糖尿病治疗药物阿卡波糖生产技术改造"获国家科技重大专项立项，项目金额：109.54万元，负责人：郑裕国。

同月，在"Journal of Biotechnology"合作发表"Purification and characteristics of the 3-ketovalidoxylamine A C-N lyase from *Penicillium decumbens*"（《斜卧青霉中3-酮井冈羟胺A C-N 裂解酶的纯化及特性》）（陈小龙、何碧波、郑裕国、沈寅初）。

同月，在"Journal of Biotechnology"合作发表"Purification and characterization of trehalase from termite *Reticulitermes flaviceps*"（《白蚁中海藻糖酶的纯化与表征》）（金利群、郑仁朝、郑裕国、沈寅初）。

同月，在"Journal of Applied Microbiology"合作发表"*R*-enantioselective hydrolysis of 2,2-dimethylcyclopropa necarboxamide by amidase from a newly isolated strain *Brevibacterium epidermidis* ZJB-07021"（《来自新分离的表皮短杆菌ZJB-07021的酰胺酶对2,2-二甲基环丙烷酰胺进行*R*-对映选择性水解》）（金少军、郑仁朝、郑裕国、沈寅初）。

11月，参加首届绍兴籍院士故乡行活动。

同月，指导并参与的"微生物细胞大规模培养关键技术及相关产品开发"获浙江省科技计划项目立项，项目金额：100万元，负责人：王远山。

同月，合作发明的成果"一种6-取代氨基-3,5-二卤代-2-吡啶酚碱金属盐及其制备与应用"获发明专利授权，专利权人：浙江工业大学，发明人：徐振元、郑辉、刘运奎、许丹倩、吴庆安、杜晓华、沈寅初。

12月，合作完成科技成果"农产品中有害化学品标准物质的研制（A类）"，成果完成人：田玉平、马又娥、沈寅初、查月珍、王东辉、郭卫荣、吴建军、黄海星、刘宝峰，第一完成单位：上海市计量测试技术研究院。成果简介如下：

（1）课题来源与背景　日本于2006年5月推行肯定列表制度，即农产品被检出农药、兽药等有害化学品残留超标，将不许进口，该指令清单列出了七百多种农药、兽药，覆盖了我国所有出口的农产品。农产品中有害化学品的残留问题，不仅涉及我国人民身体健康，同时也已经成为我国农产品出口的重要障碍。目前农产品中有害化学品残留量的控制关键是加强检测工作，但是当前的检测方法多采用外标法，我国该类标准物质主要依赖进口，不仅价格昂贵，而且交货周期很长。故上海市计量测试技术研究院2006年承担此上海市科学技术委员会科研条件支撑十一五期间化学试剂的攻关项目，主要合作者为上海市农药研究所。

（2）技术原理及性能指标　本项目研制成功了14种农产品中有害化学品溶液标准物质。首先将相关化学品原药进行提纯，对提纯产物进行结构确证后精确测定其纯度，以甲醇为溶剂在超净试验台上配制溶液标准物质，并进行均匀性、稳定性检验，最后对研制的标准物质进行定值。所研制标准物质的性能指标：a.研制成功14种农产品中有害化学品标准物质，各200支，1mL/支，浓度为100μg/mL；b.均匀性统计学上无差异；c.稳定性超过1年；d.选择八家权威实验室进行定值，所研制标准物质不确定度小于3%。

（3）技术创新与先进性　本项目的技术创新与先进性在于使用先进的仪器设备如核磁共振仪、红外光谱仪、质谱仪等对所提纯的固体纯物质结构、纯度进行了精确的测定，使用超净实验台配制相关溶液标准物质，均匀性测定结果经统计学处理无差异，稳定性超过1年，选择八家具有资质的实验室协作定值。经中国科学院上海科技查新咨询中心科技成果查新表明该项目综合技术在国内处于领先。

（4）技术成熟程度、适用范围和安全性　技术成熟程度：经过两年多的研究，项目组掌握了配制、均匀性及稳定性检测、定值等技术，可以成功复制该类标准物质。适用范围：所研制成功的标准物质可用于相关企业对其产品的质量控制；检测机构进行相关化学品成分分析的量值溯源、外标法的标准物质。安全性：由于其浓度较低，处于微量水平，对有机原料的消耗量很小，整个制备过程中对周边环境没有污染。且该类化学品标准物质均为常规的农残、兽残检测项目，配制人员做好常规实验室的防护措施即可。

（5）应用情况及前景，存在的问题　应用情况及前景：该项目研制相关标准物质已经成功申报国家二级标准物质，通过对相关企业、检测机构的免费发放，使用反馈情况良好。通过向相关企业和检测机构发售研制的标准物质，作为农产品中有害化学成分分析的量值溯源，可望获得可观的经济收入。存在的问题：该类标准物质由于部分在见光、高温等条件下不稳定，故该类标准物质具有常规标准物质不一样的运输条件，即需要使用具有避光、空调的运输设备。

同月，"高纯度井冈霉素生物催化生产井冈霉醇胺的产业化技术开发"成果获国家技术发明奖二等奖，主要完成人为浙江工业大学郑裕国、沈寅初、陈小龙、薛亚平和浙江钱江生物化学股份有限公司裘国寅、傅业件。成果简介如下：

> 该项目发明了以高纯度井冈霉素为底物的生物催化生产井冈霉醇胺的产业化技术，实现了井冈霉醇胺和高纯度井冈霉素规模化生产，创建了井冈霉素高产菌和水解、裂解菌高通量选育新方法，获得了时空产率居所有抗生素之首的井冈霉素生产新菌株和高效水解、裂解新菌株，建立了高纯度井冈霉素大规模生产及其生物催化水解和裂解的新工艺以及具有节能减排显著效果的提取分离新技术，获得3项国家发明专利，具有自主知识产权。

2009年 71岁

本年，获中国农药工业协会授予的"建国60周年中国农药工业突出贡献奖"。

1月，合作完成"微生物酶解井冈霉素制备酶抑制剂的酶催化过程研究"，成果完成人：沈寅初、郑裕国等，第一完成单位：浙江工业大学。成果简介如下：

> 项目考察了酶解井冈霉素微生物的生理生化特性，已对部分菌种做了鉴定，并申请了专利1项，另有1项在申请过程中；对筛选到的微生物进行了培养条件优化，并进行了微生物的诱变育种和基因工程改造，提高了菌种的降解水平；利用微生物细胞和裂解酶为催化剂酶解井冈霉素，得到了井冈霉烯胺、井冈霉胺等井冈霉素降解产物；研究了井冈霉素降解产物对糖苷酶、淀粉酶、海藻糖酶等糖水解酶的抑制性能，得到了酶抑制动力学方程；建立了井冈霉素降解产物的分析方法，对降解产物进

行了分离纯化研究，并得到了纯的样品，进行了四大谱图的鉴定；重点研究了酶催化降解井冈霉素的反应机理和催化动力学等。

同月，指导并参与的"工业生物过程的工艺条件优化和调控（子课题）"获国家"973"计划项目立项，项目金额：92.07万元，负责人：王亚军。

3月，合作完成"亚胺培南/西司他丁钠化学-酶法合成关键技术及产业化开发"，成果完成人：郑裕国、白骅、郑仁朝、杨仲毅、王远山、杨志清、王亚军、吕中原、徐建妙、金晓东、金利群、王献周、沈寅初、施珍娟、杨辉、应良兵、金海龙，第一完成单位：浙江工业大学，合作完成单位：浙江海正药业股份有限公司。成果简介如下：

> 亚胺培南/西司他丁钠是目前抗重症感染的首选药物，为全球畅销处方药之一。亚胺培南/西司他丁钠合成工艺复杂，质量要求高，研发难度极大，核心技术之一即为关键中间体（S）-2,2-二甲基环丙甲酰胺的高立体选择性手性合成。由于国内缺乏该关键中间体的核心制造技术，该品种长期为美国默克等国际制药巨头所垄断。该项目创新性地糅合化学与酶法合成工艺，攻克了亚胺培南/西司他丁钠及核心中间体原料清洁生产系列关键技术，主要包括：①发明了首个普适性立体选择性酰胺酶高通量筛选新方法，获得了对目标底物对映体选择率最高的新酰胺酶产生菌；②首创了西司他丁钠关键中间体（S）-（+）-2,2-二甲基环丙烷甲酰胺腈水合酶/酰胺酶双酶偶联生物催化新工艺，转化率达到理论值的94%，从源头上革除了有毒有害溶剂的使用；③开发了双酶催化产物纯化及副产物提取-回用新技

术，产物总收率高达72%以上；④建立了亚胺培南合成铑、钯等贵金属催化剂回用，常压氢化和西司他丁钠最终中间体高效分离新工艺，亚胺培南、西司他丁钠的摩尔收率达到21%和35%以上，居国际先进水平；⑤集成高真空、多组分溶剂精细分流回收技术，溶剂回收率达到90%以上，吨产品废水量减少71%以上；⑥制定了我国注射用亚胺培南/西司他丁钠行业标准，有力推动了行业进步。该项目主要技术经济指标优于国内外同类技术，产品质量达到或超过国内外药典标准，已申请国家发明专利7项，其中授权4项。该项目打破了国外制药企业长期技术和市场垄断。实现了高端抗生素制造关键技术及产品的国产化，显著降低药品售价，减轻了患者用药负担。项目节能减排效果显著，对我国碳青霉烯类抗生素产业的发展，乃至医药化工技术水平的提升具有重要的推动作用，经济和社会效益显著，应用前景广阔。

　　同月，上海市科委启动"新中国成立60周年上海科技人物"评选活动，沈寅初与中国工程院老院长徐匡迪院士同在30名"科技创新杰出贡献人物"候选人之列。该活动是上海市科委从380位备选人物中推出"最值得纪念的科技人物""科学研究杰出贡献人物"和"科技创新杰出贡献人物"候选人各30位。2009年8月19日《上海科技报》刊登了候选人简介，最终3个系列各有10位入选"新中国成立60周年上海科技人物"。沈寅初回忆起这件往事时说："虽然最终未能入选，但能被评为上海科技功臣，能被提名为新中国成立60周年上海科技人物候选人，能和老院长同框，我深感幸运。对上海给予我的褒奖与评价，我始终心怀感激。"

同月，合作发明的成果"一种硫代磷酸酯或磷酸酯衍生物及其制备与应用"获发明专利授权，专利权人：浙江工业大学，发明人：刘运奎、许丹倩、杜晓华、吴庆安、浦晓莺、徐振元、沈寅初。该项目为钱旭红担任首席科学家的"973"计划项目的子课题。

4月13日～19日，受台湾修平技术学院院长钟瑞国邀请，率团赴台湾进行学术访问。访问团访问了台湾修平技术学院、台湾研究院、台湾大学。在台湾修平技术学院，沈寅初介绍了浙江工业大学概况，并就生物化工等领域的研究进展与该校教师进行了交流；郑裕国教授作了题为"腈化合物的生物转化和生物催化"的学术报告。在台湾研究院，沈寅初作了题为"生物技术和化学工业的可持续发展"的学术报告。在台湾大学，沈寅初一行与台湾大学农业化学系教师就生物农药、微生物学、生物化学等领域的研究进展进行了交流（浙江工业大学官网2009年4月20日《沈寅初院士赴台进行学术交流》，作者　方宜）。

5月，在"Adv Biochem Engin/Biotechnol"合作发表"Microbial Transformation of Nitriles to High-Value Acids or Amides"（《微生物转化腈化合物为高价值的酸或酰胺》）（陈静、郑仁朝、郑裕国、沈寅初）。

6月5日～6日，参加在上海召开的由世易化工网主办、上海市农药研究所协办的"2009阿维菌素类360°产业论坛"，并作了题为"阿维菌素的发展史"的报告。讲话全文如下：

1971年日本的北里研究所发现了阿维菌素的类似物，1975年日本发现了阿维菌素。因为阿维菌素的毒性很高，按照日本的法律不能在日本进行生产，但美国没有这样的法律规定，于是美国默克公司与日本的公司合作，开始在美国生产阿维菌素，而日本一直到现在都没有生产此物质。然而日本人对阿维菌素的结构进行了改造，加了2个氢，变成双氢阿维菌素，也就是现在的伊维菌素。其毒性大大下降，但其药效也降低了一半，这样日本就可以大力开发生产伊维菌素。

在中国，上海市农药研究所在1984年就从广东揭阳的土中获得了菌种7051。菌种7051的主要活性成分就是阿维菌素，但当时不知其为阿维菌素的菌种。上海市农药研究所从1984年开始就对阿维菌素进行了大规模的开发研究。1986年开始在浙江和广东进行大田试验，试验表明阿维菌素对多种虫害有效。同时在内蒙古、东北、宁夏进行畜牧上的应用试验。经过大量的试验确定了药剂在畜牧和农业上的应用效果。此后上海市农药研究所承担了国家的攻关项目，在1992年将此技术成果以100万元转让于浙江海正。浙江海正是我国第一家生产合格的、能够出口的阿维菌素的企业，当时阿维菌素价格为6万人民币／kg。上海市农药研究所、中科院上海有机所和浙江海正合作合成了双氢阿维菌素，当时价格为12万人民币／kg。通过对阿维菌素发酵工艺的不断改进，使阿维菌素的发酵单位达到2500，获得了国家农业进步奖。江苏农科院畜牧所承担了在畜牧上的应用研究，取得在畜牧上应用试验的成功。此时阿维菌素主要用于内蒙古的畜牧业上。1993年上海蔬菜上的小菜蛾大暴发，由于当时没有其他药可用，而阿维菌素超高效和安全，于是在上海阿维菌素取得了临时药证，用于防治小菜蛾，用量每667m^2 0.5～1g。在这种特殊的条件下，阿维菌素得到了大规模的推广，而且是政府级、行政级的推广，而且上海政府补贴生产。之后，全国的植保专家、科研人员、企业和各级领导为阿维菌素生产推广做出了很大贡献，其中贡献较大的企业除海正外还有升华拜克、威远公司。上海农乐生物股份有限公司也为阿维菌素做出了较大贡献，它是第一个取得水稻上应用药证的企业，这为阿维菌素产量的扩大迈出了重大的一步。

阿维菌素是一个很好的药，但要合理使用，植保人员要做好指导工作，工厂不要滥用滥制，把复配制剂搞好；如一旦抗性产生，可暂停一段时间，但一定要把阿维菌素的菌种保存好，以待他日再用。人们要科学地应用它，爱护它，珍惜它，尽可能延长阿维菌素的寿命，使它能长久地为人们服务。

6月，合作发明的成果"地衣芽孢杆菌B-05571及其在制备1,3-二羟基丙酮中的应用"获发明专利授权，专利权人：浙江工业大学，发明人：郑裕国、胡忠策、柳志强、沈寅初。

同月，合作发明的成果"枯草芽孢杆菌ZJB-063及其应用"获发明专利授权，专利权人：浙江工业大学，发明人：郑裕国、吴明火、柳志强、沈寅初。

7月，指导并参与的"若干重要生物催化剂的结构与功能关系（子课题）"获国家"973"计划项目立项，项目金额：50万元，负责人：郑仁朝。

同月，在"Process Biochemistry"合作发表"Isolation and characterization of a novel *Arthrobacter nitroguajacolicus* ZJUTB06-99, capable of converting acrylonitrile to acrylic acid"（《一种能够将丙烯腈转化为丙烯酸的新型固定节杆菌ZJUTB06-99 的分离和表征》）（沈美、郑裕国、沈寅初）。

同月，在"Journal of Microbiology and Biotechnology"合作发表"Production of acrylic acid from acrylonitrile by immobilization of *Arthrobacter nitroguajacolicus* ZJUTB06-99"（《通过固定节杆菌ZJUTB06-99从丙烯腈生产丙烯酸》）（沈美、郑裕国、柳志强、沈寅初）。

同月，合作发明的成果"赤红球菌ZJB-064及其应用"获发明专利授权，专利权人：浙江工业大学，发明人：郑裕国、蔡谦、薛亚平、柳志强、沈寅初。

8月，合作发表《草甘膦化学合成工艺及其中间体的生物法合成技术展望》[林志坚、郑仁朝、楼亿圆、郑裕国、沈寅初，农药，2009,48(08)]。

9月，在"Journal of Biotechnology"合作发表"Study on optimal production of 3-ketovalidoxylamine A C-N lyase and glucoside 3-dehydrogenase by a newly isolated *Stenotrophomonas maltrophilia*"（《一株新分离的嗜麦芽糖寡养单胞菌产3-酮井冈羟胺A C-N裂解酶和糖苷3-脱氢酶的研究》）（张建芬、郑裕国、沈寅初）。

9月18日～19日，参加宁波人才科技周之院士企业行活动，与无机化工专家周光耀院士一同走访调研镇海炼化、宁波联泰化学工业有限公司、慈溪市洁达纳米复合材料有限公司等企业[见2009年9月19日第A2版面《12名院士进企业"献计支招"》（记者 卢磊 通讯员 宁冰）]。

9月26日，参加绍兴市"危机应对与创新发展"恳谈会暨绍兴市院士专家工作站揭牌仪式。

同月，合作发明的成果"表皮短杆菌ZJB-07021及其在制备(*S*)-2,2-二甲基环丙烷甲酰胺中的应用"获发明专利授权，专利权人：浙江工业大学，发明人：郑裕国、郑仁朝、金少军、王远山、王宝峰、沈寅初。

同月，在"Applied Biochemistry and Biotechnology"合作发表"Purification and characterization of 3-ketovalidoxylamine A C-N lyase produced by *Stenotrophomonas maltrophilia*"（《恶性单胞菌产生的3-酮井冈羟胺A C-N裂解酶的纯化和表征》）（张建芬、郑裕国、沈寅初）。

同月，合作发表《精细（手性）化学品制造中的生物催化与化学催化整合策略》[郑裕国、郑仁朝、沈寅初，中国基础科学，2009,11(05)]。摘要如下：

> 绿色化学和社会可持续发展需求对物质加工手段提出了更高要求。生物催化和化学催化的交叉整合可以实现两种技术的优势互补，从而提高原子效率，减轻环境压力，降低生产成本，在精细（手性）化学品合成新工艺的开发和工业化生产中具有十分广阔的应用前景。生物催化和化学催化的交叉需要生物学家和化学家的紧密合作，着重解决生物催化和化学催化反应的相容性，生物催化反应类型的拓展及其分子催化机理的认识，以及生物催化剂的快速商品化、工具化技术等问题。

同月，合作发表《蛋白磷酸酶抑制剂变构霉素的生物合成及其抑制位点研究》[柴小涛、陈小龙、郑裕国、沈寅初，微生物学通报，2009,36(10)]。

同月，合作发表《内生真菌A1163发酵液中活性成分的分离、纯化与鉴定》[郑裕国、薛锋、王亚军、薛亚平、沈寅初，中国抗生素杂志，2009,34(10)]。

11月，在"World Journal of Microbiology and Biotechnology"合作发表"Identification and characterization of *Serratia marcescens* ZJB-09104, a nitrile-converting bacterium"（《一种转化腈的细菌黏质沙雷氏菌 ZJB-09104 的鉴定和表征》）（金利群、柳志强、郑裕国、沈寅初）。

同月，指导并参与的"新型大环内酯类抗生素布雷菲德菌素A生产技术及生物学特性研究"获浙江省科技计划项目立项，项目金额：60万元，负责人：王亚军。

12月，指导并参与的"基于基因组重排技术创制新型农用抗生素的研究"获浙江省科技计划项目立项，项目金额：50万元，负责人：裴娟萍。

同月，合作发表《腈转化酶在精细化学品生产中的应用》[郑裕国、薛亚平、柳志强、郑仁朝、沈寅初，生物工程学报，2009,25(12)]。摘要如下：

> 腈化合物是一类重要的用于合成多种精细化学品的化合物，它们容易制备，并且可以合成多种化合物。传统化学水解方法将腈化合物转化为相应的羧酸或酰胺通常需要高温、强酸、强碱等相对苛刻的条件，腈转化酶（腈水解酶、腈水合酶和酰胺酶）由于其生物催化过程具有高效、高选择性、条件温和等特点，在精细化学品的合成中越来越受到人们的关注。许多腈转化酶已经被开发出来并用于精细化学品的生产。以下介绍了腈转化酶在医药及中间体、农药及中间体、食品与饲料添加剂等精细化学品生产中的应用。随着研究的不断深入，将会有更多的腈转化酶被开发出来并用于精细化学品的生产。

同月，参加浙江省经信委组织的浙江省生物产业发展报告论证会，中科院院士毛江森、李大鹏，中国工程院院士沈寅初、高从堦、郑树森等专家和企业家们为浙江生物产业谋划了发展路线，他们认为，浙江省在做大做强生物医药、生物制造及生物农业等优势产业的同时，要坚持错位发展，加快发展以生物林业和生物海洋为主的特色领域，培育以生物环保和生物能源为主的新兴领域（引自浙江日报2009年12月26日 第2版《"上山下海"谋发展》，记者　吴妙丽）。

2010年　72岁

本年，获浙江省科学技术奖重大贡献奖。

"亚胺培南/西司他丁钠化学-酶法合成关键技术及产业化"获国家技术发明奖二等奖。

1月，以钱旭红为首席科学家、李正名与沈寅初两位院士为科学顾问的"973"计划第二轮项目"分子靶标导向的绿色化学农药创新研究"立项，该项目于2014年12月完成。沈寅初引领傅正伟教授团队承担了其中的"候选农药的化学多样性与生物合理性"课题。

同月，在"Biotechnology and Bioprocess Engineering"合作发表"Enhancing Endo –nitrilas production by a newly isolated *Arthrobacter nitroguajacolicus* ZJUTB06-99 through optimization of culture medium"（《通过培养基优化新分离的固定节杆菌ZJUTB06-99增强内切腈水解酶的生

产》）（沈美、郑裕国、沈寅初）。

2月，在"Journal of Industrial Microbiology & Biotechnology"合作发表"Enantioselective hydrolysis of (R)-2, 2-dimethylcyclopropane carboxamide by immobilized cells of an R-amidase-producing bacterium, *Delftia tsuruhatensis* CCTCC M 205114, on an alginate capsule carrier"（《通过海藻酸盐胶囊载体固定 R-酰胺酶生产细菌 *Delftia tsuruhatensis* CCTCC M 205114细胞对 (R)-2, 2-二甲基环丙烷甲酰胺进行对映体选择性水解》）（王远山、郑仁朝、徐建妙、柳志强、程峰、冯志华、刘丽玲、郑裕国、沈寅初）。

同月，在"Journal of Microbiology and Biotechnology"合作发表"Production of 1,3-dihydroxyacetone from glycerol by *Gluconobacter oxydans* ZJB09112"（《通过氧化葡萄糖酸杆菌ZJB09112利用甘油生产1,3-二羟基丙酮》）（胡忠策、柳志强、郑裕国、沈寅初）。

3月，获2009年度浙江省科学技术奖重大贡献奖。

3月17日，参加浙江省委、省政府在省人民大会堂举行的全省科学技术奖励大会，并作为获奖者代表在大会上发言。沈寅初说："经过金融危机的洗礼，我们更加深切地认识到科技创新是经济结构调整和发展方式转变的中心环节，没有科技创新就谈不上产业结构调整。我们每一位科技工作者深感肩上使命重大；我们又生逢这样一个伟大的时代，每一位科技工作者心中又信心满怀。我们一定不辜负省委、省政府和全省人民的期望，脚踏实地，宁静致远，精益求精，为我省深入实施'创业富民，创新强省'的总战略和产业结构调整作出更大的贡献！"

据《浙江省科学技术奖励办法》第六条："浙江省科学技术重大贡献奖授予符合下列条件之一的个人：（一）在当代科学技术前沿取得重大突破或在科学技术发展中有重大成就的；（二）在科学技术创新、科学技术成果转化和高新技术产业化中，为本省创造巨大经济效益或社会效益的。"

《浙江省科学技术奖励公报》全文如下：

> 沈寅初院士为浙江工业大学教授，名誉校长，是国际著名的应用微生物学家、生物化工专家，在农药和生物化工领域取得了杰出成就，被誉为是"中国生物农药之父""中国生物催化产业化技术的开拓者"。所研发的核心技术和产品均在我省企业实现产业化。
>
> 开发成功的我国第一个生物农药井冈霉素，首先在我省钱江生化公司、桐庐汇丰公司等实现产业化，是我国生物农药第一个里程碑，奠定了我国生物农药工业的基础。我省井冈霉素产量占全球80%以上，成为世界井冈霉素生产和推广中心。
>
> 主持开发的阿维菌素，在浙江海正药业实现规模化生产，填补了我国杀虫杀螨生物农药工业的空白，为海正药业成为国际著名企业奠定了基础。国内阿维菌素的生产量全球最大。
>
> 主持开发的丙烯酰胺生物催化生产技术，在我省桐庐汇丰公司中试成功，迅速在全国推广，建立了我国第一套利用生物技术生产大宗化学品的工业化装置，开创了生物催化大规模生产大宗化学品的先河，并即将在宁波、舟山等地建成单套生产能力居世界第一的生产装置。
>
> 首创了降糖药物中间体井冈霉醇胺的生物催化生产技术，成功

在我省钱江生化公司产业化，实现了从生物农药到生物医药的产业链。

创建了亚胺培南/西司他丁化学-酶法合成新技术，首先在浙江海正药业实现产业化，建成了国内第一套腈转化酶生物催化生产手性化学品的工业化装置，成为手性生物催化与化学合成结合在我国制药工程领域成功应用的范例。

指导的浙江工业大学生物化工学科，发展迅速，在国内外已具有较大的知名度和影响力。

沈院士的研究成果与实际应用紧密结合，达到了相当生产规模，年创产值50多亿元，经济效益显著，获得国家科技奖励4项，为浙江省的经济发展和科技进步作出了重大贡献。

同月，合作发明的成果"蜡状芽孢杆菌及其制备手性2,2-二甲基环丙甲酸/酰胺"获发明专利授权，专利权人：浙江工业大学，发明人：郑裕国、沈寅初、张俊伟。

4月上旬，指导并参与的"亚胺培南/西司他丁钠化学-酶法合成关键技术与产业化开发"项目通过中国石油与化学工业协会组织的成果鉴定，该成果由浙江工业大学郑裕国团队与浙江海正药业股份有限公司共同完成。

同月，合作发表《产抗灰霉病菌物质的微生物筛选和鉴定》[江琴琴、周俞超、陈小龙、沈寅初，农药，2010,49(04)]。

5月19日，为浙江工业大学健行学院2009级学生作题为"生物技术在化学工业的可持续发展"的讲座。沈寅初说这是"一位老教师给同学们上的普通一课"，他鼓励同学们应该选择国家和社会需要的专业、自己感兴趣的专业，希望同学们要经常自省：对社会做的贡献是不是大于自己消耗的社会资源？要时刻记着为人类、为社会作出贡献。沈寅初用生动的例子阐述了工业可持续发展的必要性，讲述了生物技术在各个领域中的应用情况以及前沿技术[浙江工业大学官网2010年5月25日《沈寅初为学生上"普通一课"》（作者　陈声宏）]。

同月，合作发表《一类生物催化剂——氰基耐受型腈水合酶》[郑裕国、金晓峰、郑仁朝、林志坚、沈寅初，生物加工过程，2010,8(03)]。

6月，主持的"生物法生产L-草铵膦微生物菌种筛选与改良"获浙江省科技计划项目立项，项目金额：10万元，该项目于次年12月结题。

7月，在"Journal of Industrial Microbiology & Biotechnology"合作发表"Enantioselective biocatalytic hydrolysis of (R,S)-mandelonitrile for production of (R)-(−)-mandelic acid by a newly isolated mutant strain"（《新分离的突变株对映体选择性水解(R,S)-扁桃腈生产(R)-(−)-扁桃酸的生物催化作用》）（薛亚平、徐赛珍、柳志强、郑裕国、沈寅初）。

同月，合作发表《纹枯病菌对井冈霉素的作用机制、耐药性及安全性》[陈小龙、方夏、沈寅初，农药，2010,49(07)]。

9月，在"Biotechnology and Bioprocess Engineering"合作发表"Dissolved-oxygen-stat Fed-batch Fermentation of 1,3-Dihydroxyacetone from Glycerol by *Gluconobacter oxydans* ZJB09112"（《氧化葡萄糖酸杆菌 ZJB09112利用甘油溶氧稳态补料分批发酵1,3-二羟基丙酮》）（胡忠策、郑裕国、沈寅初）。

同月，合作发表《微生物法生产1,3-二羟基丙酮代谢工程研究进展》[孙丽慧、胡忠策、郑裕国、沈寅初，生物工程学报，2010,26(09)]。

同月，合作发明的成果"布雷正青霉变种ZJB082702及其发酵制备布雷菲德菌素A的应用"获发明专利授权，专利权人：浙江工业大学，发明人：郑裕国、王亚军、薛锋、薛亚平、沈寅初。

10月10日，为2010级博士硕士研究生新生作成长成才报告。沈寅初围绕"时代对研究生的要求是什么""研究生学什么、怎么学""研究生该如何选题""如何面对学习生活中的压力和困惑""如何提高自身综合素质"等问题分享了经验、阐述了观点、提出了要求。沈寅初强调，研究生要注重培养四个方面的素质："一是在学习过程中要不断培养对研究领域的兴趣，兴趣始终是科学研究的无穷动力；二是培养自学的能力，要正确对待导师的指导和自我学习的关系，要能够博览群书、融会贯通；三是培养独立思考和坚持不懈的精神，科研工作者在遇到不同意见或困惑时能够有自信心，在遇到挫折的时候能够百折不挠；四是培养团结协作的素质，要修炼合作精神，无论是研究过程中的困难克服还是研究成果的共享。"（引自浙江工业大学官网2010年10月12日《沈寅初院士与研究生共话成长成才——探索

真知要有兴趣　求解答案得有激情》，作者　胡洪武）

10月24日至25日，率5人团队赴江山进行科技服务活动。沈寅初一行赴江山化工股份有限公司、浙江三禾生物工程有限公司、浙江益万生物工程有限公司等企业调研，并就产品研发、生物技术利用、技术创新与合作、清洁生产等问题与当地政府和企业进行了交流。调研交流后，作了题为"生物技术与清洁产品、清洁生产工艺"的讲座，沈寅初通过数据与案例分析，强调企业不能再复制高耗能、高污染、低效率的生产模式，而必须重视清洁生产以及新能源、可再生能源的利用。此次活动为浙江工业大学-衢州市"希望之光"全面合作计划的一项工作，计划旨在促进欠发达地区的科技进步与技术创新、提高其产业经济发展的核心竞争力（引自浙江工业大学官网2010年10月27日《沈寅初院士率专家团赴江山开展科技服务活动》）。

11月，"亚胺培南/西司他丁钠化学-酶法合成关键技术及产业化"成果获国家技术发明奖二等奖，获奖人为浙江工业大学郑裕国、沈寅初、郑仁朝，浙江海正药业股份有限公司白骅、杨仲毅、杨志清。

12月，合作发明的成果"一种右旋生物素中间体内酯的制备方法"获发明专利授权，专利权人：浙江工业大学，发明人：汪钊、郑建永、章银军、鄢洪德、朱勃、沈雪亮、沈寅初。

同月，合作发明的成果"一种高纯度井冈霉素粉剂的制备方法"获发明专利授权，专利权人：浙江工业大学，发明人：郑裕国、沈寅初、薛亚平、陈小龙。

同月，合作发明的成果"生物催化法制备2,2-二甲基环丙甲酰胺及其菌株"获发明专利授权，专利权人：浙江工业大学，发明人：郑裕国、王亚军、沈寅初。

同月，在"Biochemical Engineering Journal"合作发表"Enhanced biotransformation of (*R*,*S*)-mandelonitrile to (*R*)-(−)-mandelic acid with in situ production removal by addition of resin"（《通过添加树脂进行产物原位去除提高(*R*,*S*)-扁桃腈向(*R*)-(−)-扁桃酸的生物转化》）（薛亚平、柳志强、徐明、王亚军、郑裕国、沈寅初）。

本年，与浙江新安化工集团股份有限公司联合建立院士工作站，该工作站2018年获批为浙江省院士专家工作站，同年被认定为全国模范院士专家工作站。

2011年 73岁

本年，"一种高纯度井冈霉素粉剂的制备方法"获中国专利优秀奖。

1月，在台州浙江新东港药业股份有限公司设立院士专家工作站。该工作站次年被认定为浙江省院士专家工作站第三批建站单位，2014年获批浙江省院士专家工作站示范点。2017年，被认定为全国模范院士专家工作站，这也是台州市首家获此认定的院士工作站。

1月，在"Current Pharmaceutical Analysis"合作发表"Analysis and Determination of Anti-diabetes Drug

Acarbose and its Structural Analogs"（《抗糖尿病药物阿卡波糖及其结构类似物的分析与测定》）（王亚军、郑裕国、薛亚平、王远山、沈寅初）。

同月，指导并参与的"腈水合酶受氰基抑制及耐受性能产生的机理研究"获教育部科技项目博士点基金项目立项，项目金额：3.6万元，负责人：郑仁朝。

2月，合作发明的成果"一种井冈霉素提取的方法"获发明专利授权，专利权人：浙江工业大学，发明人：郑裕国、沈寅初、薛亚平、陈小龙。

同月，在"Biotechnology and Bioprocess Engineering"合作发表"Improvement of tautomycin production in *Streptomyces spiroverticillatus* by feeding glucose and maleic anhydride"（《通过流加葡萄糖和顺丁烯二酸酐提高螺旋体链霉菌中变构霉素的产量》）（陈小龙、徐玉华、郑裕国、沈寅初）。

3月，参加在上海举行的中国国际农用化学品高峰论坛Ⅱ第三届世界农药科技与应用发展学术交流会，并作了题为《我国微生物源杀菌抗生素的研究开发》的学术报告[张一宾整理，世界农药，2011,33(04)]。报告介绍了我国重点研发过和正在研发以及主要生产的杀菌农用抗生素品种，阐述了我国农用抗生素研发中值得探讨的8个问题：1.微生物源的选择，2.通过改变微生物产生希望物质的环境条件，3.生物催化技术在新农用抗生素研发中的应用，4.研究和开发高效筛选方法，5.提高活性物质早期鉴别水平及农药研发阶段的可行性评价，6.有关农用杀菌抗生素的安全性问题，7. 有关农用杀菌抗生素的成本问题，8. 耐药性问题。沈寅初最后指出："农用抗生素无疑是农药中的一个重要组成。由于其源于生物，故越来越受到人们关注。然而，农用抗生素有其优越性，同时也有弊端和不足。如何克服其不足，发掘其长处，农用抗生素才能健康发展，才能为农作物的稳产、丰产做出更大贡献。"

同月，在"Journal of Microbiological Methods"合作发表"Ferrous and ferric ions-based high-throughput screening strategy for nitrile hydratase and amidase"（《基于亚铁和铁离子的腈水合酶和酰胺酶高通量筛选策略》）（林志坚、郑仁朝、雷利华、郑裕国、沈寅初）。

5月，在"Biotechnology Progress"合作发表"A novel synthesis of iminodiacetic acid: Biocatalysis by whole *Alcaligenes faecalis* ZJB‐09133 cells from iminodiacetonitrile"（《一种新的亚氨基二乙酸的合成方法：利用粪产碱杆菌ZJB-09133全细胞中催化亚氨基二乙腈》）（柳志强、李飞飞、程峰、张涛、尤忠毓、徐建妙、薛亚平、郑裕国、沈寅初）。

同月，在"Bioresource Technology"合作发表"Use of glycerol for producing 1,3-dihydroxyacetone by *Gluconobacter oxydans* in an airlift bioreactor"（《氧化葡萄糖酸杆菌在气升式生物反应器中利用甘油生产1,3-二羟基丙酮》）（胡忠策、郑裕国、沈寅初）。

同月，合作发明的成果"黏质沙雷氏菌及其生物转化DL-乳酸生产丙酮酸"获发明专利授权，专利权人：浙江工业大学，发明人：郑裕国、贾立壮、沈寅初。

同月，合作发明的成果"微生物催化法生产亚氨基二乙酸及其菌株"获发明专利授权，专利权人：浙江工业大学，发明人：郑裕国、柳志强、徐建妙、薛亚平、沈寅初。

同月，合作发明的成果"一种灰色产色链霉菌及其应用"，专利权人：上海市农药研究所、上海南方农药研究中心，发明人：顾学斌、陶黎明、倪长春、徐文平、王磊、沈宙、杨巍民、郭磊、张育雷、倪玮韡、杨星、沈寅初。

6月，"双腈底物选择性水解酶的基因克隆及其应用"获浙江省科技计划项目立项，项目金额：10万，该项目于次年12月结题。

8月，在"The Journal of Antibiotics"合作发表"Antifungal activity of tautomycin and related compounds against *Sclerotinia sclerotiorum*"（《互变霉素及其相关化合物对油菜菌核病菌的抑菌活性》）（陈小龙、朱小惠、丁祎程、沈寅初）。

同月，经绍兴市科协牵线，与震元制药联合建立院士专家工作站。签约后合作的第一个项目是该企业此前没有进展的"新型抗真菌新药"的研发。沈寅初表示"既然要合作，就要实实在在地做出成果来"，签约后沈寅初不仅派出两名博士进驻工作站全职研究该项目，他本人每年都要赴震元制药，查看实验结果，指导研发工作。在沈寅初团队与企业的共同努力下，该项目取得了实质性进展。

同月，合作完成"阿卡波糖生产关键技术及产业化"，成果完成人：郑裕国、李邦良、王远山、吴晖、王亚军、周鲁谨、薛亚平、朱健、孙丽慧、何志勇、柳志强、陈喆明、徐建妙、李照明、沈寅初、章飞龙、徐亚强、许乐义，第一完成单位：浙江工业大学，合作完成单位：华东医药股份有限公司。该成果后来获得2014年国家科学技术进步奖二等奖。

9月2日，为浙江工业大学生物与环境工程学院2011级新生讲授专业教育第一课。

同月，参加绍兴人才峰会，为绍兴生物医药产业把脉，沈寅初说：

> 绍兴发展生物医药产业有较好基础，但要做大做强，需要对未来市场有前瞻性的开拓，要对同质企业进行有效整合。
>
> 农民朋友熟知的井冈霉素就是我发明的，这种从土壤中提取的微生物，早在30多年前就得到了广泛应用，为有效防治我国水稻主要病害纹枯病提供了首选用药，并首次实现我国微生物农药的工业化生产，市场占有率至今居高不下，年产量达几十万吨。在这里，我举这个例子只是为了说明发展生物医药产业的市场前景相当广阔。
>
> 从绍兴现状看，生物医药产业已有较好基础，主要分布在新昌、嵊州及滨海新城等曹娥江沿岸，特别是新昌就有"浙江医药""新和成""京新制药"3家上市公司，他们早已名声在外，如"浙江医药"的主导产品合成维生素E占全球产量25%，生物素占全球总产量60%。

但不可忽视的是，绍兴在产业发展上还有不少"短腿"，如全国约七成的井冈霉素都在浙江生产，而绍兴却是空白，身为家乡人，我觉得有点遗憾。此次来参加绍兴人才峰会，我带来了阿尼芬净技术产品研发项目，而且已与绍兴一家医药企业进行了对接，希望能够迅速实现产业化生产。

此外，我还有一项研究，可以实现生物催化技术生产丙烯酰胺的产业化，先后在胜利油田、大庆油田等地应用，收效明显。通俗地讲，就是用了这个东西可以把渗透进沙里的油都集中起来，再抽出，等于把地下的油都榨干；应用该产品还能大大改进造纸、纺织行业的产品质量，对城市废水处理也有非常好的效果，这对印染发达的绍兴应该大有帮助。

生物医药产品，生产周期往往较长，建议企业家对未来市场的开拓要有前瞻性，要用发展的眼光来选择项目，要有赶超世界先进水平的勇气，舍得花大钱；绍兴还可以将产品类似的企业进行整合，做强做大。此外，还可利用资源优势，大力发展中草药深加工，使其成为独特的产业板块（据绍兴日报2011年9月4日第1版《井冈霉素昭示生物医药锦绣前程》，记者　沈兴国　整理）。

在本次峰会上，沈寅初与绍兴一家医药企业进行了对接，拟合作的项目是阿尼芬净技术产品研发。

同月，在"Catalysis Communications"合作发表"Characterization of a newly synthesized epoxide hydrolase and its application in racemic resolution of (R,S)-epichlorohydrin"（《一种新合成的环氧化物水解酶的表征及其在（R,S）-环氧氯丙烷外消旋拆分中的应用》）（柳志强、张丽萍、程峰、阮礼涛、胡忠策、郑裕国、沈寅初）。

同月，在"Chem. Biochem. Eng"合作发表"Medium

Optimization for Nitrilase Production by Newly Isolated *Rhodococcus erythropolis* ZJB-0910 Using Statistical Designs"（《利用统计学设计对新分离的红平红球菌ZJB-0910生产腈水解酶的培养基进行优化》）（董华平、柳志强、郑裕国、沈寅初）。

9月24日，为浙江工业大学2011级研究生新生党员作题为"探索未知，激情求解"的成长成才报告。

10月，在"New Biotechnology"合作发表"Characterization of a newly isolated strain *Rhodococcus erythropolis* ZJB-09149 transforming 2-chloro-3-cyanopyridine to 2-chloronicotinic acid"（《将2-氯-3-氰基吡啶转化为2-氯烟酸的新分离菌株红平红球菌ZJB-09149的特征研究》）（金利群、李亚飞、柳志强、郑裕国、沈寅初）。

同月，在"Journal of Agricultural and Food Chemistry"合作发表"Gene Cloning, Expression, and Characterization of a Nitrilase from *Alcaligenes faecalis* ZJUTB10"（《粪产碱杆菌 ZJUTB10 腈水解酶的基因克隆、表达和表征》）（柳志强、董俐柱、程峰、薛亚平、王远山、丁洁女、郑裕国、沈寅初）。

11月，"一种高纯度井冈霉素粉剂的制备方法"项目获中国专利优秀奖，获奖人为浙江工业大学郑裕国、沈寅初、薛亚平、陈小龙。

同月，合作发明的成果"一种腈水解酶基因、载体、工程菌及其应用"获发明专利授权，专利权人：浙江工业大学，发明人：郑裕国、柳志强、薛亚平、郑仁朝、沈寅初。

12月，合作发明的成果"生物催化2-氰基吡嗪生产吡嗪酰胺的方法及其菌株"获发明专利授权，专利权人：浙江工业大学，发明人：郑裕国、金利群、柳志强、薛亚平、沈寅初。

同月，合作发明的成果"微生物催化亚氨基二乙腈制备亚氨基二乙酸的方法"获发明专利授权，专利权人：浙江工业大学，发明人：郑裕国、柳志强、张涛、徐建妙、薛亚平、郑仁朝、沈寅初。

同月，指导的陈小龙通过博士学位论文答辩，沈寅初作为第一导师（第二导师郑裕国）参加答辩。陈小龙博士学位论文题目为《变构霉素及其衍生物的制备和生物活性研究》，该研究工作因为变构霉素化学结构，过程中遇到很大困难，持续了很长时间，但在沈寅初的指导下，陈小龙一直坚持研究该课题，并取得了不俗的成绩，2007年在全球化工领域的顶尖杂志"Chemical Reviews"发表关于变构霉素的论文，当年获浙江省教育厅重点项目资助，2010年获得国家"973"子课题资助。

| 陈小龙 | 1970年生，浙江仙居人。现为浙江工业大学资深教授，先后入选浙江省"新世纪"151第一层次人才培养、国家"万人计划"科技创新领军人才。 |

2012年　74岁

本年，被日本金泽大学聘为名誉教授。

推动浙江工业大学与日本金泽大学、大阪府立大学等建立了深度的校际合作关系。

1月，指导并参与的"基于变构霉素含顺丁烯二酸酐片段的化合物衍生、优化及其抗菌核病菌活性研究"获国家自然科学基金项目立项，项目金额：30万元，负责人：陈小龙。

同月，在"Bioresour Technol"合作发表"*Actinoplanes utahensis* ZJB-08196 fed-batch fermentation at elevated osmolality for enhancing acarbose production"（《犹他游动放线菌ZJB-08196提高渗透压分批补料发酵提高阿卡波糖产量》）（王亚军、刘丽玲、王远山、薛亚平、郑裕国、沈寅初）。

同月，在"J Ind Microbiol Biotechnol"合作发表"Enzymatic production of 2-amino-2,3-dimethylbutyramide by cyanide-resistant nitrile hydratase"（《耐氰基腈水合酶催化合成2-氨基-2,3-二甲基丁酰胺》）（林志坚、郑仁朝、王亚军、郑裕国、沈寅初）。

4月，合作完成"顺丁烯二酸酐农药活性化合物创制"，成果完成人：陈小龙、范永仙、嘉晓勤、张朝晖、沈寅初，第一完成单位：浙江工业大学。

同月，合作发表《蛋氨酸生产工艺研究进展》[党万利、金利群、郑裕国、沈寅初，食品与发酵工业，2012,38(04)]。

5月，在"Journal of Chromatography B"合作发表"Isolation of brefeldin A from *Eupenicillium brefeldianum*

broth using macroporous resin adsorption chromatography"
（《大孔树脂吸附色谱法从布蕾费尔德青霉菌肉汤中分离布雷菲德菌素A》）（王亚军、吴烨飞、薛锋、吴植献、薛亚平、郑裕国、沈寅初）。

同月，合作发明的成果"生物催化法生产2,2-二甲基环丙烷甲酰胺的提纯方法"获发明专利授权，专利权人：浙江工业大学，发明人：郑裕国、郑仁朝、徐建妙、王远山、沈寅初。

同月，合作发明的成果"生物催化法生产R-扁桃酸及其衍生物的方法"获发明专利授权，专利权人：浙江工业大学，发明人：郑裕国、薛亚平、柳志强、徐赛珍、沈寅初。

同月，合作发明的成果"亚氨基二乙酸的液相分析方法"获发明专利授权，专利权人：浙江工业大学，发明人：郑裕国、徐建妙、柳志强、沈寅初。

同月，合作发明的成果"一种环氧化物水解酶基因、载体、工程菌及其应用"获发明专利授权，专利权人：浙江工业大学，发明人：郑裕国、柳志强、壮晓健、张莉萍、胡忠策、沈寅初。摘要如下：

> 本发明提供了环氧化物水解酶（EH）基因及其重组表达载体、基因工程菌，以及其在制备重组环氧化物水解酶中的应用。本发明提供了一种环氧化物水解酶核苷酸序列；构建了一种含有该基因的表达重组质粒pET-28b-EH，将其转化至大肠杆菌BL21中，获得了含有表达质粒pET-28b-EH的重组大肠杆菌BL21/pET-28b-EH，并利用该菌株表达生产重组环氧化物水解

酶；提供了一种以本发明构建的重组大肠杆菌为酶源进行生物催化与转化的方法，生产R-环氧氯丙烷，为手性环氧氯丙烷的工业化生产提供可能。

同月，合作发明的成果"生物催化生产的丙烯酸的提纯方法"获发明专利授权，专利权人：上海市农药研究所、薛建萍、沈寅初，发明人：薛建萍、罗积杏、李还宝、朱健、唐璐敏、沈寅初。摘要如下：

本发明公开了一种生物催化生产的丙烯酸的提纯方法。本方法包括将微生物酶催化得到的反应液脱色、浓缩、脱盐/酸化、萃取、气提和脱水得到产品丙烯酸，纯度≥98%。本方法具有分离提纯工艺简单、污染小，得到的丙烯酸产品杂质少、纯度高的显著特点。

5月下旬，率团访问日本金泽大学、大阪府立大学、星药科大学和韩国牧园大学，与日本大阪府立大学、韩国牧园大学续签了校际合作协议，与日本星药科大学达成了合作意向。

30日，被日本金泽大学聘为名誉教授。鉴于沈寅初在科研方面取得的卓越成就和在学术界享有的崇高威望，以及在推动浙江工业大学与金泽大学建立友好合作关系、加强校际交流、促进两校科研和教育共同发展等方面作出的卓越贡献，金泽大学聘其为名誉教授。这是金泽大学建校150年以来所聘请的第一位非日籍名誉教授。

金泽大学是日本具有悠久历史的综合性国立大学，由官立金泽医科大学、第四高等学校等诸校合并而成。

学生11000人，教职员约有3000人。在科学研究、学生培养等方面均具有很强的竞争力（浙江工业大学官网2012年6月4日《沈寅初院士被日本金泽大学聘为名誉教授》，作者　朱晓江）。

6月，主持的"工业环境下酰胺酶手性催化功能强化的分子改造"获浙江省科技计划项目立项，项目金额：10万元，该项目于次年12月结题。

同月，合作发明的成果"生物催化与分离耦合法生产*R*-扁桃酸"获发明专利授权，专利权人：浙江工业大学，发明人：郑裕国、薛亚平、柳志强、沈寅初。

同月，合作发明的成果"一种甘油脱水酶基因、载体、工程菌及其应用"获发明专利授权，专利权人：浙江工业大学，发明人：郑裕国、柳志强、平丽英、张烽、薛亚平、沈寅初。

6月29日，参加浙江工业大学化材学院材料学科举行的高等学校创新能力提升计划（简称"2011计划"）与学科发展专题研讨会，并作讲座。沈寅初向学科教师阐述了材料科技在国民经济特别是工程领域中的地位和作用，分析了材料学科发展定位、研究方向和特色优势应把握的若干关键要素。沈寅初强调学科要发展，必须重视三方面的工作：一是学科研究方向的确立要基于学校、学科、团队的母体，从中汲取营养，发展壮大；学科要根据自身的发展定位和学校的条件选择课题，不断产生阶段性成果，做出科研亮点；教师的科研工作一方面要对接工业发展的需求，另一方面要与国家的重大需求结合。二是学科一定要把握学术最前沿，重视与国外科研机构的交流合作，积极申报重大国际合作项目。三是重视队伍建设，引进和培养并重，发掘现有教师的学术潜力，培养学科拔尖人才，积极引进学科领军人物，激发学科新增长点（引自浙江工业大学官网2012年7月3日《沈寅初院士与材料学科教师研讨"2011计划"和学科发展》，作者　董华青）。

7月，合作发明的成果"不对称还原制备(R)-1,3-丁二醇的方法及菌株"获发明专利授权，专利权人：浙江工业大学，发明人：郑裕国、郑仁朝、邱照宽、沈寅初。

同月，合作发表《酰胺酶催化底物特异性的研究进展》[解宝玥、金利群、郑裕国、沈寅初，农药，2012,51(07)]。摘要如下：

> 酰胺酶是一类催化酰胺水解成相应羧酸的水解酶，其作用底物谱广，有报道的酰胺酶可以广泛作用于脂肪、芳香、杂环氨基酰胺类酰胺，但是酶活差别巨大。当底物为芳香、杂环类酰胺尤其是存在邻位取代基时，酰胺酶的活力受到显著干扰，这种干扰与空间位阻和电子效应有关。

7月28日，率团队赴金华东阳市横店集团家园化工有限公司开展校企合作，主要目的是协助该企业开展药物生产工艺的"绿色化"改造，利用微生物催化的化学合成法达到提高原材料使用效率、降低成本、减少污染的效果。

8月，赴嵊州浙江昂利康制药股份有限公司开展校企合作工作。

同月25日，参加绍兴市组织的推进院士专家工作创新成果产业化研讨会。

9月14日，在浙江工业大学新教师岗前培训会上作题为《师德师风与教师成长》的专题报告。沈寅初从四个方面回答了"如何当一名好老师"的问题：一、站到本科讲台第一线，"站在讲台上传授知识是人才培养的核心、关键，教师的天职就是教学，要以高度的责任感和献身精神投入。"二、搞科研不强调客观条件，"三四十岁是创新的最佳年龄，年轻人要成为学校的中流砥柱，搞科研不要强调客观条件，即使在最简陋的条件下，做科研也要迎难而上。"三、敢于尝试写高水平的学术论文，不写垃圾文章，"选题要有发表价值，成果要有产业化前景，一定要摸准国民经济发展的脉搏，一定要了解国家的需要和世界的前沿。"四、要有对科研工作无限投入的精神，"在科研工作中要有艰苦奋斗的精神，还要有不计得失、无私奉献的团队合作精神。"（浙江工业大学官网2012年10月22日《三尺讲台的坚守——沈寅初院士在新教师岗前培训会上的报告侧记》，作者　孙江丽）

同月16日，出席浙江省绿色制药协同创新中心揭牌仪式。

同月，合作发明的成果"顺丁烯二酸酐类化合物在制备抗灰霉病的杀菌剂中的应用"获发明专利授权，专利权人：浙江工业大学，发明人：陈小龙、刘莎莎、范永仙、嘉晓勤、沈寅初。

同月，合作发明的成果"顺丁烯二酸酐化合物在制备油菜菌核病菌抑菌剂中的应用"获发明专利授权，专利权人：浙江工业大学，发明人：陈小龙、朱小惠、范永仙、嘉晓勤、沈寅初。

同月，合作发明的成果"顺丁烯二酸酯化合物在制备油菜菌核病菌抑菌剂中的应用"获发明专利授权，专利权人：浙江工业大学，发明人：陈小龙、芮云锋、范永仙、嘉晓勤、沈寅初。

10月15日，为浙江工业大学之江学院师生作了题为"谈谈成才主观要素之修炼"的讲座。

同月27日，为2012级研究生新生党员讲课。

11月，在"Bioprocess Biosyst Eng"合作发表"Isolation of enantioselective α-hydroxyacid dehydrogenases based on a high-throughput screening method"（《基于高通量筛选方法分离对映体选择性α-羟基酸脱氢酶》）（薛亚平、王威、王亚军、柳志强、郑裕国、沈寅初）。

12月，合作发明的成果"藤黄微球菌及其催化亚氨基二乙腈制备亚氨基二乙酸"获发明专利授权，专利权人：浙江工业大学，发明人：郑裕国、柳志强、张涛、徐建妙、薛亚平、郑仁朝、沈寅初。

同月，合作发明的成果"生物催化生产羟基乙酸"获发明专利授权，专利权人：上海市农药研究所、薛建萍，发明人：薛建萍、罗积杏、李还宝、于军华、朱健、许弘、沈寅初。摘要如下：

本发明公开了一种生物催化生产羟基乙酸的方法。本方法以羟基乙腈为起始原料，以通过发酵培养乳酪短杆菌（*Brevibacterium casei*）CGMCC No.0887而得到的具有腈水解活性的微生物酶为催化剂，在一定条件下水解反应，得到产物羟基乙酸。本方法具有反应条件温和、工艺路线简单、无污染、可连续工业化生产的显著特点。

同月，合作发表《*Eupenicillium brefeldianum* CCTCC M 208113发酵液中布雷菲德菌素A分离纯化工艺的研究》[吴烨飞、王亚军、薛锋、郑裕国、沈寅初，中国抗生素杂志，2012,37(12)]。

同月，合作发明的成果"冬虫夏草中国被毛孢合成代谢甘露醇相关酶、基因及应用"获发明专利授权，专利权人：浙江工业大学、杭州中美华东制药有限公司，发明人：郑裕国、李邦良、吴晖、柳志强、许静、袁水金、许峰、陈丽芳、薛亚平、沈寅初。

同月12日，赴浙江省嵊州中学，与该校高二与高三学生座谈，就高考填报志愿如何择校、选专业等问题与同学们进行了交流。

本年，在"Catalysis Communications"合作发表"Kinetic resolution of (*R*,*S*)-2,2-dimethylcyclopropanecarboxamide by *Delftia tsuruhatensis* ZJB-05174: Role of organic cosolvent in reaction medium"[《戴尔福特菌 ZJB-05174对(*R*,*S*)-2,2-二甲基环丙烷甲酰胺的动力学拆分：有机助溶剂在反应介质中的作用》]（郑仁朝、王远山、郑裕国、沈寅初）。

在"Eng. Life Sci."合作发表"Screening and characterization of microorganisms capable of converting iminodiacetonitrile to iminodiacetic acid"（《亚氨基二乙腈转化为亚氨基二乙酸微生物的筛选与特性研究》）（张金峰、柳志强、郑裕国、沈寅初）。

在"Prep Biochem Biotechnol"合作发表"Improvement of 1,3-dihydroxyacetone production from *Gluconobacter oxydans* by ion beam implantation"（《离子束注入改进氧化葡萄糖酸杆菌生产1,3-二羟基丙酮的工艺》）（胡忠策、柳志强、徐建妙、郑裕国、沈寅初）。

在"Journal of Pesticide Science"合作发表"Antifungal activity of simple compounds with maleic anhydride or dimethylmaleimide structure against *Botrytis cinerea*"（《马来酸酐或二甲基马来酰亚胺结构的简单化合物对灰霉病菌的抑菌活性研究》）（李伟、范永仙、沈振忠、陈小龙、沈寅初）。

本年，因为患胃出血做了胃镜检查，确诊是胃淋巴瘤，好在发现并治疗及时，癌症得到有效控制，这使得沈寅初更多地去接触了解抗癌药物。时任嵊州市副市长的浙江工业大学校友齐方良向他推荐了嵊州一位中医，这位中医给他配了中药，沈寅初把中药交给上海市新药设计重点实验室副主任、华东理工大学教授李洪林做了测定，发现这个药的确有抑制多种癌细胞生长的作用。沈寅初就试着服了这个药，但没想到的是，他在服药后晕倒了。原来，这个药会使人的血压急速下降，因此而晕倒。这次晕倒激发起了沈寅初探究未知的欲望，他敏锐地意识到这个药或许还含有能够降血压的活性化合物，于是就推荐给李洪林，经李洪林团队分析，这个中药果然既有抗癌作用，又有降血压的活性化合物。自本年起，李洪林团队对此进行了10年的研究，搞清楚了其中的降血压化合物的化学结构并进行了人工合成，发现了有效的降血压的活性物质，部分专利已经转让给了企业。目前，药物还在试制阶段，沈寅初自己一直在试吃该药，并观测身体的数据指标，他调侃自己是"会说话的小白鼠"。同时，基于该中药有效的抗癌成分的成药性研究也在持续进行中，沈寅初表示对这个药充满期待。

2013年 75岁

本年，"长三角绿色制药协同创新中心"被教育部、财政部认定为首批国家级"2011协同创新中心"，沈寅初担任中心主任。

"1,3-二羟基丙酮微生物法生产技术开发及产业化"获中国石油和化学工业联合会技术发明二等奖。

1月，指导并参与的"产糖基转移酶基因工程菌株的构建及其在生产井冈霉素A中的应用"获浙江省科技计划项目重大专项立项，项目经费80万元，负责人：陈小龙。

同月，在"J Ind Microbiol Biotechnol"合作发表

"Characterization and application of a newly synthesized 2-deoxyribose-5-phosphate aldolase"（《新合成的2-脱氧核糖-5-磷酸醛缩酶的性质及应用》）（尤忠毓、柳志强、郑裕国、沈寅初）。

同月，在"J Agric Food Chem"合作发表"Chiral Resolution of Racemic *p*-Methylsulfonylphenyl Serine Ethyl Ester with Lipases: The Mechanism of Side Reaction and Its Suppression"[《外消旋（对甲磺酰苯基）丝氨酸乙酯的脂肪酶手性拆分：副反应机理及其抑制》]（郭锐、范永仙、陈小龙、沈寅初）。

同月，合作发明的成果"α-淀粉酶抑制剂产生菌及其筛选方法"获发明专利授权，专利权人：浙江工业大学，发明人：郑裕国、王远山、冯志华、薛亚平、王亚军、沈寅初。

同月，合作发明的成果"节杆菌及其催化亚氨基二乙腈制备亚氨基二乙酸"获发明专利授权，专利权人：浙江工业大学，发明人：郑裕国、柳志强、张涛、徐建妙、薛亚平、郑仁朝、沈寅初。

同月，合作发明的成果"壤霉菌及其在水解制备（*S*）-环氧氯丙烷中的应用"获发明专利授权，专利权人：浙江工业大学，发明人：郑裕国、金火喜、胡忠策、壮晓健、沈寅初。

同月21日，当选为浙江工业大学第十三届学术委员会主任。

3月，在"Bioresour Technol"合作发表"Cloning,

expression and medium optimization of validamycin glycosyltransferase from *Streptomyces hygroscopicus* var. *jinggangensis* for the biotransformation of validoxylamine A to produce validamycin A using free resting cells"（《井冈霉素吸水链霉菌井冈霉素糖基转移酶的克隆、表达及培养基优化从而通过游离静息细胞生物转化井冈羟胺A生产井冈霉素A》）（范永仙、于洋、嘉晓勤、陈小龙、沈寅初）。

同月，合作发表《柱前手性衍生化-RP-HPLC法拆分D,L-草铵膦》[徐建妙、徐永鑫、郑裕国、沈寅初，农药，2013,52(03)]。文章认为："采用邻苯二甲醛/N-乙酰基-L-半胱氨酸（OPA/NAC）经柱前手性衍生化-RP-HPLC法可用于L-草铵膦的光学纯度控制。"

同月，合作发表《手性医药化学品生物催化合成进展与实践》[郑裕国、沈寅初，生物加工过程，2013,11(02)]。摘要如下：

> 手性生物催化是利用生物催化剂对手性分子构型的识别能力进行选择性催化的新型物质加工过程，具有催化效率高、选择性强和反应条件温和等优势。近十年来，生物催化技术快速崛起，树立了多个大品种原料药过程替代的成功范例，成为手性医药化学品绿色制造不可或缺的重要工具。笔者分析了生物催化商业和学术发展的新动向，并结合笔者在手性药物生物催化合成的产业化开发实践，指出了今后的发展方向。

同月，在"Bioresource Technology"合作发表

"Highly enantioselective oxidation of α-hydroxyacids bearing a substituent with an aryl group: Co-production of optically active α-hydroxyacids and α-ketoacids"（《带有芳基取代基的α-羟基酸的高度对映体选择性氧化：光学活性的α-羟基酸和α-酮酸的共同生产》）（薛亚平、章雅琴、王威、王亚军、柳志强、邹树平、郑裕国、沈寅初）。

3月20日，"2011协同创新中心"认定现场考察组实地考察由浙江工业大学牵头的长三角绿色制药协同创新中心的建设情况，沈寅初陪同专家考察了生物技术制药实验室等，参加了中心认定的相关工作。

4月15日，与浙江工业大学健行学院本科生座谈。

同月，合作发明的成果"嗜吡啶红球菌及其催化亚氨基二乙腈制备亚氨基二乙酸"获发明专利授权，专利权人：浙江工业大学，发明人：郑裕国、柳志强、张涛、徐建妙、薛亚平、郑仁朝、沈寅初。

同月，合作发明的成果"一种微生物发酵制备阿卡波糖的方法"获发明专利授权，专利权人：浙江工业大学，发明人：郑裕国、王亚军、薛亚平、王远山、沈寅初。

同月，合作发明的成果"紫红红球菌及其催化亚氨基二乙腈制备亚氨基二乙酸"获发明专利授权，专利权人：浙江工业大学，发明人：郑裕国、柳志强、张涛、徐建妙、薛亚平、郑仁朝、沈寅初。

同月，合作发明的成果"一种生物催化2-氯-3-氰基吡啶生产2-氯烟酸的方法及菌株"获发明专利授权，专利权人：浙江工业大学，发明人：郑裕国、金利群、李亚飞、沈寅初。

同月，合作发明的成果"摩氏摩根菌及在制备(S)-2-羧乙基-3-氰基-5-甲基己酸中的应用"获发明专利授权，专利权人：浙江工业大学，发明人：郑裕国、郑仁朝、傅德进、沈寅初。

5月17日，"长三角绿色制药协同创新中心"被教育部、财政部认定为首批国家级"2011协同创新中心"，是首批入选国家"2011计划"的14个协同创新中心之一。

"2011计划"全称"高等学校创新能力提升计划"，由教育部和财政部共同制定实施。该计划旨在通过大力推进高校与高校、科研院所、行业企业、地方政府以及国外科研机构的深度合作，全面提升高校人才、学科、科研三位一体创新能力。

长三角绿色制药协同创新中心由浙江工业大学牵头，联合浙江大学、上海医药工业研究院、药物制剂国家工程研究中心、浙江省医学科学院、浙江省食品药品检验研究院等核心成员单位和美国IPS公司、美国UCI、俄罗斯科学院西伯利亚分院等国际创新力量以及华东医药、浙江医药、海正药业、华海药业、仙琚制药等若干制药行业的龙头企业共同组建而成。中心根据区域制药产业的重大需求，设绿色化学制药、生物技术制药、药物制剂等3个研究方向和药效学、药品质量控制、药物安全性评价、环境友好等4个支撑平台。沈寅初与上海医药工业研究院周后元、药物制剂国家工程研究中心侯惠民3位中国工程院院士担任中心首席科学家。沈寅初担任中心主任，浙江省特级专家苏为科教授担任执行主任。

中心以浙江省新药创制科技服务平台和药学、生物化工、环境科学与工程等重中之重学科为基础，根据"2011计划"的精神和要求，遵循"继承优化、创新发展"的思路，进一步整合国内外优势创新力量组建而成。2012年9月，中心获浙江省首批协同创新中心认定。2013年3月，通过教育部初审，作为候选单位接受教育部专家组现场考察。2013年5月，中心被教育部、财政部认定为首批国家级"2011协同创新中心"。

长三角绿色制药协同创新中心成立之后，在七八年的时间里，取得了突出的成绩，为推动我国从制药大国向制药强国转变、提高人民群众健康水平作出了重大贡献（本条内容均引自长三角绿色制药协同创新中心官网）。

6月8日，为浙江工业大学生物与环境工程学院的300余名大一学生讲题为"前沿、成才与使命"的专业教育课。据2013年6月24日浙江日报第8版《在工大，院士给本科生上课》（作者 孙江丽）报道：

> 作为该院首席科学家，沈寅初院士坚持为学院每一届本科一年级学生做专业教育讲座。沈院士结合自己的切身体会，谈了如何合理度过大学生活，如何在大学期间学习生活得有意义以及专业的培养目标和学科的发展前景等。

> 沈寅初常说，如果说自己有一点成就，那么其中的一个重要原因就是求学和学术科研生涯遇到了好老师。在浙工大的十多年里，除了带好学科团队、研究生之外，他始终坚持站在讲台上为本科生上课。

6月，主持的"区域选择性腈水解酶的分子改造与应用"获浙江省科技计划项目立项，项目金额：10万元，该项目于次年12月结题。

同月，合作发明的成果"恶臭假单胞菌及其催化亚氨基二乙腈制备亚氨基二乙酸"获发明专利授权，专利权人：浙江工业大学，发明人：郑裕国、柳志强、张涛、徐建妙、薛亚平、郑仁朝、沈寅初。

同月，合作发明的成果"一种提高变构霉素发酵产量的制备方法"获发明专利授权，专利权人：浙江工业大学，发明人：陈小龙、徐玉华、范永仙、嘉晓勤、沈寅初。

同月，合作发明的成果"生物催化法生产他汀类药物中间体"获发明专利授权，专利权人：浙江工业大学，发明人：郑裕国、董华平、沈寅初。

同月，合作发明的成果"一株产二甲苯单加氧酶的恶臭假单胞菌及其应用"获发明专利授权，专利权人：浙江工业大学，发明人：郑裕国、薛亚平、刘丽娟、沈寅初。

同月，合作发表《蛋氨酸羟基类似物的生产工艺及其在动物营养中的应用》[金利群、李晓庆、李宗通、柳志强、郑裕国、沈寅初，动物营养学报，2013,25(07)]。

同月，合作发表《*Rhodococcus boritolerans* FW815腈水合酶分离纯化及其酶学性质研究》[王亚军、熊瑶、王仁凤、郑裕国、沈寅初，高校化学工程学报，2013,27(03)]。

同月，在"Screen and Application of Recombinant Nitrilases"合作发表"Screening and Improving the Recombinant Nitrilases and Application in Biotransformation of Iminodiacetonitrile to Iminodiacetic Acid"（《重组腈水解酶的筛选、改良及其在亚氨基二乙腈转化为亚氨基二乙酸中的应用》）（柳志强、Peter James Baker、程峰、薛亚平、郑裕国、沈寅初）。

同月，合作发表《重组大肠杆菌产腈水解酶的培养条件优化》[金利群、吴丛伟、柳志强、郑裕国、沈寅初，食品与发酵工业，2013,39(06)]。

7月，合作发明的成果"水生黄杆菌及其在微生物转化制备L-色氨酸中的应用"获发明专利授权，专利权人：浙江工业大学，发明人：郑裕国、徐建妙、陈奔、沈寅初。

同月，合作发明的成果"微生物催化法制备2-氨基-2,3-二甲基丁酰胺的方法及菌株"获发明专利授权，专利权人：浙江工业大学，发明人：郑裕国、林志坚、郑仁朝、沈寅初。

同月，合作发明的成果"中华根瘤菌及其生物拆分外消旋α-羟酸生产手性α-羟酸"获发明专利授权，专利权人：浙江工业大学，发明人：郑裕国、薛亚平、王威、沈寅初。

同月，合作发明的成果"微生物发酵合成阿卡波糖的方法"获发明专利授权，专利权人：浙江工业大学，发明人：郑裕国、孙丽慧、李明刚、王远山、沈寅初。

同月，在"J Ind Microbiol Biotechnol"合作发表"Expression, characterization, and improvement of a newly cloned halohydrin dehalogenase from *Agrobacterium tumefaciens* and its application in production of epichlorohydrin"（《根癌农杆菌新克隆的卤代醇脱卤酶的表达、表征、改良及其在环氧氯丙烷生产中的应用》）（柳志强、高爱存、王亚军、郑裕国、沈寅初）。

7月27日至29日，率团队参加金华市组织的院士、博士金华行活动，并作为代表发言。28日，与横店集团家园化工有限公司进行了项目对接。

8月，与浙江省特级专家徐振元教授一同与上虞颖泰精细化工有限公司签署院士专家工作站合作协议。本年10月，该工作站被认定为绍兴市院士专家工作站；2016年，贵州大学的宋宝安院士加盟工作站；2017年，获批省级院士专家工作站；2018年，获评全国2018年模范院士专家工作站，成为绍兴市上虞区首家全国模范院士专家工作站。

9月，在"Journal of Biotechnology"合作发表"Concurrent obtaining of aromatic (*R*)-2-hydroxyacids and aromatic 2-ketoacids by asymmetric oxidation with a newly isolated *Pseudomonas aeruginosa* ZJB1125"[《新分离的铜绿假单胞菌ZJB1125不对称氧化同时获得芳香(*R*)-2-羟基酸和芳香2-酮酸》]（薛亚平、田芳芳、阮礼涛、柳志强、郑裕国、沈寅初）。

9月26日，为浙江工业大学生物与环境工程学院2013级新生讲授专业领航第一课。

10月18日，为"长三角绿色制药协同创新中心"揭牌，并出席长三角绿色制药协同创新中心的学术委员会会议。

10月，合作发明的成果"α-羟酸去消化的方法及菌株"获发明专利授权，专利权人：浙江工业大学，发明人：郑裕国、薛亚平、张雅琴、沈寅初。

同月，在"J Ind Microbiol Biotechnol"合作发表"Efficient production of methionine from 2-amino-4-methyl-thiobutanenitrile by recombinant *Escherichia coli* harboring nitrilase"（《含腈水解酶的重组大肠杆菌催化2-氨基-4-甲基硫丁腈高效生产蛋氨酸》）（金利群、李宗通、柳志强、郑裕国、沈寅初）。

同月，合作完成的成果"1,3-二羟基丙酮微生物法生产技术开发及产业化"获中国石油和化学工业联合会技术发明二等奖，主要完成单位：浙江工业大学、浙江海正药业股份有限公司，主要完成人：郑裕国、胡忠策、柳志强、白骅、陈正杰、沈寅初。

同月，在"Chin. J. Chem. Eng."合作发表"Acarbose Isolation with Gel Type Strong Acid Cation Exchange Resin:Equilibrium, Kinetic and Thermodynamic Studies"（《凝胶型强酸阳离子交换树脂分离阿卡波糖：平衡、动力学和热力学研究》）（王亚军、于蕾、郑裕国、王远山、沈寅初）。

同月，合作发明的成果"再育镰刀菌ZJB-09150及在生物合成烟酸中的应用"获发明专利授权，专利权人：浙江工业大学，发明人：郑裕国、金利群、柳志强、沈寅初。

11月，在"Chem Comm"合作发表"One-pot, single-step deracemization of 2-hydroxyacids by tandem biocatalytic oxidation and reduction"（《2-羟基酸通过生物催化氧化还原法一锅一步去消旋化》）（薛亚平、郑裕国、章雅琴、孙晶磊、柳志强、沈寅初）。

同月，在"Enzyme and Microbial Technology"合作发表"Molecular cloning, expression of CPR gene from *Rhizopus oryzae* into *Rhizopus nigericans* and its application in the 11α-hydroxylation of 16α,17-epoxy-progesterone"（《米根霉CPR基因在黑根霉中的分子克隆、表达及其在16α,17-环氧孕酮11α-羟基化反应中的应用》）（陈小龙、罗星荣、曹飞飞、朱廷恒、范永仙、嘉晓勤、沈寅初）。

同月，合作发表《手性医药化学品生物催化绿色制造》[郑裕国、柳志强、沈寅初，生物产业技术，2013,(06)]。摘要如下：

生物催化具有选择性强、催化效率高、反应条件温和、环境友好等优点，广泛应用于传统化学方法不能或者不易合成的手性化合物的生产过程中，已成为化学合成法的一种重要补充。同时，生物催化能够更好地解决资源、能源和环境方面的压力，维持和谐的生态环境，促进工业的可持续发展。近年来，生物催化技术已在手性医药化学品产业化生产中得到了广泛应用，有效地实现了手性医药化学品的绿色制造。本文就生物催化介入的手性医药化学品的产业化技术和过程进行介绍。

同月7日，率团队赴故乡嵊州浙江昂利康制药有限公司签约设立院士专家工作站，开展生物酶催化合成头孢类抗生素及新药研发，建立生物转化技术科技创新平台，推动嵊州的生物制药产业发展。

同月12日，在母校嵊州中学做讲座，就高考填报志愿时择校和择专业等问题与同学们作了交流。

同月23日，与浙江省特级专家徐振元教授率团参加在台州市仙居县举行的台州市院士专家工作站授牌暨浙江工业大学-浙江新农化工股份有限公司农药研发中心揭牌仪式。浙江工业大学与浙江新农化工股份有限公司产学研合作已经长达20余年，取得了很突出的业绩，共同承担863、国家重大科技攻关计划、国家科技支撑计划、省重大科技计划项目等各类项目20余项，合作获得国家科技进步奖二等奖1项、省部级科技一等奖4项、专利金奖1项，新增产值超过6亿元（浙江工业大学官网2013年12月26日《沈寅初院士专家工作站落户仙居》，作者　胡军）。

同月26日，出席浙江工业大学国家化学原料药合成工程技术研究中心建设启动仪式，沈寅初担任中心主任。该中心于本年10月获批立项，项目总金额：1400万元。浙江省是原料药大省，该中心将加强关键技术的攻关，面向企业规模生产的需要，开发污染少、技术含量高的新产品。

本年，在"Catalysis Communications"合作发表"Effificient biocatalytic hydrolysis of 2-chloronicotinamide for production of 2-chloronicotinic acid by recombinant amidase"（《重组酰胺酶高效生物催化水解2-氯烟酰胺

生产2-氯烟酸》）（金利群、柳志强、徐建妙、郑仁朝、郑裕国、沈寅初）。

在"J Pest Sci"合作发表"Synthesis of *N*-substituted dimethylmaleimides and their antifungal activities against *Sclerotinia sclerotiorum*"（《*N*-取代二甲基马来酰亚胺的合成及其对油菜菌核病菌的抗真菌活性研究》）（沈振忠、范永仙、李福革、陈小龙、沈寅初）。

在"ACS Catal"合作发表"Efficient Synthesis of Non-Natural L-2-Aryl-Amino Acids by a Chemoenzymatic Route"（《化学酶法高效合成非天然L-2-芳基氨基酸》）（薛亚平、郑裕国、柳志强、刘学、黄建锋、沈寅初）。

在"Journal of Molecular Catalysis B: Enzymatic"合作发表"Industrial production of chiral intermediate of cilastatin by nitrile hydratase and amidase catalyzed one-pot, two-step biotransformation"（《利用腈水合酶和酰胺酶一锅两步生物转化法工业生产西司他丁手性中间体》）（郑仁朝、杨仲毅、李丛撑、郑裕国、沈寅初）。

2014年 76岁

3月14日，出席浙江工业大学首批"杰出（优秀）青年教师"目标责任签约暨培训交流会并讲话。

同月，合作发明的成果"白地霉ZJB-09214及在生物催化合成L-色氨酸中的应用"获发明专利授权，专利权人：浙江工业大学，发明人：郑裕国、郑仁朝、沈寅初。

5月，合作发明的成果"疏绵状嗜热丝孢菌脂肪酶突变体、编码基因及其应用"获发明专利授权，专利权人：浙江工业大学，发明人：郑裕国、黎小军、郑仁朝、沈寅初。

同月，合作发明的成果"节杆菌ZJB-09277及其在制备(S)-3-氰基-5-甲基己酸中的应用"获发明专利授权，专利权人：浙江工业大学，发明人：郑裕国、郑仁朝、李爱朋、沈寅初。

6月，合作发明的成果"微生物催化制备(2S, 3R)-2-苯甲酰氨甲基-3-羟基丁酸酯及菌株"获发明专利授权，专利权人：浙江工业大学，发明人：郑裕国、孙丽慧、陈翔、张国海、沈寅初。

同月，主持的"立体选择性羰基还原酶的开发及其在他汀类药物生产中的应用"获浙江省科技计划项目立项，项目金额：10万元，该项目于次年12月结题。

同月19日，率团赴海正药业（杭州）有限公司开展制药产业重大装备和智能控制技术专题调研，双方就装备协同需求和合作可能的重大任务进行了交流与对接，并在制药装备国产化、进口设备维护自主化和拔尖创新人才协同培养等方面达成初步合作意向，实地考察了海正药业（杭州）有限公司注射剂自动化生产线以及粉针剂冻干、自动进出料系统、自动包装联线、流化床包衣等自动化生产工艺过程。在座谈会上，沈寅初说："此次专题调研的目的，一是希望学校具备较强研究基础和行业服务经验的创新团队能够以'2011计划'为契机，以推动制药产业转型升级的重大任务为牵引，把研究重点和服务领域逐步聚焦到制药行业上来；二是希望此次调研能为各相关创新团队深入制药龙头企业生产一线了解制药装备和智能控制方面的重大需求搭个桥、牵个线，找到与制药行业深入合作的结合点，及时转化研究成果，助推制药产业转型升级；三是希望今后能够建立中心与企业经常性的合作联系机制，共同创造协同攻关与合作研究的条件和氛围，创新团队更加主动地了解企业的需求，企业为中心开展研究提供更多的便利，不断提高中心服务制药企业的能力。"（浙江工业大学官网2014年6月24日《沈寅初院士率团赴海正药业开展制药装备与智能控制专题调研》，作者　胡利勇）

7月，合作发明的成果"山梨木糖假丝酵母及其在制备(S)-4-氯-3-羟基丁酸乙酯中的应用"获发明专利授权，专利权人：浙江工业大学，发明人：郑裕国、孙丽慧、舒学香、柳志强、沈寅初。

同月，合作发明的成果"一种α-淀粉酶抑制剂产生菌的筛选方法"获发明专利授权，专利权人：浙江工业大学，发明人：郑裕国、王远山、冯志华、薛亚平、王亚军、沈寅初。

同月，合作发明的成果"生物催化制备6-氰基-(3R,5R)-二羟基己酸叔丁酯及菌株"获发明专利授权，专利权人：浙江工业大学，发明人：郑裕国、王亚军、盛骏桢、罗希、沈寅初。

同月，合作发明的成果"一种从发酵液中分离提取高纯度布雷菲德菌素A的方法"获发明专利授权,专利权人:浙江工业大学,发明人:郑裕国、王亚军、吴烨飞、薛锋、吴植献、沈寅初。

同月,合作发明的成果"卤醇脱卤酶、编码基因、载体、菌株及应用"获发明专利授权,专利权人:浙江工业大学,发明人:郑裕国、薛锋、柳志强、万南微、高爱存、沈寅初。

同月,合作发明的成果"微生物催化制备2-氨基-2,3-二甲基丁酰胺的方法及菌株"获发明专利授权,专利权人:浙江工业大学,发明人:郑裕国、林志坚、郑仁朝、沈寅初。

同月,合作发明的成果"生物还原制备他汀侧链6-氰基-(3R,5R)-二羟基己酸叔丁酯及菌株"获发明专利授权,专利权人:浙江工业大学,发明人:郑裕国、王亚军、罗希、盛骏桢、沈寅初。

同月,合作完成"阿托伐他汀钙化学-酶法合成关键技术及产业化",成果完成人:郑裕国、王亚军、柳志强、徐建妙、沈寅初、洪华斌、颜剑波、陈正许、林义,第一完成单位:浙江工业大学,成果合作完成单位:浙江新东港药业股份有限公司、浙江宏元药业有限公司。该项目成果后来获2015年浙江省科学技术奖一等奖。

9月,长三角绿色制药协同创新中心被国家人力资源和社会保障部、教育部联合授予"全国教育系统先进集体"称号。

11月,合作发明的成果"生物催化法生产手性α-羟酸及其菌株"获发明专利授权，专利权人：浙江工业大学，发明人：郑裕国、薛亚平、王威、沈寅初。

同月，合作发明的成果"一种顺丁烯二酰亚胺类化合物及其制备与应用"获发明专利授权，专利权人：浙江工业大学，发明人：陈小龙、沈振忠、李伟、范永仙、沈寅初。

本年，在"RSC Advances"合作发表"Synthesis of ethyl (*R*)-4-cyano-3-hydroxybutyrate in high concentration using a novel halohydrin dehalogenase HHDH-PL from *Parvibaculum lavamentivorans* DS-1"［《使用来自 *Parvibaculum lavamentivorans* DS-1 的新型卤代醇脱卤酶 HHDH-PL 合成高浓度(*R*)-4-氰基-3-羟基丁酸乙酯》］（万南微、柳志强、黄恺、沈臻扬、薛峰、郑裕国、沈寅初）。

2015年 77岁

1月，在"J Chromatogr B Analyt Technol Biomed Life Sci"合作发表"Preparative separation of echinocandin B from *Aspergillus nidulans* broth using macroporous resin adsorption chromatography"（《大孔树脂吸附色谱法从构巢曲霉肉汤中制备棘白菌素B》）（邹树平、刘苗、王秋梁、熊严、牛坤、郑裕国、沈寅初）。

同月，合作发明的成果"一种东海乌参酶溶性胶原蛋白的提取纯化方法"获发明授权专利，专利权人：浙江工业大学，发明人：郑裕国、林赛君、薛亚平、单恩莉、沈寅初。

3月，在"Pest Manag Sci"合作发表"Synthesis and antifungal evaluation of a series of maleimides"（《一系列马来酰亚胺的合成及抗真菌评价》）（陈小龙、张李军、李福革、范永仙、王卫平、李宝聚、沈寅初）。

同月，在"Appl Microbiol Biotechnol"合作发表"Upscale production of ethyl (*S*)-4-chloro-3-hydroxybutanoate by using carbonyl reductase coupled with glucose dehydrogenase in aqueous-organic solvent system"[《水-有机溶剂体系中羰基还原酶与葡萄糖脱氢酶联用大规模生产(*S*)-4-氯-3-羟基丁酸乙酯》]（柳志强、叶晶晶、沈臻旸、洪华斌、颜剑波、林怡、陈郑许、郑裕国、沈寅初）。

同月，合作发明的成果"环氧化物水解酶基因、编码酶、载体、工程菌及应用"获发明授权专利，专利权人：浙江工业大学，发明人：郑裕国、薛锋、柳志强、邹树平、胡忠策、沈寅初。

同月，合作发明的成果"蜡状芽孢杆菌及其在微生物转化制备L-草铵膦中的应用"获发明授权专利，专利权人：浙江工业大学，发明人：郑裕国、徐建妙、徐永鑫、沈寅初。

4月，在"Adv. Synth. Catal."合作发表"Design of Nitrilases with Superior Activity and Enantioselectivity towards Sterically Hindered Nitrile by Protein Engineering"（《蛋白质工程设计对空间位阻腈具有优异活性和对映体选择性的腈水解酶》）（薛亚平、施成赐、徐哲、焦

标、柳志强、黄建锋、郑裕国、沈寅初）。

6月，合作发明的成果"一种发酵法制备棘白菌素B的方法及菌株"获发明专利授权，专利权人：浙江工业大学，发明人：郑裕国、邹树平、牛坤、钟伟、毛健、沈寅初。

同月，合作发明的成果"N-(3,5-二氯苯基)-3,4-二氯-顺丁烯二酰亚胺在抗真菌感染中的应用"获发明专利授权，专利权人：浙江工业大学，发明人：陈小龙、范永仙、陆跃乐、李福革、沈寅初。

同月，合作发明的成果"一种酸性磷酸酶突变体、编码基因、载体及应用"获发明专利授权，专利权人：浙江工业大学，发明人：郑裕国、孙丽慧、沈爱萍、沈寅初。

8月，合作发明的成果"一种提高阿尼芬净前体化合物Echinocandin B产量的方法"获发明专利授权，专利权人：浙江工业大学，发明人：郑裕国、牛坤、邹树平、毛健、钟伟、沈寅初。

同月，合作发明的成果"来源于疏棉状嗜热丝孢菌的酯酶、基因、载体、工程菌及应用"获发明专利授权，专利权人：浙江工业大学，发明人：郑裕国、郑仁朝、黎小军、沈寅初。

同月，合作发明的成果"庆笙红球菌及其在制备(S)-4-氯-3-羟基丁酸乙酯中的应用"获发明专利授权，专利权人：浙江工业大学，发明人：郑裕国、孙丽慧、朱斌斌、沈寅初。

同月，合作发明的成果"G6PDH基因在提高黑根霉对甾体C11α-羟基化能力中的应用及菌株"获发明专利授权，专利权人：浙江工业大学，发明人：陈小龙、范永仙、朱廷恒、薛海龙、张力伟、沈寅初。

同月，合作发明的成果"一种3,4-二氯顺丁烯二酰亚胺化合物及其制备与应用"获发明专利授权，专利权人：浙江工业大学，发明人：范永仙、陈小龙、李福革、嘉晓勤、沈寅初。

9月11日，参加浙江工业大学新入职教师座谈会并讲话。

10月，在"Bioprocess Biosyst Eng"合作发表"Mutagenesis breeding of high echinocandin B producing strain and further titer improvement with culture medium optimization"（《高产棘白菌素B菌株的诱变育种和培养基优化进一步提高效价》）（邹树平、钟伟、夏超杰、顾亚男、牛坤、郑裕国、沈寅初）。

本年，在"Catalysis Communications"合作发表"Chemoenzymatic synthesis of gabapentin by combining nitrilase-mediated hydrolysis with hydrogenation over Raney-nickel"（《腈水解酶介导的水解与雷尼镍加氢的化学酶法合成加巴喷丁》）（薛亚平、王应朋、徐哲、柳志强、苏新瑞、贾东旭、郑裕国、沈寅初）。

2016年 78岁

本年，获首届"农药学科终身成就奖"。

1月，指导并参与的"基因组学法研究马来酰亚胺类化合物抗*Sclerotinia sclerotiorum*机制及作用靶标酶"获国家自然科学基金项目立项，项目金额：76.96万元，负责人：陈小龙。

2月，合作发表《棘白菌素B脱酰基酶工程菌的构建及酶学性质研究》[邹树平、廖思行、牛坤、郑裕国、沈寅初，浙江工业大学学报，2016,44(01)]。摘要如下：

棘白菌素B（ECB）脱酰基酶能选择性催化水解脱去ECB酰基侧链，得到ECB母核，可用于合成新型抗真菌药物阿尼芬净。从实验室保藏的犹他游动放线菌（*Actinoplanes utahensis*）ZJB-0801基因组中克隆到ECB脱酰基酶基因，并将其构建入表达质粒pSET152，通过接合转移的方法将表达质粒导入到天蓝色链霉菌（*Streptomyces coelicolor*）A3中，构建可以高效表达ECB脱酰基酶的工程菌。对重组ECB脱酰基酶的酶学性质进行了考察，结果表明：重组酶的最适反应温度为45℃，最适pH为7.5。Zn^{2+}、Mg^{2+}、Mn^{2+}、Fe^{2+}对重组酶有显著的激活作用，而Cu^{2+}、Co^{2+}具有显著的抑制作用。动力学参数分析表明：该酶对底物ECB的K_m和v_{max}分别为0.356mmol/L和397μmol/（min·mg）。

4月7日，当选为浙江工业大学第十四届学术委员会主任委员。

同月，合作发明的成果"利用原生质体转化构建黑根霉CPR基因工程菌的方法"获发明专利授权，专利权人：浙江工业大学、台州仙琚药业有限公司，发明人：陈小龙、顾光志、朱廷恒、嘉晓勤、范永仙、沈寅初。

5月，在"Int J Biol Macromol"合作发表"Purification

and characterization of *R*-stereospecific amidase from *Brevibacterium epidermidis* ZJB-07021"（《表皮短杆菌ZJB-07021 *R*-立体特异性酰胺酶的纯化与表征》）（阮礼涛、郑仁朝、郑裕国、沈寅初）。

6月24日，出席浙江工业大学长三角绿色制药协同创新中心2016届本科毕业生毕业典礼并致辞。

6月，合作发明的成果"红球菌ZJB-1208及其在制备1-氰基环己基乙酰胺中的应用"获发明专利授权，专利权人：浙江工业大学，发明人：郑裕国、郑仁朝、尹新坚、沈寅初。

7月28日至29日，参加在河南郑州举行的中国化工学会农药专业委员会第17届年会，获年会授予的首届"农药学科终身成就奖"，同时获得该奖项的还有南开大学李正名院士。《农民日报》以《李正名沈寅初荣获农药学科终身成就奖》（记者　张剑华）对此事作了报道。报道全文如下：

> 近日，中国化工学会农药专业委员会第十七届年会向李正名、沈寅初两位院士授予第一届农药学科终身成就奖。
> 李正名是新中国化学农药事业开拓者和奠基者，他率领团队历时16年，创制出我国第一个具有自主知识产权的除草剂单嘧磺隆，这种新型除草剂每亩只需施用一克药剂。另一项发明单嘧磺酯，实现了每亩麦地用药只需一元钱。多年来，他多次承担国家科技攻关计划、国家"863""973"计划，并先后荣获国家自然科学奖、技术发明奖和科技进步奖。沈寅初被誉为"井冈霉素之父""中国生物农药之父"，是新中国生物农药的开拓者和领军人。从20世纪70年代"井冈霉素"研制成功至今，

生物农药"井冈霉素"仍然是我国防治稻纹枯病的首选农药。20世纪80年代，他又成功开发高效杀虫杀螨抗生素——阿维菌素、浏阳霉素，做出了卓越贡献（转引自2016年08月04日新华网）。

9月13日，为浙江工业大学生物工程学院2016级新生作题为"探索未知，激情求解"的报告。在报告中，沈寅初和同学们分享了他的求学工作经历，1957年他考大学时，很执着地选择了生物化工专业，因为这是一个充满未知、充满魅力的领域。近几十年来，从胰岛素的结构、基因的结构，到基因重组技术、核酸诊断技术，每一次的诺贝尔奖都与生物工程有关。生物工程科学有很多未知的领域等着大家去探索。沈寅初鼓励同学们要刻苦学好基础课，多听学术报告，多看专业文献，选择自己感兴趣的专业方向；在激发学习动力方面，要始终葆有探索未知的执着和追求；对待学习与研究过程碰到的问题，要有坚韧不拔、激情求解的精神；同时要培养个人的综合素质，尤其是团队协作精神，争取为国家的现代生物工程技术发展作出贡献（见浙江工业大学生物工程学院官网2016年9月14日《沈寅初院士为我院新生做〈生工讲堂〉首场专题报告》，作者　冯剑）。

10月12日，出席山东第九届海内外高端人才交流会暨首届"智汇德州"人才创新创业周活动"智汇德州"生物产业高层论坛，并作了题为《生物技术与相关产业的转型升级》的主旨演讲。沈寅初认为："生物产业具有利用再生性资源、符合可持续发展、生产过程温和、污染少、多为可利用废料及自身效率提高潜力大等特点，而原始创新、集成创新、设计创新以及提高质量与品牌，是产业转型升级的基础。"他说引入生物技术可以改变相关产业的产品生产的原料路线、改变产品的生产工艺，从而开发出新产品（科技信息报2016年10月18日第4版《"智汇德州"共话生物产业发展》，见习记者刘梅梅）。

11月22日，为浙江工业大学生物工程学院师生作"科学思维与方法"专题讲座第一讲，该系列讲座一共有4讲，每次一个主题。第一讲主题是如何进行科研选题，沈寅初在讲座中分享了自己近60年科研工作的选题经验。沈寅初通过微生物源农药、细胞融合、转基因生物反应器等案例，论述了选题是科研活动的首要环节。那么，如何选题？沈寅初认为应以发现新知识、发明新技术、推进生产力发展为选题目标，要紧紧跟踪社会、国家的重大需求和国际前沿。在谈到具体选题原则时，沈寅初提出了"三不做一做"：不值得做的事不做，值得做但暂时还做不成的事不做，已形成成熟理论又无实际应用价值的事不做，值得做又估计能成功的事要坚持做。沈寅初建议大家可以从学习型或实用技术训练型的课题入手，训练自己的科学分析能力和综合运用知识的能力，提高科学研究中选题的能力（见浙江工业大学官网2016年11月27日《沈寅初院士为生工讲堂作"科学思维与方法"专题讲座》，作者　冯剑）。

本年，培养的博士生郑裕国教授当选中国工程院院士。

1月，主持的"膜技术在西医药行业中的应用现状、前景和发展建议"获工程院咨询项目立项，项目金额：20.8万，该项目于次年12月结题。

同月，指导并参与的"微生物农药发现及其生态安全研究"获国家重点研发计划立项，项目金额：288万元，负责人：傅正伟。

同月，合作发明的成果"疏绵状嗜热丝孢菌脂肪酶突变体、编码基因及其应用"获发明专利授权，专利权人：浙江工业大学，发明人：郑裕国、郑仁朝、黎小军、马红叶、沈寅初。

3月22日至23日，参加在绍兴市上虞区举行的"2017绿色农药先进制造院士论坛"并讲话。沈寅初说，企业不仅要重视创制新农药，还要注重提高老农药的工艺技术、质量水平，在节能降耗上下功夫，使老农药品种能焕发青春；企业不仅要做好自己的产品，还应该向前延伸，当好"植保员"，要直接指导农民科学用药，做好"最后一公里"的工作（见绍兴日报2017年4月13日新周刊《科学施药，需解决"最后一公里"》，记者　童波）。华东理工大学钱旭红院士、北京化工大学谭天伟院士、贵州大学宋宝安院士、火箭军后勤科学研究所侯立安院士等分别作了题为"绿色农药的研究与开发""绿色生物制造""我国绿色农药创新研究现状与展望""膜技术助推农药行业的清洁生产和污染治理"的主旨报告。沈寅初与宋宝安院士以及其他专家考察了上虞颖泰精细化工有限公司院士专家工作站（见绍兴市科协网站《31位院士专家聚绍兴共商农药先进制造》，作者　邵肖梅）。

4月19日，赴母校嵊州中学，为该校师生作题为"理想·责任·兴趣"的报告。

同月，合作发明的成果"来源于嗜热踝节菌的脂肪酶突变体及应用"获发明专利授权，专利权人：浙江工业大学，发明人：郑裕国、郑仁朝、黎小军、吴欣玮、沈寅初。

6月13日，出席浙江工业大学长三角绿色制药协同创新中心首届独立招生本科生毕业典礼暨荣誉证书授予仪式。该中心本届共59名本科毕业生，其中30人进入国内知名院校深造，5人赴国外大学深造。

同月，合作发明的成果"重组腈水解酶、编码基因、突变体、工程菌及应用"获发明专利授权，专利权人：浙江工业大学，发明人：郑裕国、柳志强、张新红、薛亚平、徐喆、贾东旭、沈寅初。

7月，合作发明的成果"重组酰胺酶Dt-Ami 7、编码基因、载体、工程菌及应用"获发明专利授权，专利权人：浙江工业大学，发明人：郑裕国、郑仁朝、吴哲明、沈寅初。

同月，合作发明的成果"重组酰胺酶Dt-Ami 2、编码基因、载体、工程菌及应用"获发明专利授权，专利权人：浙江工业大学，发明人：郑裕国、吴哲明、郑仁朝、沈寅初。

9月，合作发明的成果"来源于嗜清洁细小杆菌卤醇脱卤酶突变体及其应用"获发明专利授权，专利权人：浙江工业大学，发明人：柳志强、郑裕国、万南微、沈寅初。

同月，合作发明的成果"一种重组卤醇脱卤酶、突变体、工程菌及其应用"获发明专利授权，专利权人：浙江工业大学，发明人：柳志强、郑裕国、薛锋、朱杭芹、王亚军、沈寅初。

10月13日，出席国家化学原料药合成工程技术研究中心验收会。验收专家组认为该中心经过3年建设，已实现了目标任务，同意通过验收。该中心自成立以来，在沈寅初的带领和指导下，取得了丰硕成果。据《国家化学原料药合成工程技术研究中心通过验收》一文报道：

自2013年10月获科技部批复立项建设以来，国家化学原料药合成工程技术研究中心围绕我国原料药产业发展重大需求，坚持以"创新合成技术，做精做强原料药"为己任，针对生产工艺、工程技术和质量控制等产业技术瓶颈问题，积极开展协同创新，为我国原料药产业作出了积极贡献。建设期间，中心先后研发成功绿色化学制药技术、过程强化技术、生物催化合成技术、微生物发酵生产技术、生产装备与优化控制技术、高效生化净化技术等一批具有自主知识产权的化学原料药重大关键共性技术，技术成果以国家浙东南化学原料药出口基地为中心辐射全国，相继与华东医药、海正药业、华海药业等100余家制药企业建立了长期紧密的合作关系。中心还先后在合作企业建立了阿卡波糖、阿托伐他汀钙、维生素D_3等10多个单品种销售额位居全球前三的原料药生产示范基地，有力推动了我国化学原料药产业的转型升级。中心与浙江德清县政府共建了建筑面积1万平方米、总投资近2亿元的浙江省长三角生物医药产业技术研究园，实现研发与企业生产的无缝对接；组建了符合美国FDA要求的独立第三方药学检测实验室，构建了与国际接轨的化学原料药研发服务体系。中心先后获国家科技进步奖2项、省部级科技奖8项、中国专利优秀奖1项（2017年10月17日浙江工业大学官网《国家化学原料药合成工程技术研究中心通过验收》，作者　徐文英）。

11月，沈寅初在浙江工业大学培养的博士生郑裕国教授当选中国工程院院士。

郑裕国　1961年生，浙江象山人，长期从事生物工程教学、科研和技术开发，先后承担国家"973"计划、国家"863"计划、国家新药创制重大专项、国家科技攻关等30余项课题，在假糖、酮糖类化合物生物合成、手性生物催化等领域取得了系列重要成果。主持开发的产业化技术先后建成工业化生产装置10余套，工程应用经济、社会效益显著。以第一完成人获国家技术发明奖二等奖2项、国家科技进步奖二等奖1项、省部级科学技术一等奖6项。先后获得全国优秀教师、全国优秀科技工作者和浙江省功勋教师等荣誉称号。

同月，合作完成"神经病理性疼痛治疗新药普瑞巴林化学-酶法合成产业化技术开发"成果，成果完成人：郑仁朝、沈寅初、唐小平、杜坚全、王远山、陈庆、薛亚平、孙丽慧、何俊勇、刘永权、陈航娟、陈晓丽，第一完成单位：浙江普洛家园药业有限公司，成果合作完成单位：浙江工业大学。

1月18日，为浙江工业大学生物工程学院师生作题为"阿维菌素研究与开发"的学术报告，这是沈寅初开设的"科学思维与方法"系列的第三个讲座。20世纪70年代，沈寅初率领课题组创立杀虫、杀螨抗生素高通量筛选方法，通过大规模菌种筛选，从广东揭阳的土壤中分离获得7051杀虫素产生菌。该菌所产的有效活性成分7051杀虫素与日本科学家大村智等报道的阿维菌素化学结构一致。该成果率先在海门制药厂（现为浙江海正药业股份有限公司）实现产业化。阿维菌素高效、低毒，推广应用30多年来，创造了巨大的经济和社会效益，成为全球生产量与使用量最大的生物农药。沈寅初讲述了7051杀虫素（阿维菌素）的发现、研发及推广应用过程，分享了其中许多鲜为人知的故事。讲座最后，沈寅初勉励青年学者和同学们要坚持"探索未知，激情求解"，努力将科研论文写在中国大地上（见浙江工业大学官网2018年1月24日《沈寅初院士作"阿维菌素的研究与开发"专题讲座》，作者　秦海彬）。

同月，主持的"L-草铵膦生物合成关键技术开发"获浙江省科技计划项目立项，项目金额：10万元，该项目于本年12月结题。

生物法是生产L-草铵膦最具前景的技术。2000年，沈寅初指导课题团队开展生物合成L-草铵膦的研究开发，此后团队建立了基于酰胺酶、脱乙酰基酶、氨基酸氧化酶、脱氢酶、还原胺化酶、酮酸转氨酶、腈水合酶、腈水解酶等生物催化技术以及从头合成的合成生物学技术制备L-草铵膦路线，也成为国际上L-草铵膦研发领域中的佼佼者。2016年，郑裕国团队与山东绿霸及其子公司合作，先后开发出L-草铵膦生产的一代、二代和三代技术，并进行了工程放大。根据绿霸的战略发展，基于第三代技术建成了年产13000吨高光学纯L-草铵膦生产线并顺利投产。该生产线采用化学-生物级联合成技术，缩短了反应步骤，避免了剧毒化合物使用，同时在生物催化工序中，首创了辅酶自足型工程细胞和L-草铵膦生物无机胺化手性合成技术。山东绿霸获得我国首个生物法精草铵膦铵盐原药登记证，并牵头或参与制定我国首个精草铵膦铵盐母药、精草铵膦铵盐原药、精草铵膦铵盐可溶液剂产品团体标准和精草铵膦国家标准。至2022年10月，中国农药工业协会对郑裕国团队薛亚平教授课题组开发的绿霸高光学纯L-草铵膦生产线进行了技术鉴定，鉴定委员会认为，13000吨/年成套技术"是目前最具创造性的精草铵膦生产技术""具有引领性和示范性""处于国际领先水平"（摘自浙江工业大学生物工程学院官网《郑裕国院士团队薛亚平教授课题组开发的年产13000吨高光学纯L-草铵膦生产线建成并投产》）。2022年10月21日，在赴山东绿霸之前，郑裕国、薛亚平和金利群等前往沈寅初家，沈寅初对汇报材料指导了约2小时，鉴定时，他虽然因身体原因未能到现场，但在线参加了鉴定会的全过程。

6月6日，出席在浙江义乌举行的浙江工业大学为主要单位参与的国家重点研发计划重点专项"铁皮石斛大健康产品研发"项目启动仪式和该产品深入研发高峰论坛。

同月，合作发明的成果"羰基还原酶基因、酶、载体、工程菌及其在不对称还原前手性羰基化合物中的应用"获发明专利授权，专利权人：浙江工业大学，发明人：柳志强、郑裕国、陈翔、王亚军、沈寅初。

7月3日，浙江工业大学举行沈寅初学术与教育思想座谈会，同时举办"一片冰心在玉壶"——沈寅初院士结缘工大二十载剪影图片展览，祝贺沈寅初八十华诞，并纪念沈寅初在浙江工业大学工作20周年，沈寅初与夫人方仁萍参加了座谈会。在座谈会上，沈寅初结合自身60余载学习、科研的经历，畅谈科研与教育工作的体会。沈寅初说教书育人工作必须坚持从严治校、从严治学，一所学校必须要有良好的学风、教风、校风，才能为国家、为社会培养有用的人才。他结合自己的科研工作经历，主张科学研究始终要紧跟国家的战略需要，好的科研选题要来自国家需要解决的重大问题，来自生产实际。他强调科研工作者要有不计得失、无私奉献的团队合作精神（引自浙江工业大学官网2018年7月4日《学校隆重举行沈寅初学术与教育思想座谈会》）。

10月9日，为浙江工业大学生物工程学院本科生讲授生物工程与技术专业教育课，讲课主题是"基因转移与转基因技术"。沈寅初从"种瓜得瓜，种豆得豆"的自然现象切入，为学生阐释基因的发现与性质等知识；又以无籽西瓜为例，介绍转基因技术在动物、植物以及微生物育种和人类基因治疗等领域的应用。此时，沈寅初已经八十岁高龄，但一站到讲台上就充满激情，一讲就是一个半小时[浙江日报2018年10月9日第9版《八旬院士不舍三尺讲台》（记者　马悦　通讯员　陈婧），又见浙江日报2018年10月12日第1版《三尺讲台　课比天大》（作者：李攀）]。

在沈寅初心中，上课尤其是给本科生上课是最重要的事业。在浙江工业大学工作的20年里，除了带动学校发展、做强学科团队、指导博士和硕士研究生之外，沈寅初始终坚持站在讲台上，乐此不疲地为本科生上课。沈寅初常常感恩地说，如果说他自己的人生取得了一点成就，那么其中一个重要因素是在求学和科研生涯中都遇到了好老师，所以他不仅自己做一个好老师，还要求年轻教师要努力成为好老师。浙江日报2018年10月9日第9版《八旬院士不舍三尺讲台》一文编后说："沈寅初院士这一课，是'师者，所以传道授业解惑也'的最佳示范。这一课，播撒着知识，也传递着他的人生境界。回溯高等教育历史，很多知名教授乃至大师级学者把为高校学生上课作为义不容辞的担当。他们是高校教师学习的典范。"10月10日，浙江卫视新闻联播播出沈寅初专访，"六十岁之前他是一名成果卓著的科研工作者，为我国生物农药产业的建立奠定了基础。六十岁之后他又挑起了大学校长的重任，二十年来一直活跃在教学一线。"

11月20日，为浙江工业大学生物工程学院师生作"科学思维与方法"系列讲座第四讲，本次主题为"丙烯腈水合酶的研究开发"。沈寅初回顾了自20世纪80年代中期起带领团队研究开发丙烯腈水合酶。讲述了从分析论证的选题的可行性，在泰安地区土壤中筛选到高活力的产腈水合酶微生物，到带领团队三次五年攻关，选育出高产酶量的优良微生物菌种，并研发成功一整套高产高效的微生物催化法生产丙烯酰胺的生物催化产业化技术。该成果在浙江省桐庐汇丰生物化工有限公司中试成功，而后推广至全国，1994年建成了我国第一套利用生物催化技术生产大宗化工原料的工业化装置，开创了生物催化在化工行业中应用的先河。沈寅初勉励青年人要脚踏实地，积极投身科学研究工作，储备扎实的基础知识，选好有价值的研究课题，培养坚韧不拔的科研精神。虽然已经是80岁高龄，沈寅初坚持站着讲完九十多分钟，饱满的激情令在场年轻人动容。"科学思维与方法"是沈寅初为浙江工业大学生物工程学院师生开设的系列讲座，共4讲，主题是分享自己在六十余年求学和科研中所获得的科学思维与方法，拓宽师生的学术视野，培养师生的科学思维，激发师生的创新思维（见浙江工业大学官网2018年11月21日《沈寅初院士作"丙烯腈水合酶的研究开发"专题讲座》，作者　邬浙艳）。

　　本年，中国工程院向沈寅初发来八十华诞贺信，贺信高度肯定沈寅初的巨大贡献："长期以来，您为我国工程科技事业发展和国家现代化建设做出了巨大贡献。您热爱祖国、服务人民的思想品格，严谨求实、勇于创新的科学态度，孜孜以求、敬业奉献的进取精神，是广大工程科技工作者学习的榜样。"

　　本年，退休。

跋

　　早在20来年前，工程院就要求院士写自传，总结一下人生，也可以请别人写，当时我觉得一是没什么东西可写，写出来也没有可读性；二是当时还老骥伏枥，有很多事情要做，直到一年前用了多年的"发动机"出问题了，经常要去医院大修，生活进入了慢节奏阶段。正好浙江工业大学党委宣传部於建明部长来找我，说由钱国莲教授和谢觅之老师两人给我写个学术年谱。以年谱方式总结我的一生，我觉得这个主意很好，因为我知道我的一生没有什么故事性，像我们科学研究做实验一样，写一个实验记录，我想这种方式是可以接受的。两位老师对我的人生轨迹进行了详细的"调查取证"，收集了从我的出生身世、小学、中学、大学、研究生到工作的人生各个阶段的资料，寻找了当年的各种报道，还采访了许多相关人员，她们的这种敬业精神让我深受感动，宛如我每当从事一项科研项目前，要对该项目的重要性及与之有关的前世今生、旁人及前人做过的研究进行细致的调查研究一样，两位老师的深入研究不仅总结了我一生的科学研究和成长过程，还发现了很多我从前自己也不知道也不在乎的一些事。

年轻时，所长对我们说人老了有两个特点，一是爱唠叨，二是爱回忆，但老先生有经历有经验，要我们年轻人耐心倾听老先生的唠叨。到我自己老了，经常告诫自己，不要多啰唆，不要多忆苦思甜，老汉不提当年勇，但我想爱唠叨和回忆可能也是老人的一种通性吧？钱谢两位老师经常来我家了解核实材料，勾起了我对很多往事的回忆，也使这种老年通性得以满足，从而带来了很大的快乐，一年来的频繁交往，两位老师也成了最了解我的挚友。

　　我少年时期家境窘困，饱受生活的磨砺，因此养成我吃苦耐劳、努力奋斗、勇于排除万难争取胜利的品质；我深知"知识改变命运"，从求学时代起，便总是勤奋刻苦，抓住一切学习机遇，一路受到名校名师的教育和熏陶，树立了远大的理想，培养了"探索未知，激情求解"的精神和见困难就上、见荣誉就让的情操。

　　我很怀念在上海市农药研究所做研究的那段经历。那时可以一心做科研，没有科研经费的压力，没有繁琐的列题、开题，没有竞标的竞争，不要跑课题，没有做不完的阶段汇报，不要跑奖跑职称，好像只要一心从事项目研究，等到瓜熟蒂落，各种奖自然就来了，我真不知道我在"文革"后获得的上海市重大科技成果一等奖是怎么来的，而且获奖消息还是参加颁奖大会的前一天才知道的。一直到1997年我即将退休之际，研究所批准了我的退休报告，退休后我想找个学校教教书，做一些我还想继续做的研究项目，但那年年底我当选了中国工程院院士，延长了我的科研生命。

　　浙江是我的故乡，也是我长期从事科研成果产业化的地方，1998年浙江工业大学邀请我加盟，正合我意。浙工大有一支很好的受过良好教育的年轻教师队伍，那是一块能播种希望种子的沃土，20多年来，我想做的事在浙工大都一一实现了，看着现在浙工大以郑裕国院士为首的团队快速成长，在生物化工领域中取得了骄人成绩，我感到由衷的高兴。

沈寅初

2022年12月

后记

　　自2022年仲春至2023年初春，历经四时，《沈寅初院士学术年谱》终于付梓。

　　此书源于沈院士以及学校对钱老师的信任，而她又将那种深切的信任和"帮带"赋予了我。我们因此得以组成心念统一、行动密切的写作CP，有着撰写人物年谱深厚功底的钱老师实为挈领，她始终给予我温柔的鼓励与鞭策。我们凭着致敬沈院士的初心，真诚地跨界探索，一起访谈调研、查阅档案资料、推敲文字；一起感时落泪、畅聊欢喜；一起沿循着沈院士的历程，追溯他贡献卓绝、明澈磊落的学术生涯，一次一次地接受精神的洗礼和对冲，撰成书稿。

　　难忘百年剡山小学拾级而上回眸一瞬的彩霞晚晴；难忘档案室故纸破封的旧事透迤；难忘随园嘉树璀璨明丽的银杏橘枫和熨帖味蕾的食堂佳肴；更是难忘一次又一次的相见中，沈院士与夫人方老师乐观、温暖、令吾辈如坐春风的日常……

　　纸浅言深。在此书中，我们力图立体、全面、系统地呈现沈院士所拥有的精神特质、科研成果、学术与教育思想，将他跌宕起伏的生平事迹、科研历程，平实而妥帖地落实到具体的时间点上。这种克制的"平叙"，即为年谱笔法，但依然有风雨、有世面、有态度，见微知著，饱含笔者无法直达笔端的崇敬与深情。我们期以此书唤醒人们对这个为人类进步作出过卓越贡献的群体的亲近感——以"科学偶像"丰富时代偶像的序列，以"院士精神"点燃人们"探索未知，激情求解"的信念灯塔。当然，由于钱老师和我的专业背景分别为中国语言文学和新闻传播学，此书是我们为自然科学领域的科学家做学术年谱的首次尝试，学科跨度很大，兼之能力所限，所以错漏势所难免，敬请读者指正与包容。

感谢沈寅初院士接受我们高频次的访谈，提供海量且宝贵的一手资料与信息，其中不乏保存了数十年的、已经泛黄的珍贵纸质手稿，并不顾年迈、不畏辛劳地审阅修改了书稿全文。

感谢华东师范大学校长钱旭红院士为此书赐序，沈院士与他亦师亦友，知遇相持，满怀情谊。他以生辉妙笔向大家呈现了沈院士的大写人生。

感谢沈院士82岁高龄的妹妹沈月卿老师为我们讲述了沈院士少年时的苦学往事。

感谢80岁的王国榜先生倾情回忆浙江工业大学引进沈院士时的点滴过往。

感谢郑裕国院士接受访谈，让我们得以明晰沈院士在浙江工业大学工作期间科学研究过程中的诸多重要节点。

感谢傅正伟教授、金利群教授在本书撰写的全过程中提供各种周到的帮助，尤其是在生物工程学科的一些专业问题上为我们答疑解惑，并在百忙中审读修改了书稿。

感谢许丹倩、陈小龙、黄海凤、裘娟萍、郑仁朝、王亚军、王普、薛亚平等教授提供丰富的素材以及专业帮助，为跨学科写作的科学性提供了支撑。

感谢浙江工业大学党委宣传部、社会科学研究院、科学技术研究院、生物工程学院、人文学院、图书馆、档案馆的支持，使我们在成书过程的每一个环节都得到了热忱的帮助和充分的保障。感谢於建明、蓝汉林、张晓玥、何星舟、徐建妙等教授给予的支持，感谢王方、王剑斌、池晓波、金惠红、潘莺、楼碧芬、张俏敏、曹耀艳、徐铖铖、盛敏、申云龙、牛坤、冯凯琦等老师提供的帮助，感谢人文学院毕业生陈紫雨多次在日本为我们查找日文资料并翻译成中文，感谢赵金心如、郎毓、余萍萍、潘言四位硕本同学在调研、资料整理上自始至终的辅助，感谢本书图片的拍摄者和提供者。

感谢浙江海正药业股份有限公司原董事长白骅先生、浙江省桐庐汇丰生物科技有限公司董事长倪正刚先生及总经理倪烈先生接受我们的访谈，为我们提供了来自产业的关于沈院士对我国生物产业发展做出巨大贡献的一手资料和细节；感谢桐庐汇丰生物科技有限公司陈素红先生、葛金兰女士为我们提供图片和档案。

感谢嵊州市科学技术协会、剡山小学以及张华军、邵煜辉、童剑超、李红卫、魏津钧等先生和俞骏老师提供的协助。

感谢此书引用的所有论文、文章及媒体报道的作者，我们在行文中力求标注出处，但难免挂一漏万，敬请谅解。

感谢化学工业出版社赵玉清老师付出的辛勤劳动。

最后，谨以此书向可亲可爱的沈院士致以无上的敬意。

谢觅之　钱国莲

2023年2月于杭州